日本の社会教育第67集

SDGs と社会教育・生涯学習

日本社会教育学会編

（2023）

まえがき

　日本社会教育学会では，2015年に年報『社会教育としての ESD─持続可能な地域をつくる』を刊行した。2016年からは「国連・持続可能な開発目標（以下 SDGs）」が開始され，世代間公正や世代内公正を基本理念としながらその実現に向けた教育が強調されている。SDGs は「国連 ESD の10年（2005-14）」の時期よりも一層，社会・経済・環境の持続可能性が重視されていて，ジェンダー平等，格差・貧困の解決，生産・消費，地球温暖化など解決すべき問題領域は幅広い。すでに「ESD の10年」の頃より，開発教育・環境教育・社会教育分野との接続が意識されていたが，SDGs の概念が提起されることによって，まちづくり，福祉，産業などの研究分野においても社会教育・生涯学習の重要性が意識されるようになっている。

　一方で，2018年には文科省の生涯学習政策局が総合教育政策局へと改編され，社会教育・生涯学習に関する部局は，総合教育政策局の地域学習推進課と生涯学習推進課に格下げされた。このように公的社会教育の基盤整備という点では依然として問題が多い。SDGs の達成には，その本質を理解した上で，複数のステークホルダーの利害関係を乗り越え，その目標を達成できる担い手のエンパワーメントや，市民社会組織の育成が不可欠となる。SDGs というグローバルかつローカルな公共性・公益性を有する課題に取り組み，従来の社会教育・生涯学習の枠を超えて学習活動を組織することは，今後の社会教育・生涯学習の展開にとって大変重要なことであると考えられる。

　本学会では2019年10月から３年間かけて，プロジェクト研究「SDGs と社会教育・生涯学習」を進めてきた。この期間のほとんどがコロナ禍に重なり実践活動，研究活動に制約があるなかでも，SDGs と社会教育・生涯学習の実践と研究は進展していて，次のような課題が明らかになった。第一に，SDG 4（教育）としての社会教育実践のあり方が問われ，個々の社会教育・生涯学習実践がどのように SD につながっているのかが明らかにされてきた。第二に，個別のゴールを追求してきた団体，個人が SDGs の理解を深

めるなかでそれらの実践や学習活動を広げて深化させてきた。第三に，ゴールの複数課題を総合化して SD を達成していくための学習や実践のあり方やしくみを問うてきた。

　本年報は，こうした状況を踏まえ「SDGs と社会教育・生涯学習」というテーマのもとに，以下の 5 部構成でそれぞれの論を展開した。第 1 部は「SDGs と社会教育・生涯学習をめぐる理論的課題」である。ここでは，本テーマの理論に関する課題を扱う。総論，アクティブ・シティズンシップ，SDGs と民主主義，脱成長論と環境教育，についての論文が収録されている。

　第 2 部は「SDGs をめぐる学習論・組織論」である。SDGs 学習は，人間社会の持続可能性と地球環境の持続可能性を扱う広範な学習活動である。そのため，学習論は必然的に学習組織論を伴うことになる。SDGs の当事者性学習論，SDGs を推進する体制づくりとしてのプラットフォーム論，ホリスティック教育の観点からみた SDGs 学習論，対話とエンパワーメントをキーワードとした SDGs 学習論，という内容が論じられる。

　第 3 部は「ESD の発展としての SDGs 学習実践」である。現在行われている優れた SDGs 学習は「ESD の10年」のときの学習や実践活動に起源をもつものが多い。神戸・兵庫県，岡山市，奄美群島，豊中市における実践が紹介されている。各実践の中からそれぞれ，SDGs 学習をとおしたユースの変容，行政・市民をつなぐ社会教育施設の連携のあり方，地域の生態系と文化に根ざした ESD，SDGs 推進にあたってのネットワーク，といった課題が扱われている。とりわけ ESD と SDGs との接続に当たっての諸課題が提起されている。第 4 部は「SDGs から見る社会教育実践の可能性」である。地域づくり，福祉，環境などの学習を行なってきた既存の社会教育・生涯学習実践において，SDGs の登場によりそれらの学習が深化したり相互につながっていく事例が見られる。SDGs の担い手を養成する講座，SDGs 4 に関するキャンペーン活動，市民による「地域版 SDGs」製作の試み，が論じられる。第 5 部は「アジア諸国の SDGs 学習と実践」である。ネパールにおけるラジオを通じた社会参加と地域づくり，韓国におけるオルタナティブスクール，タイにおけるノンフォーマル教育を通した持続可能な社会づくり，についての 3 論文が収録される。それぞれの実践においては SDGs の用語は

用いていないが，SDGs 学習に相当する持続可能な社会づくりに向けた学習活動が展開されている。

　本書が刊行される2023年は SDGs（2016-30）の中間年に当たる。SDGs を提起した「持続可能な開発のための2030アジェンダ」には50項で「我々は，貧困を終わらせることに成功する最初の世代になりうる。同時に，地球を救う機会を持つ最後の世代になるかもしれない」と記されている。コロナ禍と戦争により2030年までの貧困撲滅は極めて困難になった。また，地球温暖化は想定以上に急速に進んでいるように感じられる。52項では，SDGs の達成には国際機関，政府，自治体，市民社会，ビジネスセクターなどすべてのステークホルダーの参加が必要であり，人々がアジェンダを「自分事」として捉えることこそが成功の鍵であるとしている。そのためには人々の協働的な学習活動が求められていて，社会教育・生涯学習が果たすべき役割は大きい。本年報が SDGs 目標期間後半の実践や研究に向けて貢献できるものと信じるものである。

　最後に本年報の編集刊行にご尽力いただいた東洋館出版社の大岩有理奈氏に厚く御礼申し上げたい。

2023年 8 月

年報67集編集委員会を代表して　　田中　治彦

目　　次

第Ⅲ部　ESD の発展としての SDGs 学習実践

第Ⅳ部　SDGs から見る社会教育実践の可能性

第V部　アジア諸国のSDGs学習と実践

第 I 部

SDGs の理論的課題

「SDGs と社会教育・生涯学習」の課題

田中　治彦

本稿では，SDGs と社会教育・生涯学習に関する様々な課題について検討する。まず，SDGs と社会教育・生涯学習の関係性についてみていく。次に，SDGs の学習内容論，学習方法論，学習支援者論について考察する。SDGs 学習においては学習論と組織論は切り離せない。学習組織論として，板橋，神戸，札幌，岡山の事例の中からその課題を検討する。最後に，SDGs の理論的な課題として開発論を取り上げる。

1．SDGs と社会教育・生涯学習の関係性

⑴ SDGs における生涯学習の位置づけ

2015年9月の国連総会において加盟193カ国全会一致で採択された『我々の世界を変革する―持続可能な開発のための2030アジェンダ』（以下2030アジェンダ）の25項が教育に関する項目である[1]。その前段には「我々は就学前から初等，中等，専門，技術，職業訓練等のすべてのレベルにおける包摂的で公正な質の高い教育を提供することにコミットする」と書かれている。国連・持続可能な開発のための目標（以下 SDGs）の第4目標が「教育」であり，そこには7つのターゲット（下位目標）が示される。25項の前段についてはターゲットの4.1～4.4に具体的な指標が掲げられていて，これらは主に学校教育を充実することにおいて実現されるべき目標である。

さらに25項の後段には「性，年齢，人種，民族に関係なくすべての人々が，また障害者，移民，先住民，子ども，青年，脆弱な状況下にある人々が社会への十全な参加の機会を確保するために必要とされる技能や知識を獲得するための生涯学習の機会を有するべきである」と書かれている。後段は，SDGsのスローガンである「誰一人取り残さない」に通ずるものであり，具体的な目標はSDG4.5（あらゆる教育への平等なアクセス）とSDG4.6（成人識字教育）で示されている。ここで大切なことは，脆弱な人々の能力強化は，学校教育のみならず生涯学習において実現されることを求めている点である。開発途上国では貧困や遠隔地などの理由で，脆弱な立場に置かれた人々ほど正規の学校教育を受けていないケースが多いからである。

　これらは日本の教育の課題でもあるが，今後の教育について考察する際に特に注目すべきは，最後のターゲットであるSDG4.7である。

　SDG4.7　2030年までに，持続可能な開発のための教育（ESD）及び持続可能なライフスタイル，人権，男女の平等，平和及び非暴力的文化の推進，グローバル・シチズンシップ，文化多様性と文化の持続可能な開発への貢献の理解の教育を通して，全ての学習者が，持続可能な開発を促進するために必要な知識及び技能を習得できるようにする。

　ここではSDGsとESD（持続可能な開発のための教育）の関係が説明されている。すなわち，加盟各国はSDGsの実現のために，環境教育，開発教育，人権教育，平和教育，多文化教育，シティズンシップ教育を含むESDを推進すべきことが述べられている。すなわち，国連・ESDの10年（2005-14年）の成果の上に，2030年までにSDGsの教育＝ESDを推進することが求められているのである。

⑵ 日本の社会教育・生涯学習とESD・SDGs

　SDGsは日本の社会教育・生涯学習にどのようなインパクトをもたらすのであろうか。2030アジェンダのタイトルは「我々の世界を変革する

（transform）」である。変革とは改善とは違って，根本的に変えることを意味する。それでは何を変革するのであろうか。SDGs のテーマには２つあって，ひとつは地球環境の持続可能性であり，もうひとつは人類社会の持続可能性である。前者は国連環境開発会議（リオ・地球サミット，1992年）以来のテーマであり，後者はミレニアム開発目標（MDGs, 2000-15年）を引き継ぐテーマである。人類社会のこの２つの危機に対して，教育・学習は何ができるかが問われている。SDGs の学習は，グローバルな時代における社会変革のための学習と言ってよい。

　日本の戦後の社会教育史において，社会変革のための学習はどのように展開されたであろうか。1949年の社会教育法は，戦後改革のなかで教育基本法，学校教育法などと共に，軍国主義教育を廃し日本社会に民主主義を定着させるために制定された。1950年代の日本社会には民主化と農村の復興という大きな社会課題があった。その担い手として期待されたのが青年と婦人であり，後期中等教育の代替としての青年教育と，婦人参政権に対応するための婦人教育の振興が図られた。

　1960年代の高度経済成長期を経て，民主化のための社会教育，農村の復興のための社会教育という大きなニーズは減少した。代わって，高学歴化，余暇社会，技術革新に対応するための社会教育が求められるようになる。このときに登場したのがユネスコの「生涯教育論」である。生涯教育論は1970年代より順次社会教育政策に採用されて，1980年代には学校を含むすべての教育に共通するテーマとなった。一方，1980年代に生涯教育を生涯学習と言い換えたことにより，それは個人の行為であり公金支出の理由は弱いとの論が張られ，行政改革のかけ声の中，公的社会教育に対する予算は削減されていく。例えば，文部科学省の「平成30年度社会教育統計」によれば，1999年度から2018年度にかけて，図書館の設置数は2,592館から3,360館へと増加しているものの，公民館は19,063館から14,281館へと大幅に減っていて，社会教育施設全体でもその数は減少している。

　2006年の教育基本法の改正に連動して，2008年には社会教育法も改正された。その中で，社会教育が学校教育を側面から支援することが求められるようになる。学社連携は，生涯教育論の一つでもあり1970年代から推進されて

いた。日本社会教育学会でも学校外教育論として議論を重ねた時期がある。しかしながら，改正社会教育法における学社連携は，学校教育の活動に奉仕する従的な位置付けであった。

　2005年より「国連ESDの10年」が始まる。ESDはもともと日本の環境教育関係のNPOが「環境教育の10年」を提唱したことがきっかけとなり，2002年のヨハネスブルグ・サミット（国連持続可能な開発会議）で採択されたものである。日本は提唱国ということもあり，2008年改訂の学習指導要領には「持続可能な社会」という用語が各所に入り，ユネスコスクールを中心に実践が行なわれた。それらは主に環境教育を主体としたものであった。特筆すべきは岡山市において公民館を中心としたESD実践が行なわれたことである（本書，荻野論文，赤尾論文参照）。また従来の社会教育行政の枠を超えた地域でのESD実践には見るべきものが多かった。日本社会教育学会でもESDと社会教育についてのプロジェクト研究が行なわれ，その成果は2015年に学会年報第59集『社会教育としてのESD』としてまとめられた[2]。日本環境教育学会も2014年に『環境教育とESD』を編纂し出版した[3]。ESDの10年の最終年にあたる2014年には岡山市において「ESD推進のための公民館・CLC国際会議」が開催された。公的社会教育において文部科学省からESDについて具体的な指針は示されなかったものの，日本の社会教育・生涯学習が持続可能な世界に向けて社会変革のための学習に久しぶりに目を向ける契機となった。

２．SDGsの学習論の課題

　日本の社会教育・生涯学習の分野において，SDGs学習を展開する際の課題について，学習内容論，方法論の順で述べてみたい。

(1) SDGsの学習内容論

　SDGsは目標だけでも17あり，その内容は多岐にわたっている。大きく分類すれば，それらは開発，環境，人権，平和の４分野であり，それらは戦後

のグローバル課題に対応している。開発系の目標はSDG1-9であり，その内SDG1-6（貧困，飢餓，保健，教育，ジェンダー，衛生）はミレニアム開発目標（MDGs）の未達成課題を引き継ぐものであり，SDG7-9（エネルギー，雇用，技術革新）は経済産業系の開発目標である。これらの目標の起源は1960年に国連総会で採択された「国連開発の10年」計画に求めることができる。環境系の目標はSDG11-15（まちづくり，生産と消費，気候変動，水生生物，陸上生物）である。これらの目標の起源は1972年にストックホルムで開かれた「国連人間環境会議」である。この会議は1960年代に欧米と日本で広範に広がった公害問題の解決をめざした国際会議であり，当初開発途上国側の関心は極めて薄かった。しかし，その後途上国でも熱帯林の喪失など環境問題が顕在化して，環境と開発との融合が求められた。1987年のブルントラント報告書が提唱した「持続可能な開発」の理念と，それを国際公約とした1992年の地球サミットにより，SDの考え方が定着して，ESD，SDGsに引き継がれることになる[4]。

　ESDの10年の主要なテーマは環境教育と開発教育であり，ESDに関わった団体も環境系と開発系が多かった。これに対して，SDGsの特徴は人権問題を前面に出したことである。このことはSDGsのスローガンである「誰一人取り残さない」にも表されている。人権に関するターゲットは多岐にわたるが，目標としてはSDG1，2（貧困，飢餓），SDG5（ジェンダー），SDG10（人や国の不平等），SDG16（平和と公正）などがある。グローバルな人権問題の起源は世界人権宣言（1948年）であるが，この宣言や国際人権規約では少数者の人権を擁護するには不十分であった。その後国際婦人年（1975年），国際児童年（1979年），国際障害者年（1981年），国際先住民年（1993年）などを経て，被抑圧者・少数者の権利を擁護するための条約が採択された。SDGsのターゲットにしばしば登場する「脆弱な立場にある人」としては，女性，子ども，高齢者，障害者，移住労働者，先住民族などが言及される。ESDの時代が環境と開発をテーマとしていたのに対して，SDGsではこれに人権擁護が前面に出てきたことが特徴である。

　戦後のグローバル課題には，開発，環境，人権に加えて核と平和の問題がある。核・平和問題は1945年の第二次大戦終結直後に東西問題（冷戦）とし

て登場した最初のグローバル課題である。しかしながら，SDGsの中では核兵器の課題は取り上げられず，平和についてはSDG16でわずかに言及されているのみである。ウクライナ問題を取り上げるまでもなく，人類の持続可能性と生存を考えるときに核と平和の問題を排除することはできない。

　SDGsの学習内容論でもう一つ大切なことは「文化」の問題である。2030アジェンダの36項には，「我々は，世界の自然と文化の多様性を認め，すべての文化・文明は持続可能な開発に貢献するばかりでなく，重要な成功への鍵であると認識する」とある。文化はいわば18番目の目標といってもよい。しかしながら，SDGsは数値目標を掲げるため，文化は目標に入らなかった。文化は「多様」であることが大切であり，多様性は数値に表せないからである。17目標に含まれていないため文化活動の関係者はSDGsに注目することは少ないが，社会教育・生涯学習の活動は多様で豊富な文化活動の上に成り立っているということを認識する必要がある（小栗論文参照）。

⑵ SDGsの学習方法論

　SDGsの学習は「世界を変革する」ことが主眼である。社会変革のための学習論としてはブラジルの教育思想家であるパウロ・フレイレ（Freire P.）の識字教育の実践がある[5]。フレイレは被抑圧者が知識を詰め込まれる容器として学ばされてきた「銀行型教育」を批判して，自身がおかれている立場を発見し社会を批判的に見つめ創造するための「課題提起型教育」を提案し実践した。1972年に『成長の限界』を発表して世界的な注目を浴びたローマクラブは，その第6レポートで『限界なき学習』を著わし，世界的問題群を解決するための学習論として「革新型学習」を提案した[6]。革新型学習は，従来の「現状維持型学習」や，問題が起こってから泥縄で対処する「衝撃型学習」を批判するものである。革新型学習には「先見」と「参加」が不可欠である，としている。

　1982年創設の開発教育協会（DEAR＝Development Education Association and Resource Center）はもともとはアジアの貧困問題と国際協力をテーマとして扱っていた。グローバルな課題の学習に当たっては，身近な教材が得

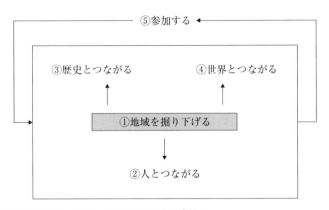

図 1　地域を掘り下げ，世界とつながる学びのデザイン
出典：開発教育協会内 ESD 開発教育カリキュラム研究会編，p.44.

　にくいこともあり，擬似的な体験と学習者の参加を促すための参加体験型の学習活動を実践して，ワークショップ型の教材開発をおこなってきた。2000年代には総合学習の導入と ESD の開始を受けて図 1 のような「地域を掘り下げ，世界とつながる学び」を提唱している[7]。DEAR はもともとはアジアやアフリカといった開発途上国に着目していたが，地域の課題と世界の課題とをつなげることの必要性からワークショップに留まらない新たな学習方法論を提起したのである。このカリキュラム開発に当たっては，地元学，アクション・リサーチ，PLA（Participatory Learning and Action ＝参加型学習行動法）などの学習方法論を参考にしている[8]。

　SDGs の学習論としてみたとき，DEAR のカリキュラムは SDGs の17目標のほとんどについて有効ではあるが，一方限界も存在する。それは，SDG14, 15で扱っている生物多様性のテーマである。このテーマについては環境教育における生態系の学習が不可欠である。日本環境教育学会では SDGs 理解のために『知る・わかる・伝える SDGs』のシリーズを発刊している。その第 3 巻において SDG12-15の環境系の目標について解説を加えている[9]。

　SDGs の学習内容論・方法論の特徴の第一は，自分・地域・国・世界をつ

なげる学習である。SDGs のテーマは広範でかつ深いものがあり，これを
「自分事」として捉える当事者性が意識できる学習プロセスについての実践
と研究が課題である（近藤論文，松岡論文，後藤論文参照）。第二には，広
範な分野間の学習を推進するためには，学校教育においては教科・領域の間
の連携，すなわちカリキュラム・マネジメントが鍵であるが，社会教育にお
いては学習組織間の連携が求められることになる。すなわち，SDGs の学習
においては学習論と組織論とを切り離すことはできないのである。

3．SDGs の学習組織論

　SDGs は地球環境の持続可能性と人間社会の持続可能性の二つのテーマが
あるため，その学習には環境系のテーマと人権系のテーマをつなぐ必要性が
ある。そのため，学習においては双方のテーマをつないでいくことが求めら
れる。これらのテーマを同時に扱っている学習組織は少ないので，ステーク
ホルダーの間の連携も必要になってくる。すなわち，行政であれば担当部局
間の連携であるし，NPO であれば人権系の NPO と環境系の NPO の連携で
ある。さらに，行政，企業，学校，NPO といった「異業種」間の連携が必
要な場合も多い。
　異なったステークホルダー間の連携については，ESD の10年の時代にい
くつかの事例がみられる。それらは大きく二つに分けられる。ひとつは，特
定のテーマについて学習活動を行なっていた組織が，他のテーマに活動を広
げていくケースである。第二は ESD や SDGs を受けて，それに関連のある
組織間を積極的にコーディネートするケースである。前者の事例としては東
京都板橋区に2019年に結成された「SDGs いたばしネットワーク」の事例が
ある（荻野論文参照）。同ネットワークのルーツは1981年の国際障害者年に
結成された「板橋区ともに生きる福祉連絡会」にまでたどり着く。福祉から
始まった活動ではあるが，学校教育における総合学習に協力し，いたばし平
和ミュージアム設立の運動に関与して平和のテーマを扱い，東日本大震災後
には防災活動へと手を伸ばしている。板橋におけるこの市民活動は，社会教
育と福祉関連の活動に始まり，ESD・SDGs を経て広範な地域づくり活動へ

と展開された事例である。

　後者の事例としては「国連 ESD の10年」を受けて，当初から ESD を推進するためのネットワークを構築することを試みた「ESD 推進ネットひょうご神戸（RCE Hyogo-Kobe）」がある。同組織には環境，まちづくり，福祉など様々な目的で活動している団体が加盟していて，SDGs の時代に課題間の連携をとりながら活動している（松岡論文，後藤論文参照）。同組織の歴史をみると，構成団体間のコミュニケーションをとったり，目的や活動について合意形成を行なったり，実質的な活動を展開することの困難さなどの課題を垣間見ることができる。

　学習組織論を展開する際に課題となるのが，行政と市民団体との関係性である。SDGs の事業方針の策定に当たって，市民団体と行政との意思疎通が困難であったのが北海道の事例である（小泉論文参照）。一方で，行政がESD 担当課を設置して市民団体らと協働して SDGs 事業を推進しているのが岡山市の事例である（赤尾論文，荻野論文参照）。SDGs をめぐる市民団体と行政，あるいはさらに企業や教育機関などステークホルダー間のより効果的な連携のあり方については，各地域での事例をもとに分析することが求められる。

　ESD／SDGs の学習組織においては，板橋・岡山においては社会教育施設が，板橋・札幌においては市民組織が，神戸においては大学が学習ネットワークの基盤の役割を果たしている。その点については荻野論文において「プラットフォーム論」として展開されているので参照されたい。

　学習組織論において欠かせないのがその連携をつくりあげる学習支援者論である。これを2022年度から始まった「社会教育士」制度についてみてみよう[10]。文部科学省の説明によれば，従来の社会教育主事講習・養成課程を修了した者について，教育委員会の発令がなくとも社会教育士を名乗れることになった。社会教育士に期待される役割は，「学びを通じた，ひとづくり，つながりづくり，地域づくり」であり，特にファシリテーション能力，プレゼンテーション能力，コーディネート能力が必要とされている。これらの能力は SDGs 学習を地域で展開するためにも大切なものである。SDGs の学習支援者像としては，これに加えて地域課題とグローバル課題を結びつけて当

事者意識をもてるような学びを構想することであろう。日本社会教育学会ではプロジェクト研究として社会教育士について研究しているが，SDGs時代の学習支援者という観点からの議論が深まることを期待したい。

4．SDGsの理論的課題

　SDGsの理論において課題となるのは，その「開発論」ないしは「開発観」である。SDGsにはこれまでの様々な開発論が登場し，その中に矛盾や葛藤が含まれている。国連における最初の開発計画は1960年の「国連（第一次）開発の10年」計画である。そのベースとなった開発論は「近代化論」である。開発途上国が近代化するためには経済開発が必要であり，そのためには途上国に欠けている資金と技術を先進国から移転するという議論であり，これが現在の国際協力のルーツである。近代化論で経済開発を進めてきたのが1980年代頃までである。SDG7-9のエネルギー，雇用・経済成長，技術革新が近代化論に基づく経済系の目標群である。

　1980年代になると，経済開発だけでは健全な発展にならないのではないかという疑問が起こり，いくつかの新しいオルタナティブな開発論が出てくる。1990年にUNDP（国連開発計画）が社会開発，人間開発という考え方を打ち出す[11]。社会開発とはSDG1-6にある教育，保健医療，栄養，衛生といった社会基盤を整備することにより，経済開発，人間開発に繋げていくという考え方である。UNDPでは，人間開発指数（HDI）として，１人当たりのGDP，平均寿命，通学率の３つの開発指標，すなわち所得と健康と教育の３要素で社会開発を測ることを提起した。その後，国民幸福度指数やジェンダー指数など，新しい指標が作られていく。

　1990年頃から主流になった開発論として「参加型開発」がある[12]。従来の開発プロジェクトの問題は，本来受益者であるべき弱い立場の人が，意思決定の場から排除されていることである。開発プロジェクトの意思決定はしばしば国家と援助国の側にあった。参加型開発は，弱い立場の人々が発言権をもち，開発のあらゆるプロセスに参加すべきであるという議論である。SDGsはスローガンに「誰一人取り残さない」を掲げている。参加型開発の

理念は，国や人々の不平等をなくそう（SDG10），平和と公正を全ての人に（SDG16），あるいはジェンダー平等を実現しよう（SDG5）に反映されている。

近代化論や新自由主義経済はもとより，オルタナティブ開発論をも批判するのが脱成長論（脱開発論）である。セルジュ・ラトゥーシュ（Latouche, S.）らが提唱していて，あらゆる開発を否定する立場である（秦論文参照）。脱成長論ではSDG7-9が経済成長を容認していることを批判し，人間は地域の生態系に根ざした環境に負担をかけない慎ましい生活を営むことを主張する。

SDGsの「持続可能な開発」は1992年の地球サミット以来，開発に関しては広く国際的に共有されてきた概念である。もともとは環境問題に発していて，SDG13-15の気候変動と生物多様性に対応していた。さらに，SDG11の「住み続けられるまちづくり」，あるいはSDG12の「つくる責任つかう責任」も循環や持続可能性に関係している。SDGsにおいては経済開発，社会開発，参加型開発などの開発理念にもとづく目標が並列的に並べられていて，相互に矛盾や葛藤をもたらしている。「環境 vs. 開発」「経済開発 vs. 社会開発」「開発 vs. 人権」といった一見対立する項目間の関係を整理し，より高次な次元の開発論を構築していくことがSDGsに関わる理論的課題である。

本稿では，「SDGsと社会教育・生涯学習」に関わる課題として，SDGsと社会教育・生涯学習との関係性，学習内容論，学習方法論，学習組織論，学習支援者論，およびSDGsの理論的課題を考察した。2023年はSDGsの中間年に当たるが，残りの期間に本稿で提起された課題が改善されて，SDGs研究および実践が進展することを期待するものである。

【注】

1）United Nations, *Transforming our world: the 2030 Agenda for Sustainable Development*, 2015, https://sdgs.un.org/2030agenda, 2023.5.5.

2）日本社会教育学会編『社会教育としてのESD—持続可能な地域をつくる』東洋館出版社，2015年.

3）日本環境教育学会編『環境教育とESD』東洋館出版社，2014年.

4 ）World Commission on Environment and Development, *Our Common Future*, Oxford University Press, 1987.

5 ）パウロ・フレイレ『被抑圧者の教育学』（小沢有作（他）訳）亜紀書房，1979年.

6 ）J・W・ボトキン（他）『限界なき学習―ローマクラブ第 6 レポート』（大来佐武郎監訳）ダイヤモンド社，1980年.

7 ）開発教育協会内 ESD 開発教育カリキュラム研究会編『開発教育で実践する ESD カリキュラム―地域を掘り下げ，世界とつながる学びのデザイン』学文社，2010年.

8 ）石川一喜「地域学習を深める方法」同前，pp.54-69.

9 ）日本環境教育学会監修『知る・わかる・伝える SDGs Ⅲ―生産と消費・気候変動・海の豊かさ・陸の豊かさ・平和と公正』学文社，2022年.

10）文部科学省ホームページ「社会教育士」https://www.mext.go.jp/a_menu/01_l/08052911/mext_00667.html, 2023.5.5.

11）UNDP, *Human Development Report 1990*, Oxford University Press, 1990.

12）Peter Oakley et al., *Projects with People: The Practice of Participation in Rural Development*, ILO, 1991.

SDGs に応える社会教育

―アクティブ・シティズンシップ教育の観点から―

近藤　牧子

1. 変容と変革に向けた教育とアクティブ・シティズンシップ

　貧困問題や気候変動をはじめとする地球的諸課題は，21世紀になってなお深刻さを増し SDGs の採択に至った。SDGs が目標とする社会変革は，ラディカルな政策転換を必要としつつ教育の力に待たれるところが大きい。そして SDGs の169のターゲット達成全体に重要な要素となるのは SDG4.7とされる。SDG4.7は，持続可能な開発のための教育（ESD）とグローバルシティズンシップ教育（GCED）を中核とする，持続可能な開発をもたらす価値に関する知識とスキル獲得のターゲットである。

　「2030アジェンダ」のタイトルにある"transform"は，教育における国際的世界観としても重要なキーワードとなっているが，教育領域においては社会変革のみならず，個人変容の意味との一体性が重要となる。成人教育でもその点が改めて強調され始め[1]，ユネスコの2015年の「成人学習・教育に関する勧告」（以下，RALE）において，成人学習・教育の主要領域の一つとされたアクティブ・シティズンシップ・スキルの教育と不可分な理念である。それは SDGs 達成の鍵とされる SDG4.7の観点からも重視される。

　本稿では，そうした変容と変革に向けた教育としてのアクティブ・シティズンシップの教育に関する論点を整理しながら，アクティブ・シティズンシップ涵養の観点から，SDGs に応える社会教育のあり方を示す。なおアク

ティブ・シティズンシップは紙幅の都合から本稿では以降「AC」と省略記
載する。

2．SDGs, 成人学習・教育と "transform"

(1) 国連における "transform" の強調と教育

　「2030アジェンダ」では，現在の基盤を維持する変化としての "reform"
（改革）ではなく，あらゆる価値観や方策を根本的に変えなければ SDGs を
達成し得ないことが明らかであるため "transform" が掲げられている。

　しかし，世界の喫緊課題の山積は続いており，SDGs の最前に置かれる貧
困問題解決は遠い。極度の貧困状態（1日1.9米ドル以下）で生活する人は
約7億960万人にのぼり，世界人口の55％の人が一つも社会保障を受けてい
ない[2]。また世界の富の分配の格差も増大し続け，世界の成人人口における
1％の人たちの年間金融資産は，世界に存在する資産の45％を保有し，世界
人口の半分以上の人たちで世界の1.3％の富を分けあっている。

　そして気候変動はすでに2019年より国連では「気候危機」という認識が共
有されている。COP21で定められたパリ協定で，産業革命期からの気温上
昇を2度に抑えることが合意されたものの，その影響被害の甚大さから1.5
度の努力義務を追求することとされている。しかし，最大排出量に相当する
高位参照シナリオでは2100年に4.8度，将来の気温上昇を2度以下に抑えた
低位安定化シナリオでさえ1.7度とされている。気候難民は紛争難民の数を
凌いでおり，社会的脆弱層への気候変動の影響被害はより深刻である。ちな
みに世界の10％の富裕層（日本人口のほぼ半分がここに含まれる）による温
室効果ガス排出量は，世界の排出量の半分を占めている[3]。

　SDGs は国際合意の結果であるため，「2030アジェンダ」の理念を反映す
るに不十分な点はあるが[4]，野心的で変革を要する目標である。達成に向け
て SDG4.7としての ESD と GCED が鍵となる点は，例えば2017年の国連総
会決議「教育2030行動枠組みにおける ESD」，「ESD に関するベルリン宣
言」（2017年，ユネスコ世界会議採択），「持続可能な開発に向けた教育：

SDGs 達成に向けて（ESD for 2030)」（2019年，ユネスコ総会採択），国連事務総長勧告レポート（2020)，そしてユネスコ「未来に向けた教育国際委員会」レポート（2021)，「マラケシュ行動枠組み」（2022年，第7回ユネスコ国際成人教育会議採択）で強調され頻出する。また，国際的な成人教育政策の指針である「マラケシュ行動枠組み」には，「2030アジェンダ」が成人教育の目標との相乗効果をもたらすものであり，SDG4は独立した目標なのではなく，SDG1，3，5，8，10，11，13，16の達成の前提条件と明記された[5]。

　さらに教育自体の変革が不可欠であることも国際的に共有されている。2022年9月には，国連総会に合わせて教育をテーマとした国連事務総長招集の「教育変革サミット（Transforming Education Summit)」が開催された。教育に焦点化したハイレベル会合として大規模であり，ユース部門からの出席者の存在感のあった会議であった。教育の危機的状況の前提から投資，システム，内容の変革が議論された。

　こうした教育全体の変革志向のなか，成人教育の変革性はかつてほど主流とはいえなくなっているとの指摘がされた。ユネスコによる2021年の未来の教育国際委員会報告書『私たちの未来を共に再創像する』では，成人教育に関する記述部分において，成人学習・教育に解放の教育の伝統があるとしながらも，「近年では生涯学習の職業や技能の側面に過度に焦点があてられ，伝統が損なわれている」「成人教育は，労働市場目的をはるかに越えて拡張する必要がある」としている。そして，「全ての領域における教育と同様に，成人教育も（労働市場，技術，環境の変化に対して）反応的または適応的であるよりも，真に変革的な学習を中心に再概念化される必要がある」とされている[6]。

(2) 変容的学習論研究における「個人の変化」と「社会の変化」

　一方，"transform" という言葉と教育の関係では，成人学習理論としてジャック・メジロー（J. Mezirow）やパトリシア・クラントン（P. Cranton）が展開した "transformative learning" の理論がある。日本語では「変容的

学習」と訳される[7]。成人学習理論における変容とは，成人の前提や信念，価値観といったパースペクティブを問い直し，変えていく思考変化のプロセスの意識変容であり，結果としての行動変容を必ずしも前提としているわけではない[8]。よって，変容的学習が，社会変革を志向する教育として位置付けられることは自明ではない。

　変革も変容も，変化を表す言葉ではあるが，人の変化の文脈では変容であり，変革は社会の変化の文脈で使用される。現在の国際社会における"transform"には，社会変革と個人変容の双方が含意された学習としてのニュアンスがあり，例えば"ESD for 2030"でも社会的変革と個人の変容のそれぞれが丁寧に述べられているが，英語では全て同じ"transform"が用いられる。日本語ではこの二つの言葉の関係性を考慮しなければならない。

　改めてSDGsに関する教育実践において問われるべきは，企業等の「SDGsウォッシュ」の発想に象徴されるような，SDGsをゴールごとに切り取ったシンボルとし，「課題解決的」なるものに焦点化するに留まる教育である。それは，各ゴールやターゲット設定に至った問題背景にある社会構造を丁寧に捉え，現状を批判的に吟味する意識変容と社会変革に係る学習とは異なる。そして現状に適応的な教育またはSDGsを標榜する行政協力的な教育に偏る問題である。それを踏まえれば，社会変革に向けた教育は，課題解決と称する啓発型で動員型の教育に陥る可能性がある点で，場合によっては変容的学習を生成する教育とは相反する実践になる。管理教育が主流な日本において，人間変容と社会変革の一体的言葉である"transform"が教育や学習という言葉と結びつく際に，実践レベルでの慎重な検討が迫られる。

(3) 「2015年勧告」の重点領域としてのアクティブ・シティズンシップ

　成人教育の国際的な重要勧告であるRALEでは，①識字・基礎教育，②職業教育，③AC教育，の三つの領域が明記された。そしてこれらは個別のスキル学習としてではなく，一体的に学ばれる意義が生涯学習の観点で重視される。基礎的な識字や機能的識字，さらには政治リテラシーや情報リテラシーといった広義のリテラシーの獲得と，職業生活の構築，そして市民参加

図 "transform" と成人教育，SDGs

の三つは，いかなる学習レベルを必要とする人にも共通した生涯学習社会の成人の学習課題である[9]。

　そして AC は，世界各地域で歴史的な民衆教育の展開があり，それらの呼称の多様性をふまえた包括した領域とされる。それはまた，"transform" と不可分な関係にあり，人権の実現，民主主義の促進，社会問題への取り組みや豊かな生活（decent life）を送るための支援と本質的に結びついていることが示されている。"transform" と成人教育をめぐる関係を整理すると図のようになる。

　SDGs 達成の鍵と言われる SDG4.7は，学習内容と獲得するべき価値を示し，社会を支える観点からの社会変革的な表現がされている。この文言は新たに現れたわけではなく，1997年の第5回ユネスコ国際成人教育会議の成果文書である「ハンブルグ宣言」ではすでに明示されており，ESD，GCED，人権，ジェンダー平等，非暴力，文化的多様性等の学習も定められていた。

　一方，個人の参加やエンパワーメントを志向し，人を支える観点による変容的表現がされるのは RALE である。「目標と課題」のパラ8では，成人学習・教育目標は「人々に自分の権利を行使，実現し，自分の運命を制御するのに必要な能力を会得させること」とされ，パラ9にあげられる課題は，それを可能にする個人の力量課題が示されている。AC の教育が重要領域の一つと位置付けられたが，社会変革の強調というより人々の職業生活や市民・コミュニティ生活への参加，もしくは関わりを増幅する教育という観点にある。

このように，SDG4.7が社会課題としての学習内容や社会変革的価値を重視した表現，RALE は個人の変容的観点を重視した表現となっている。"transformative" な学習とは，それらを併せて行動が結果的に生み出され，SDGs が達成されるような変革的世界のビジョンである。

3. 成人のアクティブ・シティズンシップ教育とは

(1) シティズンシップ教育

　シティズンシップ教育研究は，欧州で中心にフォーマル教育を中心とする子どもと若者の教育を軸に研究されてきた。シティズンシップ概念は，1970年までは福祉国家体制のもとにある市民権あるいは公民権としてとらえられ，1980年代から90年代にかけては権利の側面にあわせ，社会に参加し，他者に対する応答的な責任を果たしていくことを含む概念とされる[10]。さらにグローバル化の進展を背景に，国民国家を軸とする民主主義の担い手を育てるシティズンシップ教育の重要性が唱えられるようになった。90年代からは，国家としての民主主義教育の側面に加え，グローバル化のもとにグローバル・シティズンシップ教育の側面が強調されていった。1997年に欧州評議会は民主主義的シティズンシップの推進を決議し，2002年の勧告では，従来の国家枠組みで捉えられる市民性から，ローカルからグローバルな文脈におけるコミュニティのシティズンシップの見解が示された[11]。

　こうした動向の中で，1998年イギリスの「学校におけるシティズンシップと民主主義の教育（通称，クリックレポート）」は著名であり，イギリスのフォーマル教育のカリキュラムに位置付けられ推進されていった。それは，政治的リテラシー教育に力点が置かれ，従来のボランティア教育活動への偏りから政治文化の変革を担う積極的な市民（アクティブ・シティズンシップ）の育成がシティズンシップ教育の中心に位置付けられるべきとされる内容であった。

　また，1990年に米国のハリー・ボイト（H. Boyte）によって「パブリックワーク」とその教育プログラムである「パブリックアチーブメント」が開発

された。ボイトの「市民」は「共に創造する人」を意味し，「市民中心の政治」を実現する生徒の主体化や組織及び集団の中の行動力の観点から，非制度的な政治過程の創造を経験的に教育する「市民としての行為主体性」を市民性の問題と捉える[12]。そしてボイトも共同体主義的な奉仕活動の教育と，政治的な行為と主体性を促す組織的活動の教育との相違を強調した。

90年代以降のシティズンシップ教育論は，民主主義を実践する力量形成として，市民社会組織や集団での活動による学習が不可欠であるものの，政治参加の力量形成を欠いて社会貢献活動や奉仕活動に「参加したか否か」を重視するのみではその意義が骨抜きになることを示している。それは，市民としての帰属コミュニティを地域的，国家的に捉えるにしろグローバルに捉えるにしろ共通する点である。

⑵ 成人のアクティブ・シティズンシップ

RALE で示された AC は，民衆教育やコミュニティ教育といった各国各地域での多様な歴史と呼称を前提とし包括するものの，欧州の文脈で生成された言葉である。1998年の教育・研究・科学に関する欧州委員会にて，エディス・クレソン（E. Cresson）が AC とは「欧州市民が自らの人生の設計者であると同時に行為者でもありうる」と発表したのが最初とされる[13]。市民が自らのコミュニティ内の声を聞く方法，自分たちが暮らす社会への帰属意識と利害関係，民主主義の価値，平等，異なる文化や異なる意見の理解と説明された。2000年，欧州委員会による経済成長と雇用に関する「リスボン戦略」において，13目標の一つに「アクティブ・シティズンシップや平等な機会，社会的連帯の支援」が設定された。クレソンの発言はその一環として欧州の教育・訓練2010ワークプログラムの中で，AC を発展させる基礎となったとされる。そして，ブライアニ・ホスキンス（B. Hoskins）がその具体的指標を作成し，「抗議と社会変化」（抗議・労働組合への参加・環境団体への参加・人権団体への参加），「コミュニティ生活」（手助け・宗教団体への参加・ビジネス団体への参加・文化団体への参加・社会団体への参加・スポーツ団体への参加・親や教師の団体への参加），「代表民主制」（政党関

与・投票率・女性の政治参加），「民主的価値」（民主主義・異文化間理解・人権）の四つの次元と17の構成要素を示した[14]。

　また，EUが生涯学習政策として立ち上げた2007年から2013年の「生涯学習プログラム」における「グルントヴィ計画」は，ヨーロッパ市民の社会参加のスキルを高める成人のACに関する教育が特徴的となっている[15]。具体的には，社会的に排除されたグループの教育，女性のエンパワメント，平和と非暴力的問題解決，異文化間・技術・生態系・歴史・経済の課題における批判的コンピテンスの開発があげられており，差別や社会的排除から全ての市民の能動的な参加への志向がある。よってこの計画におけるACは，全体の活動を貫く中心軸として把握できるとされる。

⑶ 日本の成人のアクティブ・シティズンシップの教育課題

　一方，日本の学校教育は，奉仕活動に偏ったシティズンシップ教育からの脱却は進んだとはいえず，政治リテラシーや主体的な参加の観点は不十分なままである。2015年から施行された18歳選挙権を契機に，模擬投票関連の実践などは多数報告されるものの，変革を担うような批判的そして実践的政治リテラシーの教育が進んでいるとはいえない。結果的に成人になる時点で，政治的意見表明や議論をする力量，または政治リテラシーそのものを身につけていない状態となる。その点は，社会教育における成人のシティズンシップ教育の前提として認識する必要がある。社会教育においてホスキンスの指標の「抵抗と社会変化」「代表民主制」に係る項目は着目されず，「コミュニティ生活」「民主的価値」における異文化間理解と人権に留まるといえる。

　そして，日本の成人のシティズンシップに関して不破和彦は，シティズンシップの概念や理論が日本の社会教育において注視されることはほとんどなく，民主主義の基本的諸価値と権利，義務そして参加の論理構成を視点や分析枠組みとして取り入れ，体系化された理論のもとに行われてきたとは言い難い点，そしてむしろ，観念的またはイデオロギー的な待望論が先行してきた点を指摘している[16]。執筆された2002年から20年の歳月を経て，この論点の進展があったとはいえない。政治参加よりもコミュニティ参加に力点が置

かれ，その力量形成の現場として，市民社会・ボランティア組織が重視される。

　シティズンシップ概念は，権利と義務の二分的理論からそれを超えた結合や相互支持的理論展開を迎え，アクティブの意味は資格付与による受動的シティズンシップや現状の社会構成維持または少しずつの向上よりもより積極的な意味合いを持っている。インフォーマルなコミュニティの組織化への参加過程にその教育はあり，自分にはできるという確信，自己効力感，エンパワメントを培う教育といった点は社会教育の理念にある。しかし，成人のACとして，能動的な政治参加の教育課題は迫られたままである。

4．アクティブ・シティズンシップ教育の国際的共有化

　ユネスコ国際成人教育会議（CONFINTEA）は，2022年開催で第7回を迎えた。前回2009年の第6回会議からの13年間には，SDGs採択と1974年勧告以来の改訂となったRALEという成人教育実施指標の勧告があった。そして，第6回会議成果文書である「ベレン行動枠組み」の各国進捗状況は，「ALEに関するグローバルレポート（GRALE）」によって5回に渡って評価報告されてきているが，SDGsとRALEの二つの枠組みの登場以来，それらに示される指標を軸に評価されて来た。

　2016年の第4次レポート「ALEが健康・ウェルビーイング・雇用と労働市場，社会的，市民的，コミュニティ生活に与える影響」は，RALE発行の直後に発表され，定められた三つの学習領域に即した調査が加わった。そこでACスキルに関する評価が現れたが，南米の民衆教育や欧州のリベラル・コミュニティ教育に若干みられるだけで，ほとんど実践の測定評価がされていないとされた。2016年のCONFINTEA Ⅵ中間総括会議では，ACの分科会が開催され，各国参加者からもAC教育を模索する多様な意見が出された。例えば，AC概念は「参加やパートナーシップである」「自分たちの文脈を批判的に読み，知識は動的空間において民主的であるべき」「グループやコミュニティ形成力である」「移民の位置付けを奪うことがある」「政治的側面をもつ」「自信を得るための所属アイデンティティが大切」などであっ

た。

　そして，2022年の第7回会議で発行された第5次レポートは，シティズンシップ教育に焦点化された。成人のシティズンシップ教育のコンセプト概念や主要テーマと実践，グローバルシティズンシップについて詳細な調査研究成果が説明されている。RALEが出されて以来の議論の成果もあり，シティズンシップ教育領域への成人参加は，回答した128カ国中40%が増加したと答えており，さまざまな実践事例も紹介されている。74%の国がシティズンシップ教育に関する政策を策定・実施したと答えている。

　第5次レポートの日本の実践に資するACスキルの教育に関する調査研究の知見は三点ある。まず一つ目が変容的学習と変革的学習の一体性である。シティズンシップとは，社会課題に取り組みながら，個人をエンパワーし，自らの生活を豊か（decent）にするという観点である。シティズンシップ教育としてあげられた例は，「人権，民主主義，包摂，ジェンダー平等，紛争や災害のマネジメント，財務知識，環境保護，持続可能性，気候変動，デジタルスキル」といった生活課題と社会課題である。生活課題と社会課題の一体性に立つ点である。さらには社会課題を学習するとは，「SDGs的な」課題解決行為を賞賛しながら推奨するのではなく，そもそも経済構造のあり方の限界を超えている観点に立った批判的な学習である。環境の誤ったマネジメントと社会的不公正の根本原因を学び，「SDという概念が心に響かないような極度の貧困や生存状況にある人」が，自らのスキルの問題としてだけではなく，社会の問題として構造的に学べる環境と視点が重要とされる。

　二つ目が，人権的かつ実践的な社会課題学習である。成人学習の成果は，あらゆる制度保障を受ける権利のみならず労働権や地域参加といった市民権を知り，主張し，享受する成人スキルを高める点にある。そして権利行使を実際に経験することにある。シティズンシップ教育に対する，美徳中心の保守的見解から，対話，交渉，権力の力学や相互作用を学ぶ解放的な市民性，つまり，人権教育の実践的（動的）な学習への強調である。

　三つ目が，民主主義的シティズンシップとACの相違性と融合性である。民主的価値と態度を身につけた民主主義的シティズンと，社会的行為者としての市民参加をするアクティブ・シティズンは必ずしも合致しないとされ

る。ACの概念それ自体では，必ずしも民主的価値と態度を身につけた状態を表さず，だからこそ批判性が強調される。ボランタリーワークや地域社会に貢献する活動者が必ずしもアクティブ・シティズンではないし，目指すのは公的役割の代行者ではない。アクティブかつ民主的な，シティズンシップを培う批判的，そして先にあげた人権的な学習が重要となる。

５．SDGsに応える社会教育としてのアクティブ・シティズンシップの教育

　SDGsに応える社会教育として，変容と変革のACの教育についてまとめる。大きくは「行為主体としての市民参加を促す学習と教育」と「民主的価値を育む学習・教育」とある。

　まず，「行為主体としての市民参加を促す学習と教育」には，①変容的学習　②エンパワメントに向けた学習　③変革的学習と批判的学習がある。これらは，従来の社会教育理念の軸であるが，具体的な実践において再度この観点からの実践構築が重要となる。一つ目の変容的学習とは，自らの価値観が覆されるような事実やものの見方を得たり，異なる立場を体感したりする学習活動が重要となる。そしてそこに，SDG4.7の内容や価値は大きく貢献しえる。二つ目のエンパワメントに向けた学習は，個人が，自立，自信，レジリエンスを獲得する学習過程には，成人発達としてのエンパワメントが不可欠となる。それはまた，市民的行動の獲得だけではなく，生活向上やウェルビーイングをもたらす。あらゆるリテラシーの向上やキャリアと生き方を考える教育がその役割を果たしうる。三つ目の変革的学習と批判的学習は，結果として公的責任の代行者としての社会貢献活動者を「増やす」のみならず，責任の所在を追及するアドボカシー参加の志向である。これら三つがいずれも体験的な学習であることが重要となる。

　次に，「民主的価値を育む学習・教育」は，①民主的価値の態度とスキル，②政治参加の基本の理解とスキルである。一つ目の民主的価値と態度のスキルについてであるが，民主主義の質は行為主体（市民）の資質に依存する。そのスキルを培うために人権的な不公正を問題化しつつ，議論もしくは熟議の価値を実感し認める実践が求められる。その場しのぎの対話や，安易

なワークショップに終始するのでは及ばないものである。そして，二つ目の政治参加の基本の理解とスキルは，学校教育の結果として「大人達」に不足する政治参加の知識とスキルである。ただし，これらは地域づくりの活動における潜在的な学習や内発的な学習という消極的な機会よりは，その目的を明確にしたプロジェクト化しノンフォーマルで流動的なカリキュラムが求められる。

６．まとめ

　SDGs は，各国の政治的イニシアティブとして，社会構造やしくみの変革を求めている。それは貧困や教育の権利保障を捨て置かず，気候変動対策に財政を投じ，政策実行する責任を国家に課している。しかし，政治的イニシアティブは，国単位だけではないため，制限がありながらもそれぞれのコミュニティがそのイニシアティブにどう応えるかが問われているのも事実である。そしてそれに対し，市民自らが自らの変容と社会の変革を望み，合意し，プロセスにどう参加するのかという課題がある。AC それ自体が，決して変革に向くわけではなく，政治性や批判性という要素の有無が重要となる。変容的学習の土台に立ちながら，社会教育や成人学習，地域づくりの学習に，変革に向けたスキル醸成という要素をどのように包含するかが鍵となる。

【注】
１）第 7 回国際成人教育会議プロセスである地域準備会合等で変容・変革的な成人教育（TALE）に関する分科会や議論設定がされ，本会議採択された「マラケシュ行動枠組み」においても「TALE のための行動提言」がある。
２）UN, *SDG Report*, 2019.
３）OXFAM, *Confronting Carbon Inequality*, 2020.
４）主にゴールのトレードオフ性，ジェンダー項目における性の多様性の尊重や平和項目における核への言及の欠如などがあげられる。
５）UNESCO, *Marrakesh Framework for Action*, 2022, paragraph 40.

6 ） UNESCO, *Reimagining our future together*, 2021, p.114.

7 ） 渋江かさねは「意識変容の学習」を訳しているが，"transformative" にも "learning" にも「意識」という意味はなく慎重な議論が必要とするとしている（渋江かさね『成人教育者の能力開発』鳳書房，2012年，p.22）。

8 ） 常葉―布施美穂はメジローへのインタビューのエピソードをもとに，「"目に見える結果として変化" レベルに求めるのは適切といえない」「変容的学習の概念においては，個人が結果としてこれまでの生き方やライフスタイルを変えたかどうかは本質的な問題ではない」としている（常葉―布施美穂「変容的学習」赤尾勝己編『生涯学習理論を学ぶ人のために』世界思想社，2004年，p.101）。

9 ）「マラケシュ行動枠組み」の「学習領域の拡大」パラグラフ34，35，36，39にも明記されている。また例えばアイルランドでは非識字から博士学位まで，全ての人の学力レベルを段階別に設定し，それに適合する識字やリテラシーを含む多様な教育プログラムを提供する施策をとっている。

10） 小玉重夫『シティズンシップの教育思想』白澤社，2003年，p.13.

11） 中山あおい「今，なぜシティズンシップ教育か」中山あおい・石川聡子・森実他『シティズンシップへの教育』新曜社，2010年，p.15.

12） 藤枝聡「シティズンシップ教育における『市民としての行為主体性』概念の再検討―ハリー・ボイトとガート・ビースタの議論を手がかりに」『東京大学大学院教育学研究科基礎教育学研究室研究室紀要』第46号，2020年.

13） Hoskins, B. &Mascherini, M, *Measuring Active Citizenship through the Development of a Composite Indicator*, Springer, 2008, p.460.

14） 実際にこれらを元にした欧州各国評価も示されている。なお，ホスキンスはアクティブ・シティズンシップを「人権と民主主義に則って，相互尊重と非暴力を特徴とする市民社会，地域社会，政治生活に参加すること」と定義している（同上，p.462）。

15） 吉田正純「EU生涯学習政策とアクティブ・シティズンシップ：成人教育グルンドヴィ計画を中心に」『京都大学生涯学習教育学・図書館情報学研究』第 8 号，2008年，pp.47-58.

16） 不破和彦著編訳『成人教育と市民社会』青木書店，2002年，p.33.

SDGsへの「実践としての民主主義」 アプローチと社会教育

鈴木　敏正

はじめに

　本論の課題は，現代民主主義とくに「実践としての民主主義」の視点から SDGsと「ESD＋GCED（グローバル・シティズンシップ教育）」にアプローチすることをとおして，今後の社会教育の発展課題を提起することである。

　SDGsは環境・経済・社会・文化のすべての活動にかかわるとされてきたが，その17目標に「政治活動」や「民主主義」はない。SDGsはしかし，民主主義の実践である。「SD（持続可能な発展＝開発）」の基本理念＝「世代間・世代内の公正」は，民主主義を求める。SDGsの基本スローガン「誰一人取り残されない」には，自分が排除される可能性をふまえつつ，「異質な他者」を排除しないという「現代民主主義」論が背景にある。「我々の世界を変革」するには，誰もが当事者意識をもって，みずから問題解決にあたらなければ実現しないとされているが，その具体化過程にこそ「民主主義」の実践がある。

　SDGs時代の教育は「ESD＋GCED」であり，ローカル・ナショナル・リージョナル・グローバルを結びつける「グローーカルな社会教育・生涯学習」の理論的・実践的発展が求められている[1]。本論では，その課題に対応する「実践としての民主主義」，SDGsと社会教育をつなぐ「変革的民主主

義 transformative democracy」を提起する。

1．「民主主義の危機」対応への実践論的アプローチ

今日の「民主主義の危機」対応として，代表制民主主義＝「意志（選挙・代議制度）と意見（公共的フォーラム）の二頭制」（N. ウルビナティ）の立て直しが提起されている。ピエール・ロザンヴァロン（P. Rosanvallon）は，政権や政策の認証手続きとなってしまった「承認の民主主義」に対する『カウンター・デモクラシー』（2006年）の検討をふまえ，「第2段階の民主主義革命」＝「行使の民主主義」を主張している。理解可能性・統治責任・応答性そして真実性・高潔さを具体的に問うており，民主的機能評議会・公共委員会・市民的監視団体の提起は，社会教育の民主主義的再生にとっても重要な示唆を与えるものである[2]。

「9条俳句訴訟」で原告側が，公民館は「パブリック・フォーラム」だと主張したが，ロザンヴァロンやウルビナティの提起をふまえ，社会教育・生涯学習関連施設の全体を「公共的フォーラム」とし，関連する住民参加組織を活性化・創造することが，民主主義制度再生への基本課題である。

戦後自由民主主義の批判者たちが「市民（性）教育」を重視する背景には，「リベラリズム（自由主義）・コミュニタリアニズム（共同体主義）論争」があった。共同体主義の代表者とされるマイケル・ジョセフ・サンデル（M. J.Sandel）は，自由民主主義を支える「分配的正義」（J. ロールズ）論は「負荷なき自己」を前提し，国家は個々人の「選択の自由」を保障するだけの「手続き的共和国」となってしまい，「共和主義的民主主義」とくに「自己統治」とそれに不可欠な「公民的人格形成論」を見失ったと批判した。

注目すべきは，公民性の政治経済論復興＝「自由の公民的要素の回復」の動向に着目し，富者と貧者の不平等拡大に対する公民的自由要求（公民権運動など），地域社会開発法人，量販店拡大によるスプロール化問題への対応，新しい都市様式への都市計画，そして「地域組織化」を挙げ，「現代の自己統治を妨げているものとより直接に取り組むこと」を提起していることである。それゆえ，グローバル化に対しては民主主義を発展させる「分権

化」を主張し,「多重に位置づけられた自己 multiply-situated selves として思考し,行動しうる市民」形成の重要性を指摘していた[3]。

　それは,SDGs が直面する課題でもある。リーマンショック(2008年)による新自由主義的グローバリゼーションの破綻,日本ではさらに東日本大震災(2011年)後の「ポスト・グローバリゼーション」時代,グローカルな環境問題と貧困・社会的排除問題という「グローバリゼーションがもたらした双子の基本問題」への取り組みが待ったなしの状況となっている。とくに難民・移民・民族問題などを契機とする「権威主義ポピュリズム」の広がりによる社会の分断,格差拡大と社会的排除問題の複合化・複雑化が進む「民主主義の危機」の中で,ローカル・ナショナル・リージョナル・グローバルの諸レベルで「世代間・世代内公正」の実現に取り組む「多重的で行動的な市民」形成のあり方が模索されてきた。

　この間に多様な民主主義論が提起されてきた。討議的民主主義にはじまり,プラグマティズム的民主主義とくにジョン・デューイ(J. Dewey)の「民主主義と教育」論とそのガート・J・J・ビースタ(G. J. J. Biesta)による現代化,「根源的民主主義(「闘技的民主主義」を含む)」を経て「絶対的民主主義」に至る展開と残された課題については別に提起している[4]。それらと上述の動向をふまえて社会教育実践論を展開するために,本稿では「現代民主主義」を,教育基本法第1条における「人格」の基本矛盾,すなわち「市民(社会の形成者)と公民(国家の形成者)」の分裂,その人権論における現れである「自由権と平等権(あるいは社会権)」の対立を,社会的協同実践をとおして克服しようとする運動であり,その展開には「協同性を基盤とした公共性」を形成する社会教育実践が不可欠である,と理解する。

2.「変革的教育」と「責任ある行動的グローバル市民」形成

　「人権」は近代を生み出す「自然権」思想に始まり,近現代の歴史の中で発展・拡充してきた,いわば「諸権利を生み出す権利」である。

　人権論史のピーター・N・スターンズ(P. N. Stearns)は,19世紀後半以降の「社会的・経済的権利と市民的・政治的権利の関係をめぐっての緊張関

係」を指摘している[5]。それは「テクノロジーとデモクラシー」の発展を基盤に生まれた「歴史的範疇としての社会教育」（宮原誠一）が展開する背景に重なる。戦後の国連憲章（1945年）をふまえた「世界人権宣言」（1948年）は，冷戦対立の中で，社会権的A規約と自由権的B規約に整理された（1966年，発効は1976年）。日本の憲法・教育基本法・社会教育法体制における「社会教育」は，こうした脈絡における「自由権」と緊張関係にある「社会権」の一環である。

それは，戦後福祉国家の「自由民主主義」の中に位置づけられた。しかし，「ポスト福祉国家」段階の政策理念においては「新自由主義＋新保守主義」が支配的である。グローカルな大競争・対立の中で各種人権問題が深刻化・複雑化した。課題解決のために，自由権・社会権につぐ連帯権が主張され，「第3世代の人権」が提起された。その現れが，「持続可能な発展（SD）」を提起したブルントラント委員会報告（1987年）・「国連開発計画（UNDP）」による「人間開発計画」（1990年開始）を潜った地球サミット（1992年）の人権版＝世界人権会議「ウィーン宣言」（1993年）であり，国連「人権教育の10年」（1995年開始）である。

その後の国際成人教育とESD展開の社会教育・生涯学習・環境教育論的理解については別著を参照いただきたいが[6]，人権・民主主義論から見れば，①「人権中の人権」＝「なりゆきまかせの客体から，自らの歴史をつくる主体へ」の学習権の宣言（1985年）に始まり，②青年・成人教育の目的を「人々と地域社会が当面する諸挑戦に立ち向かうために，自分の運命と社会を統制すること」だとしたハンブルク宣言（1997年）を経て，③生涯学習は「包容的で解放的，人間的，民主的な諸価値に基礎を置くあらゆる形態の教育の哲学」だと一般化した「ベレン行動枠組」（2009年）まで，「自己統治的」民主主義から絶対民主主義への展開だと言える。その延長線上に，ESD教育原則（ユネスコ総会，2013年）としての「変革的 transformative 教育」から，「成人学習・教育の変革力を実装する Harnessing the Transformational Power マラケシュ行動枠組」（2022年）への「変革的民主主義」の展開がある。

ここでは，最新の動向としてユネスコ世界会議「ESDに関するベルリン

宣言」（2021年）にふれておく。同宣言で ESD は「批判的思考や協調・課題解決能力，複雑さやリスクへの対応力，レジリエンスの強化，体系的かつ創造的に思考する力といった認知的・非認知的能力を培うこと」を可能にするもので，「責任ある行動的グローバル市民」概念を推進すべきだと言う。

「行動的市民性 active citizenship」は，1990年代の英国労働党ブレア政権「第３の道」などで政策化されたが，21世紀に入って，グローバリゼーションに対応する EU の政策（「グルントヴィ計画2013-2017」など）に位置づけられて広がった。シティズンシップの矛盾的淵源は近代以降の「公私分離」（政治的国家と市民社会の分裂）のもとで「よりよい包摂」をめざす政治にあるが[7]，EU と各国の市民性理解のギャップに加え，移民・民族問題や深刻化する社会的排除問題を背景に，その排除的側面が問題視され，「行動的市民性教育」か「民主的市民性教育」かが問われた。

後者の立場に立つのが，「行動的市民性」は EU 官僚発のグローバル・ネットワークからの要請だと批判するビースタであった。彼は，「資格化」と「社会化」を目的にするそれまでの教育に対する第３の次元として「主体化」，すなわち「行為と責任ある応答の主体」形成を主張してきた。「責任ある応答 responsibility」は「計測的評価 accountability」を超えるものとして，学校教育だけでなく生涯学習，さらには主権者としての「政治責任」，「責任の社会的つながり」の問題にも広がる課題である[8]。ビースタの批判は「革新的」学習主義（子ども・学習者中心主義，21世紀型学習論，批判的教育学を含む）にも及び，「自由への方向づけ」をもった「主体化構想」として，「私的圏域から公共圏への民主主義の実験」，「不完全な民主主義の実験への実際の参加から学習すること」が重視され，主体化とは「民主的な主体性が成立する目下進行中のプロセス」だと言う[9]。

その具体的な「方向づけ」は残された課題となっているが[10]，民主主義論としてはジャック・ランシエール（J. Ranciere）をふまえたものである[11]。ランシエールは，学校も討議（熟議）民主主義論もコンセンサスを前提にしているが，コンセンサスは「政治的デモクラシーの消失」だと批判し，「不合意 dissensus」を重視した思想家である。それゆえ民主主義は「永続的な再始動のプロセスであり，公的生活の永続的私化に抵抗する，様々な形の主

体化や検証の機会を創案するプロセス」だと主張していた[12]。「複数的かつ闘技的な根源的民主主義」論と言え，その先に「誰もが取り残されない（社会的排除問題を克服しようとする）」絶対的民主主義がある。以下，その方向にある「変革的民主主義と社会教育」を探ってみよう。

３.「実践としての民主主義」と社会教育実践

　日本の代表的政治学者・宇野重規は，民主主義の本質は「自分たちの力で，自分たちの社会を変えていくこと」だと言う。「変革的民主主義」の立場であろう。それは，ビースタやランシエール同様に，「民主主義とは本来実験」であるという実践的＝プラグマティズム的理解をふまえたものである。

　宇野は，「一般意志」（J. J. ルソー）が対立した南北戦争後のアメリカのプラグマティズム的民主主義に注目し，「人民の単一の意志の優越という民主主義モデルから，実験としての民主主義モデルへの転換」が求められたと言う。多様な経験を繰り返すことが「習慣」となり，新たな規範となって「新たな習慣をつくり出す」ことで社会が更新されていく。したがって，デューイが言うように，「新たな社会的実践によって民主主義をつねに再創造していくこと」が重要なのである，と。注目すべきは，日本におけるソーシャル・ビジネス，島（地域社会）の再生，東日本大震災被災地での復興活動を紹介して，「結果はわからないとしても，自分自身が『民主主義の習慣』を実践し，それが『社会を変える』ことにつながっていくという信念が，いま静かに広がりをみせている」と述べていることである[13]。

　宇野や第１節でふれたサンデルが，例示した諸事例を分析しうる実践論を展開しているわけではない。しかし，それこそ「実践としての民主主義」論の課題であり，社会教育実践論の視点からの検討が求められている。

　ここでは，サンデルの提起にあった「地域組織化 community organizing」の実践に，人民主権＝「根源的 radical 民主主義」の立場から取り組んだソール・D・アリンスキー（S. D. Alinsky）らに注目してみたい。石神の研究によれば，そのイシューは，戦前の東南欧出自の複雑な移民社会の「社会

関係改善 community relations」から，地域開発（とくに住宅開発）や人種統合，そして1970年代の大気汚染問題までの長期にわたる広範な領域に及んだ。それらは「地域組織化」実践の枠を超えていると言えるが，デモクラシーはつねに「未完のプロジェクト」で「学びのプロセス」だと理解され，コミュニティ・オーガナイザーを育成しながら，コミュニティを基盤とする実践をとおして「人民統治権力」が生まれるとしていたところに特徴がある[14]。

　筆者は，ヨーロッパの地域紛争（民族・宗教対立）の典型例とされてきた英国北アイルランドで地域成人教育を展開してきた「アルスター人民大学（Ulster People's College)」への参加型調査をしたことがある。そして，「地域組織化」に始まるその諸実践の発展過程を community organization (community relations), community development, cultural action, community action, community development learning, social action とモデル的に整理し，それらを，community development education に関する国際的動向と日本での地域社会教育実践の蓄積をふまえて，「地域づくり教育」としてまとめてみた[15]。

　ポスト・グローバリゼーション時代の今日，「持続可能で包容的な社会」を目指す諸実践が世界各地で取り組まれている。日本では，東日本大震災で加速化された「我が国を取り巻く危機状況」に直面して「自立・協働・創造をめざす生涯学習社会」が提起されたが（第2期教育振興基本計画，2013-2017），ESD の条件整備政策はきわめて劣弱である。しかし，実践現場では「持続可能で包容的な地域づくり教育（Education for Sustainable and Inclusive Communities, ESIC)」に取り組む，事実上の ESD の展開が見られる[16]。宇野が例示した諸実践はその一環である。これらを，「変革的民主主義」にかかわる社会教育実践として捉え直していくことが必要である。

4．変革的民主主義とアセンブリの可能性

　ESIC は，近代以降の「主体と客体」および「個人と社会（ないし国家）」という二元論の克服を念頭において提起したものであった[17]。SDGs 時代の

今日，「人間と自然」および「人間諸個人と社会」の対立を，「変革的民主主義」によって乗り越えようとする活動として位置付け直す必要がある。ここで ESIC（地域づくり教育）の６つの実践領域の付置連関全体にわたって論ずる余裕はない。第１の実践領域，すなわち「学習ネットワーク」を基盤とした「地域課題討議の公論の場」形成にかかわる「集会活動」に焦点化してみよう。この領域では，しばしば対立する私的・性別・地区別・職業別・団体別などの差異と諸課題をふまえつつ，それらを超える「地域課題」の討議と，そこで生まれる「地域づくり基礎集団」形成が念頭におかれている。

「集会」は，基本的人権の一環として日本国憲法第21条（「集会（assembly），結社（association）及び言論，出版その他一切の表現の自由」）に規定され，社会教育の方法としても「集会の開催」が位置付けられている（社会教育法第３条）。しかし，結社とともに「表現の自由」として理解され，その学習論的意義が理論化されてきたとは言えない。たとえば，戦後社会教育実践史における代表例は，公民館講座と小集団サークルの限界を乗り越えようとして，1960年代から長野県松川町で取り組まれた（健康問題，教育問題などを討議する）「地域集会」であろう。それは，定型教育と非定型教育を媒介する「不定型 Non-Formal 教育」の代表的形態であるが，その独自性と「学習の構造化」に果たす役割が十分に理解されてきたわけではない。現段階では，生涯教育（定型・不定型・非定型の３類型）としての ESD を理論的・実践的に構造化していく上でも，「集会の開催」の意義を捉え直すことが求められている。

その契機となるのは，絶対的民主主義論を主張してきたアントニオ・ネグリ／マイケル・ハート（A. Negri/M. Hardt）が提起する「アセンブリ」である。彼らは，その実践は「共に集まり，協調して政治的に行動する力」を把握しようとするものであり，「それを通して新たな民主主義政治の可能性を認識するレンズ」だと言う[18]。2011年のオキュパイ運動や反原発運動に代表される「叛逆のサイクル」の経験が背景にある。本稿では社会教育的視点から，東日本大震災からの復興過程における地域集会，筆者が経験した「北海道社会教育フォーラム」などを念頭におきたい[19]。

ネグリ／ハートは「指導 leadership」の政治的機能を「意思決定と集合形

成（アセンブリ）」とし，平等・自由・民主主義を求めるマルチチュード[20]による「指導」の「新しいメカニズムと実践」を発明すべきだと主張する。そのためには，政治的喧騒を離れて「社会的生産・再生産という隠れ家」，マルチチュードが「自らを組織し，自らを統治する力量と能力が養われ，また明示する場所」に降りていく必要があると言う。統治を「下から」見て，「抵抗し，オルタナティヴを創出する力を備えた，生産的な社会的主体性」を明らかにするためでもある（p.291）。「構成的民主主義」（p.104）の立場で，「変革的民主主義」に結びつく。

このような「アセンブリ」は，「公論の場」形成を超えて「社会的協働の権利」の具体化，「未来に向けた民主的計画」（p.373）をも視野に入れていくこととなり，ESIC 全体への展開方向をもっている。「社会的協働の権利」とは「諸々の新結合や新しい生産的な動的編成（アセンブリッジ）を形成する権利」であり，「協働的ネットワークと社会的生産からなる新世界」を活気づける「主体性の動的編成」を生み出すと言う（pp.388-390）。

「アセンブリ」の社会教育的展開には，以下の理論的・実践的課題がある。

第 1 に，「指導＝戦術」論（pp.48, 384）である。ネグリ／ハートは，「ヘゲモニー＝教育学的関係」（A. グラムシ）を念頭におくが，教育は本来「自己教育」だと考えている。ビースタのように，学習・学習者中心主義をも批判的に捉えるとき，あらためて人々の自己教育・相互教育を本質とし（「戦略」），「青少年および成人の組織的教育活動」を援助・組織化する「社会教育」（「戦術」）の見直しが必要となる。まず，地域住民が社会教育実践者（アセンブリの自己統治主体）となっていく自己教育過程の明確化が必要である。

第 2 に，地域集会活動は「不定型教育」の典型であり，生涯教育としてのESD 全体を媒介し，構造化する位置にあることの再確認である。アセンブリ論の展開において，「社会的協働」「起業活動」や「コモンズ管理」「民主的計画」が視野に入っていく学習論的必然性はそこにある。ただし，それらを地域に根ざした活動にするためには，ESIC の第 2 の実践領域，すなわち地域調査学習・研究活動が不可欠である。

第 3 に，「起業家活動」（p.190）としての結社 association である。それは

社会的経済・社会的企業・連帯経済などと呼ばれ，「協働的 associated 民主主義」の基盤となった。日本でも市民活動促進法（1998年）以来の NPO 活動の広がりがあり，「NPO の教育力」も議論されてきたが，労働者協同組合法（2022年10月実施）は，「地域行動・社会行動」学習（ESIC 第3領域）に新たな展望を拓いた。労働者協同組合はすでに公共施設の管理運営にも関わっていて，施設内外に展開する自己統治的＝民主主義的活動に注目する必要がある[21]。「社会的協働の自律的組織化」（p.196）のためには，諸結社の「接合・翻訳」（p.387）・学び合いができる「場（フォーラム）」が必要である。

第4に，具体的〈共〉（pp.139-144）としての「共有資産 commons」にかかわる実践である。ESD でのその理解は，地域の公共的場や歴史的・文化的資産から里山・里川・里海，さらには知識・科学から地球そのものまでを視野に入れている。そうした中で「民主主義の実験」による新たな「公共化」と，既存の共有資産・「場」・施設・制度の「再公共化」の実践が問われている。その基本的条件は公開性・人権性・共有性・計画性であり[22]，それらの具体化は新たな「実践としての民主主義」を創造することになろう。

そこで第5に，「未来に向けた民主的計画」づくりが求められる。SDGs ではバックキャスティングとしての「計画化 planning」が重視されるが，地域における学習実践と学習的契機の全体を視野に入れた「未来に向けた実践総括」として，自己統治的な「地域生涯教育計画」＝「地域 ESD 計画」づくりの実践が今日的課題となってきている。「教育計画」は教育実践に不可欠でありながら最も未開拓な教育学の領域であるが[23]，社会的「実験」としての民主主義の活動であり，民主主義的な「生涯教育公共圏」創造の重要な一環となる。

おわりに

以上によって，社会教育学が SDGs にアプローチする際の「実践としての民主主義」，とくに SDGs／ESD と社会教育をつなぐ「変革的民主主義」の視点の重要性と，社会教育的発展課題のいくつかを提起できたかと思われ

る。SDGs も社会教育も民主主義の実践である。当面する「民主主義の危機」を乗り越えて，民主主義を拡充し深化・進化させる方向に社会教育の未来もある。

　「自由民主主義の危機」や GCED，グローバルサウスからの提起をはじめ，紙幅の都合で立ち入ることができなかった点も多い。拙稿「新グローカル時代の民主主義と SDGs」（北海学園大学『開発論集』第111号，2023）を参照いただけたら幸いである。

【注】

1 ）拙稿「新グローカル時代の市民性教育と生涯学習」『北海道文教大学論集』第21集，2020年.

2 ）P. ロザンヴァロン『良き統治—大統領制化する民主主義』（古城毅ほか訳）みすず書房，2020年，pp.350-352.

3 ）M. J. サンデル『民主政の不満—公共哲学を求めるアメリカ（上・下）』（金原恭子・小林正弥監訳）勁草書房，2010年，下巻 pp.271，285.

4 ）拙著『「コロナ危機」を乗り越える将来社会論—楽しく，やさしさへ』筑波書房，2020年，第 1 編。現代民主主義論の動向については，山本圭『現代民主主義—指導者論から熟議，ポピュリズムまで』中公新書，2021年。

5 ）P. N. スターンズ『人権の世界史』（上杉忍訳）ミネルヴァ書房，2022年，第 7 章.

6 ）ESD・生涯学習・社会教育の関係，地域社会教育実践の理解，「 9 条俳句訴訟」やコロナ禍対応を含めて，鈴木敏正・朝岡幸彦編『改訂版　社会教育・生涯学習論—自分と世界を変える学び』学文社，2023年。環境教育論的視点からの ESD 理解と実践に関しては，拙著『持続可能な発展の教育学—ともに世界をつくる学び』東洋館出版社，2013年。

7 ）岡野八代『フェミニズムの政治学—ケアの倫理をグローバル社会へ』みすず書房，2012年。生涯学習にかかわっては，拙編『排除型社会と生涯学習—日英韓の基礎構造分析』北海道大学出版会，2011年。

8 ）鵜飼健史『政治責任—民主主義とのつき合い方』岩波新書，2022年。「責任の社会的つながりモデル」については，I. M. ヤング『正義への責任』（岡野八代・池田直子訳）岩波書店，2022年。

9 ）G. J. J. ビースタ『民主主義を学習する—教育・生涯学習・シティズンシップ』（上野

正道ほか訳）勁草書房，2014年，pp.215-216，149.

10）拙稿「市民性教育と児童・生徒の社会参画」『北海道文教大学論集』第20号，2019年.

11）G. J. J. ビースタ『教育にこだわるということ―学校と社会をつなぎ直す』（上野正道訳）東京大学出版会，2021年，第7章。ビースタは，包摂と排除の地平を再定義する「トランスクルージョン」を提起する（p.145）。

12）J. ランシエール『民主主義への憎悪』（松葉祥一訳）インスクリプト，2008年，pp.80，86，129，141。同『平等の方法』市田良彦ほか訳，航思社，2014年，も参照。

13）宇野重規『民主主義のつくり方』筑摩書房，2013年，「はじめに」，pp.208-209。ただし，同『民主主義とは何か』（講談社現代新書，2020年）では，プラグマティズム的「実験としての民主主義」論の位置付けはない。

14）石神圭子『ソール・アリンスキーとデモクラシーの挑戦―20世紀アメリカにおけるコミュニティ組織化運動の政治史』北海道大学出版会，2021年，p.275，292. 日本では1980年代，「公民館主事はコミュニティワーカーたれ」（大橋謙策）の提起もあったが，その展開はない。拙著『学校型教育を超えて―エンパワーメントの不定型教育』北樹出版，1997年，第4章。

15）拙著『平和への地域づくり教育―アルスター・ピープルズ・カレッジの挑戦』筑波書房，1995年，「エピローグ」，同『地域づくり教育の誕生―北アイルランドの実践分析』北海道大学図書刊行会，1998年.

16）社会教育・生涯学習研究所監修『地方自治の未来をひらく社会教育』自治体研究社，2023年，拙稿「新グローカル時代の複雑性と『持続可能で包容的な地域づくり』」北海学園大学『開発論集』第110号，2022年。後者では，東日本大震災からの復興地域づくり教育の事例をまとめている。

17）拙著『将来社会への学び―3.11後社会教育とESDと「実践の学」』筑波書房，2016年，第Ⅲ編.

18）A. ネグリ／M. ハート『アセンブリ―新たな民主主義の編成』（水嶋一憲ほか訳）岩波書店，2022年，p.12。以下，引用ページは同書。

19）拙著『将来社会への学び』前出，第Ⅰ編および第Ⅱ編。その後の前者については注16の拙稿，後者については拙著『「コロナ危機」を乗り越える将来社会論』前出，第Ⅲ編。

20）ここでは「多様で複数的な地域住民」と考えるが，ネグリ／ハートがJ. バトラー『アセンブリ：行為遂行性・複数性・政治』（佐藤嘉幸・清水知子訳，青土社，2018年）で提起された「不安定な生」と「共有された可傷性 vulnerability」論を評価していること（p.149）にも留意しておきたい。

21）大高研道「協同で拓く学び」鈴木・朝岡編『改訂版　社会教育・生涯学習論』前出。SDGs 視点からの社会的経済論については，古沢広祐『食・農・環境と SDGs—持続可能な社会のトータルビジョン』農山漁村文化協会，2020年，など。

22）実践例とともに，拙著『教育の公共化と社会的協同—排除か学び合いか』北樹出版，2006年．

23）くわしくは，拙著『現代教育計画論への道程—城戸構想から「新しい教育学」へ』大月書店，2008年。

SDGs 時代の環境教育の可能性

―脱成長パラダイムへの移行―

秦　範子

はじめに

　1972年に刊行された『成長の限界』は，ローマ・クラブがデニス・メドウズ（Meadows, D.）らマサチューセッツ工科大学の研究グループに委託してまとめた報告書である[1]。現在のまま人口増加や環境破壊が続けば，資源の枯渇や環境悪化によって今後100年以内に人類の危機が訪れるであろうという未来社会への警鐘であった。それから半世紀，大規模な森林火災や洪水など気候変動を起因とする自然災害，新型コロナウイルスによるパンデミック（世界的大流行），ロシア軍ウクライナ侵攻によるエネルギー・食糧危機と畳み掛けるように私たちがかつて経験したことのない危機が差し迫っている。

　同じく1972年にストックホルムで開催された「国連人間環境会議」は地球環境問題がグローバルな共通課題であることを共有した最初の国際会議である。採択された「人間環境宣言」の前文には「発展途上国においては，環境問題の大部分は低開発から生じている」[2]と記されており，国際会議で環境を議論する際には，環境問題と密接に関わる，途上国の貧困問題と経済開発問題をセットで扱わなければならなくなった[3]。

　1980年代に入ると「持続可能な開発」（Sustainable Development: SD）概念が登場する。SD は環境問題と貧困問題を同時に解決する「オルタナティブな開発」として捉えられている[4]。しかしながら，のちにポスト開発論者

からは SD が経済成長を前提としているために厳しい批判を受けることになる。アルトゥーロ・エスコバル（Escobar, A.）は，グローバル志向の経済システムの中では，いかなる国も「持続的に開発する」ことなどできないとして，今日の SDGs に対しても「開発の夢を生きながらえさせ続けている」と痛烈に批判する[5]。

　本稿では従来の「開発」が公害，生物多様性の損失，地球環境問題を生み出し，社会に分断と格差をもたらしてきたことを示した上で（第1節），脱成長がなぜ求められるのか，代表的なポスト開発論者の言説を取り上げ，脱成長パラダイムへの移行の方法を探る（第2節）。次に，脱成長プロジェクトを推進する「再ローカリゼーション」の事例として，新自由主義，グローバリゼーションに対抗する社会運動に着目し，ミュニシパリズム（地域自治主義），アグロエコロジー，トランジション・タウンを取り上げる（第3節）。最後に，SDGs 時代の環境教育のあり方について考察し（第4節），変革的学習としての可能性を展望する（おわりに）。

1．経済成長主義と「開発」がもたらしたもの

⑴ 高度経済成長期の「開発」と公害

　1950年代後半以降，日本国内で発生した公害は，工場排水や排煙によって生態系への影響のみならず人間への健康被害が多発した。水俣病は，プラスチック可塑剤の原料のアセトアルデヒドを製造していたチッソ水俣工場がメチル水銀を含む工場排水を放流したために発生した。水俣病公式確認（1956年5月）の後も，原因は水俣工場から排出したメチル水銀とする政府見解（1968年9月）を示すまで12年経過したため被害が拡がった。当初，保健所が「小児奇病」と報告したことで患者家族に対する差別の目が向けられた。さらに水俣病の認定をめぐって誹謗中傷の的になり，患者家族を苦しめ続けた。しかも認定制度自体の問題から現在も「認定から漏れる人々」は多数存在する[6]。

　2011年3月に発生した東京電力福島第一原子力発電所事故についても被害

者の救済をめぐって公害認定と似た構造が見て取れる。事故当時，18歳以下だった福島県の青少年を対象に行なった甲状腺がんの検査では115例（2011年10月〜2014年3月実施），続く2巡目の検査でも71例（2014年4月〜2016年3月実施）の甲状腺がんが検出され，予想を数十倍上回る結果が出ている[7]。しかし，国は福島県の県民健康調査検討委員会や国連科学委員会（UNSCEAR）の評価を用いて「現時点では放射線の影響とは考えにくい」という見解を示し[8]，人体への影響について因果関係を認めていない。「存ること」（存在）も「無いこと」（無）にする「承認のポリティクス」[9]に，科学がどう立ち向かうのかが問われている。

(2) グローバル資本主義と農業

ラテンアメリカの先住民族や小規模農家（以下，小農）は先祖から受け継いできたトウモロコシなどの種子を保存し栽培してきた。しかし，「植物の新品種の保護に関する国際条約（UPOV条約）」（1991年改正）は，種の育成者の承諾がない限り，農家の自家採種は原則として認められないという国際ルールを要求している。代わりに企業から種子を購入し，病害に強い遺伝子組み換え作物を生産し，国際競争力を高めるのが目的である。

「環太平洋パートナーシップ協定」（Trans-Pacific Partnership: TPP）は知的財産の保護（第18章）について規定している[10]。18.7条にUPOV条約が明記されたが，米国の離脱によって発効せず，残る11カ国（ラテンアメリカはメキシコ，ペルー，チリが参加）は「環太平洋パートナーシップに関する包括的及び先進的な協定」（Comprehensive and Progressive Agreement for Trans-Pacific Partnership: CPTPP）に合意した。

TPPをはじめとする自由貿易協定は知的財産権を盾に種子法改正が義務づけられている。農民は企業とライセンス契約を結び，種子のみならず化学肥料や農薬を購入し栽培方法までも指示される。グローバル資本主義に立つ企業型フードシステムは農民の自己決定権を奪い，伝統的農業を放棄させることで農業生態系における生物多様性にも影響を及ぼしている。

⑶ 気候変動と脆弱なコミュニティ

　2015年の第21回締約国会議（COP21）で採択された「パリ協定」は2020年以降の気候変動に関する新たな国際的な枠組みである。世界的な平均気温上昇を産業革命以前に比べて2℃より十分低く保つ（2℃目標）とともに，1.5℃に抑える努力を追求する（1.5℃目標）ことが示され，今世紀後半には人間活動に由来する温室効果ガスの排出量を実質ゼロにすることが明記されている。

　しかしながら，各国が提出した2020年以降の排出削減目標をすべて積み上げても，1.5℃目標はおろか2℃目標を実現できる温室効果ガスの削減量に遠く及ばず，排出削減目標を強化することが必要である[11]。2023年3月に公表された「気候変動に関する政府間パネル」（IPPC: The Intergovernmental Panel on Climate Change）の第6次統合報告書によると[12]，このままではあと10年で1.5℃に達する見込みで，今世紀末には3.2℃に達することが示されている。同報告書は現在の気候変動への過去の寄与が最も少ない脆弱なコミュニティが不均衡に影響を受けることを指摘している。

2．脱成長と成人教育・生涯学習としての環境教育

　国際NGOのオックスファムが2023年1月に公表した経済格差に関する年次報告書によると過去25年間で世界の貧困は増加し，世界人口の1％に相当する富裕層が過去2年間で新たに得た資産は残りの99％が得た資産のほぼ2倍に達している。大量消費を疑問視しない富裕層の生活様式によって貧困層の労働力と資源は収奪されてきた。グローバル資本主義は地球上の生態系の均衡に加え，人類の公平な生存条件をも大きく脅かしている。こうした経済成長社会の病理，植民地主義から脱却するための理論的裏付けとして今日ポスト開発論者が主唱する脱成長論が注目されている。

　ヨルゴス・カリス（Kallis, G.）らは，脱成長社会は互いのケア，コミュニティの連帯，より公平で持続可能な未来へ進むためのエンジンだと述べる[13]。今回のパンデミックの経験が際限のない経済成長よりも人間の健康と

ウェルビーイングに重点を置くべきことを教えてくれたという意味で脱成長へのパラダイムシフトのチャンスと捉えるべきであろう。

　セルジュ・ラトゥーシュ（Latouche, S.）は，脱成長プロジェクトを推進する「エコロジカルな社会主義」を提案する[14]。エコロジカルで民主主義的な社会主義とは，小規模地域でのみ実現可能であり，「近隣コミュニティの民主主義を発明ないし再発明することで，『政治的なもの』を再ローカル化する」こと，つまり都市および農村の生物流域における「再ローカリゼーション」を意味する[15]。

　「エコロジカルな社会主義」は，「主要なエコロジー問題は社会問題にその根本原因がある」とするソーシャル・エコロジー論とも同調する[16]。社会を自然から分離する二元論と社会を自然のなかへ解消する還元主義の粗雑さを回避し，「エコロジー的に健全な技術や直接民主主義に基づいたエコロジカルな社会の実現」のために市民社会のあり方を問うものである[17]。

　経済成長社会では，社会の急激な変化に適応するための知識・技術の習得に重点が置かれ，生涯教育は個人の能力形成を重視する傾向があった。20世紀末の生涯学習政策は，新自由主義とグローバリゼーションによって教育格差の拡大を招いた。ジョン・フィールド（Field, J.）は，生涯学習がもたらすこのような帰結を生涯学習自体が社会的排除の克服よりもむしろそれを生み出したり強めたり助長する場合があり，生涯学習は社会的連帯をはぐくむよりもむしろ個人主義化の傾向を強めていると述べる[18]。ガート・ビースタ（Biesta, G.）もエンパワメントと解放のための強硬な手段として捉えられていた成人学習が学習経済の興隆によって経済成長とグローバル競争に打ち勝つための学習に強調点がおかれていると指摘する[19]。

　脱成長プロジェクトを推進するための成人教育・生涯学習は，経済成長優先から脱成長へ社会を変革する学習（変革的学習）が基礎となるであろう。それゆえ成人教育・生涯学習としての環境教育はエコロジカルな社会の実現に向けて「社会変革への貢献」[20]に重点を置く変革的学習としての可能性を示す必要がある。

　次に取り上げる3事例は脱成長プロジェクトを具体化する「再ローカリゼーション」の実践としてポスト開発論者から注目されてきた。

３．持続可能な地域をつくる再ローカリゼーション

⑴ ミュニシパリズム（地域自治主義）

　2009年10月のギリシャの財政赤字粉飾に端を発する債務危機は，アイルランド，ポルトガルの財政不安，スペイン，イタリアの金融危機に発展し，ユーロの急落と金融市場の混乱を招いた。欧州経済危機の中，スペインでは2011年５月にマドリッドで始まった「15M運動」[21)]を発端として，不況や住宅ローン危機に苦しむ労働者階級と協同組合型のコミュニティ経済と社会正義の運動に加わる若者が手を組み，マドリッドやバルセロナで「怒れる人たち」という社会運動が生まれた[22)]。バルセロナは近年民泊に転じる賃貸住宅が増え，家賃が急騰している。「怒れる人たち」を中心に結党した市民政党の「バルサローナ・アン・クムー」（Barcelona en Comú）が2015年の市議会選挙で第１党となり，観光業への過剰投資とオーバーツーリズムに対抗し，住宅の権利の活動を続けてきた社会活動家のアーダ・クラウ（Colau, A.）がバルセロナ市長に就任した。

　「フィアレス・シティ」[23)]の旗を掲げたバルセロナ市は水道，エネルギー，住宅供給などの公共サービスの見直しを積極的に進めてきた。2018年に公営の電力供給会社を設立し，市が所有する土地に太陽光発電設備を設置し，市庁舎や図書館などの公共施設，街灯，信号機に電力を供給している[24)]。気候変動に対する対応は市民が主体化することでより進展した。2020年１月，バルセロナの市民団体から約300人が気候非常事態委員会に参加した。市民が起草した「気候非常事態宣言」（This is not a Drill: Climate Emergency Declaration）には先進国の経済成長を優先する経済モデルが変わらない限り，南北間の不平等は益々増大すると書かれている[25)]。

⑵ アグロエコロジー

　発展途上国の人口爆発に対応するために稲，小麦，トウモロコシなどの主

要穀物の生産性向上を目的とした「緑の革命」は，化学肥料，農薬，ハイブリッド種子などの工業的農業技術によって食糧生産は見かけ上急増したが，主要穀物と少数の生産者に限定されており，同時に世界の飢饉も増加した[26]。

　アグロエコロジーは，小農や先住民族の伝統的農業におけるローカルな知恵に基づく実践であり，化学肥料や農薬，遺伝子組み換え作物などの外部投入財の利用を削減し，生態系に負荷をかけない持続可能な農業を採用する。

　すなわちアグロエコロジーの実践は「緑の革命」に対抗するオルタナティブといえる。

　グローバルな農民ネットワークである「ビア・カンペシーナ」（La Via Campesina: LVC）はアグロエコロジーを採用し，食料主権運動を展開する[27]。農民主導で気候変動に強いアグロエコロジーの成功例や食の主権にかかわる最良の経験から得られる教訓を見極め，自ら研究し，記録し，分析し，仲間同士で共有する[28]。ビア・カンペシーナとその加盟組織は，ベネズエラ，パラグアイ，ブラジル，チリ，コロンビア，ニカラグアのラテンアメリカ，東南・南アジア，アフリカでアグロエコロジー研修学校や小農大学を開校し，アグロエコロジーの実践を支援し，農民が「自らの歴史を作る主体」となるべくパウロ・フレイレ（Freire, P.）の影響を受けて独自の教育学を発展させている[29]。

(3) トランジション・タウン

　「トランジション・イニシャティブ」はアイルランド出身のロブ・ホプキンス（Hopkins, R.）がパーマカルチャーを哲学的土台として始めた草の根運動である[30]。「キンセール・エネルギー消費削減行動計画（KEDAP）」を契機に，2006年当時は約8,500人だった小さな町，イギリス・トットネスで実を結んだ。気候変動とピークオイルに危機意識を持った人々がトランジション・イニシャティブに賛同し，世界で50カ国以上，1,000を超える地域にトランジション・タウンが拡がっている。

　国内の拠点の先駆けの一つであるトランジション藤野は相模原市旧藤野町

（人口約8,700人）を拠点に多様な学習活動を行っている。とりわけ原子力災害を契機に始まった「藤野電力」の取り組みは小規模太陽光発電による市民電力の普及活動によって地域のエネルギー自給を促し，メーリングリストを活用した「地域通貨よろづ屋」の仕組みは緊急時の連絡網の役割を果たせるため，自然災害への備えとレジリエントな地域づくりに寄与するであろう。

4．変革的学習としての環境教育

　本節では再ローカリゼーションの諸実践からSDGs時代の環境教育のあり方を考察する。鈴木敏正はこれまでの環境教育の蓄積をふまえつつも，人間活動が地球全体のあり方に影響を与える「人新世」では，さらに課題解決のためのSDGsが取り組まれている今日の環境教育には新たな発展が必要だと指摘する[31]。

　SDGsのターゲット（具体的目標）4.7にはグローバル・シティズンシップ教育（Global Citizenship Education: GCED）が示されている。上原直人は，ターゲット4.7は学校教育のカリキュラムの課題として提示されているため，GCEDを成人教育・生涯学習として展開していくという視点が弱いと指摘する[32]。一方で気候変動，生物多様性，エネルギー・食糧危機といった地球環境問題に立ち向かうグローバル・シティズンシップが求められている。バルセロナ市民による「気候非常事態宣言」やトランジション・イニシャティブの「エネルギー消費削減行動計画」は，市民が主体的に地球的視野で考え，足元から行動する取り組みである。

　SDGs時代の環境教育は，「環境のための（for）教育」を基軸に社会的・生態学的持続可能性を重視する[33]。持続可能な社会というあるべき未来を構想し，現代世代として何をなすべきかを考える「バック・キャスティング」と従来の「開発」を省察する「フォア・キャスティング」の視座が求められる。

　脱成長プロジェクトを推進するための再ローカリゼーションの諸実践は変革的学習であり，学習と実践が連環する新たな環境教育の潮流と捉えることができる。

おわりに

　ビースタは民主主義と社会正義，すなわち個人のエンパワメントと解放に関連する生涯学習の次元（「生涯学習の民主的次元」）が喫緊の課題であると主張する[34]。パラダイムシフトを促進するための教育の役割はエンパワメントと価値観転換を支援することにある[35]。成人教育・生涯学習の観点からは抑圧された人々のエンパワメントを，社会変革への貢献に重点を置く環境教育の観点からは価値観の転換につながる学びを支援することが重要である。

　3節で取り上げた再ローカリゼーションの諸実践は，エコロジカルな社会主義に基づき新自由主義，グローバリゼーションに対抗する社会運動であった。グローバルな社会運動と連携するアグロエコロジーは，草の根の教育プロセスを通じて農民の自己教育運動を促進し，企業に搾取されてきた小農・先住民族のエンパワメントを促し，抑圧から解放する。

　価値観の転換については，学校が「国家のイデオロギー装置」[36]ゆえに不平等な社会関係を正当化し，それを再生産する装置としての役割を果たしていることに注意しなければならない。今村光章は，環境教育が再生産と社会変革という矛盾する機能を求められてダブルバインドに陥っていると指摘し，ダブルバインドの意識化に十分な批判的思考力や判断力，シティズンシップ，市民のコミュニケーション能力を育てる教育実践に取り組む必要があると述べる[37]。

　市民学習とシティズンシップ教育の「社会化の構想」と「主体化の構想」についてビースタは次のように説明する[38]。

　　前者（社会化の構想）は，既存の社会的・政治的な秩序の再生産にかかわる学習と教育の役割に注目し，それゆえに，既存の秩序に対する個人の適応を強調するのに対して，後者（主体化の構想）は，民主的なシティズンシップを個人が獲得する既存のアイデンティティとしてだけでなく，未来に向けて根本的に開かれた目下進行中のプロセスとして考えることを重視する。（括弧内は筆者加筆）

変革的学習としての環境教育は，前者の「社会化の構想」ではなく，後者の「主体化の構想」を目的とした成人教育・生涯学習であるべきだ。再ローカリゼーションの諸実践は，グローバルな市民の連帯を生み出し，脱成長に向けたパラダイムシフトを加速させるだろう。参加民主主義とシティズンシップ教育に果たす役割が変革的学習としての環境教育に期待されている。

【注】
1）ドネラ・H・メドウズ，デニス・L・メドウズ・ジャーガン・ラーンダズ，ウィリアム・W・ベアランズ3世『成長の限界（ローマ・クラブ「人類の危機」レポート）』（大来佐武郎監訳）ダイヤモンド社，1972年.
2）堀尾輝久・河内徳子編『平和・人権・環境 教育国際資料集』青木書店，1998年.
3）野村康・阿部治「持続可能な社会」日本環境教育学会ほか編『事典 持続可能な社会と教育』教育出版，2019年.
4）田中治彦「開発教育の視点から環境教育学を構想する」今村光章編『環境教育学の基礎理論—再評価と新機軸』法律文化社，2016年.
5）アルトゥーロ・エスコバル『開発との遭遇—第三世界の発明と解体』（北野収訳）新評論，2022年，p.2.
6）小野文生『〈非在〉のエティカ—ただ生きることの歓待の哲学』東京大学出版会，2022年，pp.202-208.
7）津田敏秀「福島原発事故と小児甲状腺がんとの因果関係について」『科学』第92巻第4号，2022年，306-317.
8）濱岡豊「福島県における甲状腺検査の諸問題Ⅲ」『科学』第92巻第4号，2022年，318-335.
9）小野，前掲，pp.194-196.
10）「環太平洋パートナーシップ協定（TPP協定）の全章概要（日本政府作成）（平成27年11月5日内閣官房TPP政府対策本部）関連部分抜粋」https://www.bunka.go.jp/seisaku/bunkashingikai/chosakuken/hoki/h27_07/pdf/sanko_1.pdf, 2023.4.3.
11）増井利彦「2℃目標，1.5℃目標の実現のために」『国立環境研究所ニュース』第38巻第3号，2019年. https://www.nies.go.jp/kanko/news/38/38-3/38-3-02.html, 2023.4.3.
12）IPPC "AR6 Synthesis Report: Climate Change 2023" https://www.ipcc.ch/report/sixth-assessment-report-cycle/, 2023.5.6.

13）ヨルゴス・カリス，スーザン・ポールソン，ジャコモ・ダリサ，フェデリコ・デマリア『なぜ，脱成長なのか―分断・格差・気候変動を乗り越える』（上原裕美子・保科京子訳）NHK 出版，2021年，p.10.

14）セルジュ・ラトゥーシュ『脱成長』（中野佳裕訳）白水社，2020年，p.76.

15）同上，pp.116-125.

16）マレイ・ブクチン『エコロジーと社会』（藤堂麻理子・戸田清・萩原なつ子訳）白水社，1996年，p.205.

17）同上，pp.39-52，201-210.

18）ジョン・フィールド『生涯学習と新しい教育体制』（矢野裕俊・埋橋孝文・赤尾勝己・伊藤智子訳）学文社，2004年，p.5.

19）ガート・ビースタ『民主主義を学習する―教育・生涯学習・シティズンシップ』（上野正道・藤井佳世・中村（新井）清二訳）勁草書房，2014年，p.134.

20）中村和彦「環境教育の変遷と今後の展望―社会変革への貢献に向けて」『環境情報科学』第51巻第1号，2022年，34-39.

21）「15M 運動」とは，2011年5月15日マドリードのほかスペイン国内50ヶ所以上の都市で同時多発的に行われた広場占拠運動のこと。

22）カリスほか，前掲，pp.127-153.

23）「フィアレス・シティ」は水道事業の民営化をはじめとする新自由主義的な政策に反旗を翻す革新的な地方自治体のネットワークのこと。https://www.fearlesscities.com, 2023.4.3.

24）岸本聡子「世界一ラディカルな市長？アダ・クラウ（バルセロナ）」https://www.newsweekjapan.jp/worldvoice/kishimoto/2021/01/post-10.php, 2023.4.3.

25）バルセロナ「気候非常事態宣言」https://www.barcelona.cat/emergenciaclimatica/sites/default/files/2020-07/Climate_Emergency_Declaration_en.pdf, 2023.4.3.

26）ピーター・ロゼット，ミゲル・アルティエリ『アグロエコロジー入門―理論・実践・政治』（受田宏之監訳・受田千穂訳）明石書店，2020年，p.19.

27）安藤丈将「グローバルな小農民運動のフレーム―ラ・ビア・カンペシーナを中心に―」『社会学評論』第65巻第2号，2014年，239-254.

28）ロゼット，アルティエリ，前掲，pp.115-116.

29）同上，p.116.

30）ロブ・ホプキンス『トランジション・ハンドブック―地域レジリエンスで脱石油社会へ―』（城川桂子訳）第三書館，2013年.

31) 鈴木敏正「地域社会教育実践の展開」鈴木敏正・朝岡幸彦編『社会教育・生涯学習論改訂版―自分と世界を変える学び』学文社，2023年，p.37.

32) 上原直人「グローバル時代のシティズンシップ教育」佐藤一子・大安喜一・丸山英樹編著『共生への学びを拓く―SDGs とグローカルな学び』エイデル研究所，2022年，p.225.

33) 秦範子「気候危機時代の環境教育―『脱成長』に向けたパラダイムシフトの可能性」総合人間学会編『総合人間学16 人新世と AI の時代における人間と社会を問う』本の泉社，2022年，89-109.

34) ビースタ，前掲，pp.126-152.

35) ジョン・フィエン『環境のための教育―批判的カリキュラム理論と環境教育―』（石川聡子・石川寿敏・塩川哲雄・原子栄一郎・渡部智暁訳）東信堂，2001年，p.15.

36) ルイ・アルチュセール『再生産について―イデオロギーと国家のイデオロギー諸装置』（西川長夫・伊吹浩一・大中一彌・今野晃・山家歩訳）平凡社，2009年.

37) 今村光章『環境教育という〈壁〉―社会変革と再生産のダブルバインドを超えて』昭和堂，2009年，pp.57-61.

38) ビースタ，前掲，pp.4-5.

第Ⅱ部

SDGs をめぐる学習論・
組織論

SDGs 運動に呼応する学習・組織論

―当事者性学習論へのパラダイムシフトをめざして―

松岡 広路

1．SDGs 運動の萌芽期としての現代

持続不可能な地球への警鐘が鳴らされて約半世紀，SDGs（持続可能な開発目標）の登場は，新たな社会運動の始まりを予感させてくれる。社会運動の定義を広く捉え，「なんらかの社会的矛盾に起因する生活危機を解決するために，社会における既存の資源配分状態や社会規範や価値体系などを変革しようとし，かつまた人々の回心をはかろうとする，組織的もしくは集合的な活動」[1]とすると，SD（持続可能な開発）は，元々，ある種の社会運動として展開することが期待されていたともいえる。

持続不可能な開発が国際的に喧伝された1980年代以後，政治的アプローチが模索され，やがて20世紀末に ESD（持続可能な開発のための教育）が登場する。しかし，「変革」「回心」への明確なビジョンを持たずに人の変化を意味する狭義の教育が強調されたため，課題解決意識の高い層が ESD から離脱するということも見られた。「国連 ESD の10年」（2005〜2014年）を経たのちも，「組織的もしくは集合的な活動」は依然として散在的で，社会運動はおろか教育運動とさえ言い難い状況が続いている。ESD は，社会運動の契機としては，ややインパクトが弱かったのかもしれない。

しかし，SDGs の目標達成時限2030年に数年を残すばかりとなった今日，事態は徐々に変わりつつある。とりわけ，日本においては，官民一体のキャ

ンペーンの効果もあり，SD 概念を両義的または曖昧なものと訝しんでいた
専門家や，矛盾・葛藤を基盤に置く複雑な目標に戸惑いを覚えていた人々
（企業人や領域専門家を含む）が，より積極的に SD を自らの延長線上に置
くようになってきた。多くの自治体・大学・社会教育・生涯学習支援の現場
でも，SDGs がキーワードとして設定される傾向が強まっている。いまだ分
離分散的との感はぬぐえないが，SDGs を軸に社会資源が蟻集し集合行動と
して蠢動しつつあるという点で，新たな社会運動の興隆を予感させるものが
ある。現代は SDGs 運動の萌芽期にあるといえるかもしれない[2]。

　したがって，目下の課題は，目的の曖昧な集合行動や分散的な資源動員の
様態が，具体的な実践によってどのように学びの総体として民主的に展開
し，人間主体の社会変容が生まれることになるのか，ということにある。複
雑な政治経済の力学の中で，ESD および ESD に関連する社会教育（以下，
「ESD／社会教育」）の関係者（学習者・実践者・研究者・政策立案者）
は，再び，この課題に専心しなければならない。

　本稿は，そうした問題意識のもとで社会教育・生涯学習領域の独自性とそ
の意義を明らかにしようとするものである。SDGs の特質と求められる学
習・組織論[3]を探究し，SDGs 運動の萌芽期にどのようなパラダイムシフト
が起こりつつあるのかを論究する。

２．SDGs の特質と ESD／社会教育へのインパクト

⑴ ESD／社会教育発展の契機としての SDGs

　『我々の世界を変革する：持続可能な開発のための2030アジェンダ』（以
下，〈アジェンダ〉）をふまえると，SDGs の特質は，作業仮説として大きく
３つに整理できよう。第一に，SD 概念が17の時限的達成課題（ゴール）に
腑分けされ，集合行動への入り口が明示されていること，第二に，科学技
術，システム（政治・経済・社会・文化システム），ライフスタイルを具体
的なツールとした活動が強調されていること，第三に，「No One Left
Behind（だれ一人取り残さない）」に象徴されるように，SDGs は，その成

果・影響の蓋然性は強調されているが，権能のある関係者（ステークホルダー）中心の組織・行動が推進主体とされていることの３つである。169のターゲットを設定し2030年までに持続可能な社会への変容（transformation）を目指す〈アジェンダ〉は，目的の実現に向けて合理性・計画性・有効性を高めようとする世界宣言といってよいであろう。

　こうした特質は，ESD／社会教育の弱点の補完，実践のブラッシュアップにプラスに作用する可能性がある。表面的なものも含めると，４点ほどを指摘できる。

　第一には，バックキャスティング・アプローチ（未来から逆算して戦略を練る方法）などの学習方法の実装化・定着化に貢献する可能性，第二には，SDGs によって社会変容の具体的なツール（科学技術・システム・ライフスタイル）に関する活動やそれを駆使する領域との接続を強化する契機が得られる点，第三には，特定領域の専門家・研究者・実践者の ESD／社会教育への主体的な参加を促しえる点，そして，第四には，SDGs を素材にすることで，批判的に自分と世界の関係を省察する学習を強化し得る点である。逆説的であるが，SDGs と対峙することによって，学習者は SD に関する諸問題と自分との距離が遠いことを自覚し，「自分とは何者か？」「自分と世界のつながりとは？」を考えるきっかけが得られるのではないか。SDGs は，意識化プロセスの重要性をより鮮明にしてくれるともいえる。

⑵ SDGs の問題点と ESD／社会教育の役割

　SDGs の特徴が目的合理性を核としていることをふまえると，社会運動として発展する上では，大きな問題点がいくつかある。ESD／社会教育はこれらに対応しなくてはならない。

　第一に，SDGs から透けて見える理想社会と各ゴールの活動・取組の間での不整合，または，ゴール間での不整合という問題である。17のゴールは，互いに距離のある社会問題群であり，各活動・取組は権能のある人間・組織を中心に目的合理的に進められる。それゆえ，各ゴール間の進度・方向・原理の差異から生まれる矛盾や離齬が生じやすい。特定のゴールに関する活動

がある社会・時代の要請に応じて他のゴールとの調整なしに邁進することで、逆に持続不可能性が増すということもあり得る。

したがって、具体的にどのような時空間・条件で、異領域・異パラダイム間の対話・コミュニケーションが可能となり、その総体が持続可能性を基盤とする社会変容へと結晶化することになるのか。この点に関して、ESD／社会教育の学習・組織論の有効性が問われることになる。

第二に、SDGsの目的合理的な特質によって生じる教育の分断と偏重の危険性である。SDGsが社会運動として実質化するには、フォーマル・ノンフォーマル・インフォーマル教育が一体的または連動的に活性化され、多種多様な人間の混合・連合・融合が生まれる必要がある。ところが、SDGsの目的合理性を求める特質は、その推進に有為な人間を計画的・効率的に育成する力動を強めることになろう。その結果、フォーマル教育への力点が強まり、三者間の力学の不均衡を生む危険性がある。実際、GAP（2015年、ESDに関するグローバル・アクション・プログラム）でもその兆候は見られる。目的合理性原理に適合する学校教育偏重主義の台頭を忌避できないという課題である。

これに対して、ESD／社会教育研究が貢献できる方法の一つが、三者共通の学習指標の開発ではあるまいか。学校的な学び、社会教育的な学び、偶発的なインフォーマルな学びが共通の指標のもとに把持・展開されれば、内容・進度・方向性の違いの確認とそれらの調整は容易になる。三領域に通底する学習論の構築を早急に進める必要がある。

さらに、第三に、ESDにおいても批判されてきた価値の倫理化または規範主義による社会統制の危険性は、やはり、看過できない。〈アジェンダ〉の前文には「In Larger Freedom」（より多くの自由のなかで）が盛り込まれているが、SDの価値を構成する「共生」「公正」「充足」「未来志向」「地球主義」などは、近現代の定着的価値（例えば、自立・競合・分業、欲望・利便性・平等、保守・伝統志向、地域主義・国家主義など）と対抗的または拮抗的な関係にある。にもかかわらず、SDGsにおいて特定の価値の際立ったゴールを、いわば、世界正義かのように打ち出すのであるから、どのようなプロセスで規範と「自由」の矛盾が解消・昇華されるのか、あるいは拮抗

する価値間の弁証法的変化をどのように保証・推進するのかは，鋭く問われなければならない。多様な価値間の相互作用，異なるツール間や活動間の相互作用，および，それら全体の複雑な相互作用の中で，既存の価値・ツール・活動のいずれもが脱構築され，総体としての社会変容が生じるという弁証法的変容のプロセスが求められる。こうした弁証法的変容を生む過程がイメージできれば，実践化が進み，持続可能な社会づくりへの道が開けてくることになろう。

　最後に，第四の問題点として，アジェンダおよびSDGsは，エンパワメントへの信頼が弱い点も指摘しておかねばならない。ジェンダーなどの特定のゴールにはエンパワメントが明記されているが，丁寧にみると，被害者や被抑圧者の参加・参画に変化の原動を託す言説は極めて少ない。SDGs運動が，総合的な運動として発展するには，権能者や専門家だけではなく，一見無関心な人を含むあらゆる人々が活動・運動の主体になることが求められる。「主体になる」とは，指導者や積極的な活動者になるというだけではない。例えば，ゴール1「貧困」の積極的活動家が同時にゴール14「海洋資源を大切に」に関心を持ち，ボランティアとして海岸清掃活動に参加することも，「主体になる」ということである。特定のゴールの達成に向けてのエンパワメントや，複数のゴールの連結的な動きに向けてのエンパワメントなど，次元の異なる多様なエンパワメントの重合が求められる。こうした動きを創成するのも，ESD／社会教育の役割ではなかろうか。

　以上のように，求められるSDGs運動とESD／社会教育の相補的関係を論じつつ，双方の課題を整理すると，これらに応え，これらを実質化する学習・組織論，すなわち，変容の学習論とは何かという課題が浮かび上がってくる。節をかえて論究しよう。

３．求められる学習・組織論の特徴と課題

⑴ 変容的学習論の特徴と課題

　ESD／社会教育の文脈において「変容」をキーワードにした学習論の代

表的な先行研究のひとつに，ジャック・メジロウ（J. Mezirow）の「変容的学習論」がある[4]。メジロウは，ユルゲン・ハーバーマス（J. Habermas）やグレゴリー・ベイトソン（G. Bateson）を参照しつつ，「意味パースペクティブ（meaning perspective）」または「準拠枠組み（frame of reference）」の変容を学習の根幹に据える。アンドラゴジー理論の提唱者であるマルカム・ノールズ（M. Knowles）と同じく，メジロウもまた，子どもの教育と成人教育の違いをふまえ，子どもの学びは，物事を意味づけるスキーム（meaning schemes：特に信念や態度）を形成するが，成人は，社会的に形成されたその他の複数のスキームの総体である「意味パースペクティブ」あるいは集団的に形成される「準拠枠組み」を変容させるとする。情報・知識・技能を獲得するだけではなく，多様な経験・行動，省察（reflection）を通して，テーマや問題を認識する装置そのものが変質し再形成される様態といってよい。これは，近代教育の陶冶と訓育の分離を統一する可能性をもつ教育学全体にも十分通用する学習論と評し得よう。

しかし，ベイトソンの学習階型論と同じく，メジロウの変容的学習論も，文化・社会の理想的な変化が順調に進んでいる状況が想定されるなかで観察された学習論という限界がある。平たく言えば，一定の社会変容の過程において学習者はどのように変化・学習するか，という問いの中で構築された学習論にすぎず，社会変容を生むプロセスを創発する学習論とは言えないということである。意味パースペクティブの変容が，あるテーマや問題の解決に向けての主体的行動を引き起こし，社会変容を生み出すような集合行動を生むか，と問えば，必ずしもイエスとは言えない。メジロウの変容的学習論はパウロ・フレイレ（P. Freire）の版図する解放のプロセスにおける学習者の認識変容の一部を説明したに過ぎないという批判を甘受せざるをえない。

SDGs運動に資する学習論は，意味パースペクティブの変容と共に，行動・関係性の変容を惹起する学習論でなければならない。SDGsにおいて注視される「変容」とメジロウの変容的学習論は，こうした意味で，整合的な関係にあるというわけではない。

⑵ 拡張的学習論の可能性と課題

　これに対して，皮肉にも，心理学の領域で行動・関係性の変容につながる学習論を打ち立てたのが，ユーリア・エンゲストローム（J. Engeström）である[5]。「発達の最近接領域」概念を打ち出したレフ・ヴィゴツキー（L. S. Vygotsky）を創始とする活動理論のトップランナーといって差し支えあるまい。その理論は，拡張的学習論，または，越境的学習と呼ばれる。大胆に約言すると，人間個々の内的心理の変化ではなく，人間の関係性の総体としての「活動システム（Activity System）」が変化することに着目した学習・組織論である。「道具」「主体」「対象」「共同体」「ルール」「分業」の6要素によって構成される「活動システム」が，そこにおける「矛盾」を原動力として他の活動システムと接触し変容するプロセスをもって，学習・発達とする。活動システム（旧パラダイムでは，「人間」）が，他の活動システムの要素と接触し，それらを組み込みつつ拡張するなかに学びと呼ばれる変化が随伴するという考え方である。越境という行為・行動の優先性を示しつつ，意識・認識，行動，関係性の総合的な変化を「拡張」として説明する。SDGs運動に求められる学習・組織論の基底の位置づくものと評し得よう。

　しかし，エンゲストロームが注目する事例は，「水平的学習（horizontal learning）」に力点が置かれているため，現実社会の問題を解決していく上で避けられない抑圧関係における越境の様態は不明である。この学習・組織論は，経営学や社会学など多くの領域で注目されているが，SDGs運動に求められる利害対立的な領域間あるいは抑圧構造内における「協働」または緩やかなつながりづくりが，果たしてどのように可能となるのかは，課題のままといえよう。抑圧者の活動システムと被抑圧者のそれを差異化できない拡張的学習論は，学習を個から切り離し，関係性の越境・拡張を学習と捉えたことは評価しえるが，フォーマル・ノンフォーマル・インフォーマルに通底する学習・組織論としては不十分と言わざるを得ない。

⑶ 状況的学習論によるパラダイムシフト

　エンゲストロームのように人間の関係性を要素として構造化してはいないものの，ピエール・ブルデュー（P. Bourdieu）の文化資本論やエンゲストロームの拡張的学習論をふまえつつ，社会変容の観点から学習の様態を説明しようとしたものに，ジーン・レイブ（J. Lave）とエティエンヌ・ウェンガー（E. Wenger）の「状況的学習論（situated learning）」がある[6]。これは，「実践共同体（community of practice）」での参加・活動と，総合的な人間形成と行為の変容を一体的に捉える学習論で，脱個人主義・脱心理主義的学習論の代表といえる。エンゲストローム同様，ウェンガーは「越境」にも注目するが，エンゲストロームに比べて，共同体による社会変容に向けての実践と，それを突き動かす参加形態へのまなざしが強く，「正統的周辺参加（legitimate peripheral participation）」が，その学習・組織論のキーワードといって差し支えないであろう。

　正統的周辺参加とは，ある実践共同体の全体を俯瞰しつつ徐々に関与の度合いを深めていく参加の様態で，多元的な相互作用の中で共同体内の文脈（situation）を理解・体得するプロセスである。知識・技能・ルールなどは，実践共同体内の文脈から切り離されて習得されるのではなく，関係的な産物として実践のなかで構成され意味づけられる。逆に言えば，文脈を理解せずにいかなる知識や技能の交換も行われない。意識・認識，知識・技能，行動・行為，および実践共同体内の文脈が一体的に変容するという学習観である。社会変容の実践をその構成要素に加えたという点では，エンゲストロームよりも抑圧構造を内包する社会の変容に資する学習・組織論といえよう。

　ただ，ウェンガーも共同体内の抑圧関係が小さなケースを研究ターゲットとする傾向は否定できない。しかも，社会変容を生む実践共同体間の衝突・葛藤がどのように解消・昇華され，その過程において正統的周辺参加がどのように成り立つのかの説明はない。松本が指摘するように[7]，パワー（power）との論理的・実践的な融合が求められることになろう。

　以上のように，成人教育学・行動主義心理学・文化人類学の文脈から発見

された新しい学習・組織論は，人間の個の内面的な学びを社会構成的なものへと脱構築し，「省察」「拡張」「越境」「参加」をその本質に据えたものとなっている。個・関係性・社会の変容を一体的に捉える学習・組織論の外形は，ある程度，整ってきたといえよう。

　しかし，それらは，SDGs運動に期待される学習・組織論としては，なお不十分である。SDGsのゴール間の異質性の高い者同士の心理・物理的な壁あるいはコミュニティ内の抑圧構造を，どう乗り越えて「拡張」「越境」「参加」するのかという根本的な問いに答えられていないからである。抑圧構造下における，異質な他者とのコミュニケーションや異なるテーマ間の接触・交流，あるいは，価値・ツール・活動および人間総体の弁証法的変容を説明する学習・組織論こそが探究されなくてはならない。また，エンゲストロームが避けた「垂直的学習（vertical learning）」を包摂するフォーマル・ノンフォーマル・インフォーマル教育に通底する学習・組織論も求められる。

４．多元的な変容とエンパワメントを総合化する当事者性学習論の可能性

⑴ 汎場面的な学習論の探究

　戦後社会教育の主流であった主体形成論・相互教育論，あるいは，フレイレの解放の教育学に代表されるエンパワメント教育論[8]は，ある特定の課題や問題を軸とする社会運動に則したもので，それを裏打ちする学習・組織論は，当然，SDGs運動においても前提のひとつにはなる。しかし，それらだけでは，多領域・異価値間での多元的な弁証法的変容は説明できない。障がい者や女性のエンパワメント論，資本主義下の公害反対運動や地域教育における主体形成論の背景にある社会運動は，〈アジェンダ〉が希求する社会運動と比較すると，課題設定が狭く，より同質性の高い集団づくりと，より限定的なツールを特徴とする運動のように思われるからである。

　SDGs運動に求められる学習・組織論は，凝集性の低い集団でも，ゆるやかなネットワークのなかでも，あるいは，異なる価値や規範をもつ集団同士の接触・交流の場においても，その内実を説明し実践に資するものでなけれ

ばならない。例えば，CO₂排出低減技術を多様なステークホルダーと協力して開発する場面，女性解放運動リーダーと身体障害者が命について激論を交わす場面，生態系保護をめぐる事業計画づくりの場面，多様な人による集団的ボランティア活動の場面，学校教育における教授の場面など，集団の性質・構成員・目的・活動形態などの異なる多様な場面すべてにおいて包括的に適用し得る学習・組織論でなくてはならない。

　そのような課題に応えられる学習・組織論とは，どのようなものであろうか。その端緒として注目するのが，「当事者性」という概念である。

(2)　「当事者性」の基本スタンス

　「当事者性」は，目下のところ，「ある問題・テーマ・パラドックスとの物理的・心理的距離」と定義される[9]。福祉教育・ボランティア学習の領域で当事者性を軸とする議論が始まった2004年当初は，当事者のエンパワメントに随伴する他の人々の学習の様態を説明するために，「当事者またはその問題事象と学習者の相対的距離」とか，「当事者またはその問題との心理的・物理的な深まりを示す度合い」と定義づけられた[10]。

　しかし，当事者性をめぐる学習の適応範囲を広げるなかで，その定義から，「当事者」が削除され，「パラドックス」が付加され，さらに，個人を連想させる「学習者」が削除された。また，「当事者意識」などの特定の当事者性の要素の重要性を想起させる「深まりを示す度合い」ではなく，問題・テーマ・パラドックスとの対象化された関係性の要素によって示される「距離」が採択されることとなった。

　こうした変遷からもわかるように，「当事者性」は，当事者とみなされる人々の変化の指標にもなりえるし，個人だけはなく集団や組織の変容も視野に入れることのできる概念である。また，「問題・テーマ」という物象化されやすい対象との関係だけではなく，現実社会に伏在する未だ言語化されていない事象としての「パラドックス（迷い，悩み，不可視化されているジレンマ）」との関係も視野に入れている。これによって，学習集団が新たな問題を発見・意識化するプロセスもこの指標で汲み取れるし，互いに異質な

人々の出会いを媒介する新たな当事者性の存在を説明し得る。

　また，フレイレが，人間を「テーマ宇宙（universe of themes）」をもつ，すでに多様なテーマを知る存在とみなしたように，人間は〈複数の多様な当事者性の束〉と同定される。人格や人間性あるいは「意味パースペクティブ」・認識・行動・関係性・社会的文脈は，その人の複数の濃淡のある当事者性のパターンによって規定される。集団や組織の特性・個性も然りである。

　それゆえ，〈学習する〉とは，当事者性または当事者性のパターンが変容することである，というのが，「当事者性学習論」の基本スタンスである。そして，ある人・集団・組織の，ある当事者性の変容は，複数の当事者性の束として実体化する個の変容を引き起こすと同時に，新しい社会関係や社会行動が生まれることをも意味する。当事者性または当事者性のパターンの変容は，人間と社会の変容を同時に射程に入れられる実践指標でもある。

(3) 当事者性の要素と交差

　当事者性は，「活動システム」のように，概ね6つの要素で構成される。後藤は，「問題・テーマ・パラドックスに関わる①身体的つながりの程度，②自覚の程度，③ネットワークの保有程度，④知識・技術の保有程度，⑤態度・行動の程度，⑥未来志向性（希望）の程度」（本書，後藤論文）と整理する。この6要素は，理想化した「当事者」の問題・テーマとの物理的・心理的距離をモデルとして案出されたものであるが，確定ではないであろう。筆者は，より形式的に整理した方が指標になりやすいのではないかと考えるが，これは今後の課題である。

　重要なのは，どのような形態・場面であれ，ある当事者性の要素のいずれかが他の当事者性のそれと接触・刺激し合うことによって，当事者性の変容が生まれるという仮説である。1対1である必要はない。多人数の集団において，たとえば，三人の談話の場面でも適応し得る。Aのある当事者性の要素③が，BやCの当事者性を刺激し，B・Cの要素④や⑤が変化し，逆にBの別の当事者性の要素④がAやCのさらに別の当事者性を刺激し，その

要素①や⑥が変化するという学びの様態が考えられる。この時，A・B・C には共通の新しい当事者性が芽生える可能性もある。当事者性がその要素を接点として触れ合い刺激し合うことで，ある当事者性が深化したり，新しい当事者性が顕在化したり，あるいは当事者性のパターンが変容するのではないか。筆者は，こうした複数の当事者性が接触・刺激する様態を「当事者性の交差」と呼ぶ[11]。

　学校での教授型授業，対話型教育，体験学習をはじめ，多くの ESD／社会教育の現場で生まれる学習場面でも，当事者性の交差を指標として，学習を評価・分析できるのではないだろうか。また，SDGs 運動が発展する上で求められる課題は，当事者性学習論を基礎にすることで，解決の方向に舵を切ることができるのではないか。多層多元的な多領域の問題・テーマにおける多元的な人間・集団・組織の相互接触・交流が求められる SDGs 運動は，人々・組織・集団の複数の当事者性の交差の連鎖によって活性化されると説明できる。懸案である既存の価値・ツール・システムの弁証法的変容は，当事者性の交差のなかで進むことになる。当事者性の各要素の相互接触による当事者性の交差が進むことによって，SDGs 運動がさらに発展することを期待できるのではないか。

5．オルタナティブな組織論・実践論の創発に向けて

　当事者性学習論は，学習者個々の学びの集積・重合の結果として社会の変容が生まれるという近代教育学の前提とは異なり，複数の濃淡のある当事者性の要素の接触と当事者性のパターンの変化が，学習者個々の変化と社会の変容を随伴する，という考え方を前提とする。それゆえ，教育全体の枠組みにも変化をもたらすことになるであろう。当事者性の交差の所在という観点で，異なるタイプの各教育フィールド（フォーマル・ノンフォーマル・インフォーマル・インシデンタル教育）が再度検証され，その結果，相互の関係やカテゴリー自体が変わる可能性もある。具体的には，プラットフォームづくり，ゆるやかな社会運動を中心に論じられることになるであろうが，学校においては，教科教育・総合学習・体験学習・教科横断型授業などをさらな

る当事者性の交差へと展開するような実践・企画が求められ，学校・学校外のカテゴリーが変更されることになるかもしれない。社会教育においては，複数のエンパワメントの交差を生む対話や異なる当事者性のパターンをもつ人々の居場所づくりなどが重視されるとともに，地域を超えた市民活動や企業・学校などとのネットワーク化も期待されるところのものとなろう。SDGs運動と当事者性学習論の同時的な展開のなかで，学習・組織論および実践上のオルタナティブが創発されることを期待したい。

【注】

1）塩原勉「社会運動」見田宗介・栗原彬他『社会学事典』弘文堂，1988年，p.390.

2）筆者は，SDGsを2030年までに限定せず，その後に継承される新たな国際的運動の目標としてさらに展開することを想定する立場である。

3）ESD／社会教育実践での学習論と組織論の深い結びつきをふまえ，本稿では，原則として両者の観点を包摂した「学習・組織論」を用いる。

4）メジロウに関する研究論文は多々あるが，差し当たり，原著邦訳『おとなの学びと変容―変容的学習とは何か』鳳書房，2012年を参照のこと。

5）エンゲストロームについては，『拡張による学習』新曜社，2005年および山住勝弘・エンゲストローム『ノットワーキング』2008年，新曜社など参照。

6）レイブ・ウェンガー『状況に埋め込まれた学習―正統的周辺参加論』産業図書，1993年およびウェンガー他『コミュニティ・オブ・プラクティス―ナレッジ社会の新たな知識形態の実践』翔泳社，2002年を参照のこと。

7）松本大「状況的学習と成人教育」『東北大学大学院教育学研究科研究年報』（第55集・第1号）2006年，219-232.

8）こうした教育論については豊富な先行研究がある。フレイレについては，小沢有作他訳『被抑圧者の教育学』亜紀書房，1979年などを参照のこと。

9）再構築された当事者性概念については，本書，後藤論文参照。

10）議論は，『福祉教育・ボランティア学習と当事者性』（日本福祉教育・ボランティア学習学会年報第11号）万葉舎，2006年に詳しい。

11）「当事者性の交差」の着想過程については，松岡広路「福祉教育・ボランティア学習とESDの関係性：福祉教育から「福祉教育・ボランティア学習」・ESDへ」『日本福祉教育・ボランティア学習学会研究紀要』14巻，2009年，8-23参照。

地域のプラットフォーム組織化過程における SDGs の実践の構造化に関する比較事例分析

荻野 亮吾

1．本論の目的─SDGs 研究における「プラットフォーム」研究の位置

　本論の目的は，SDGs の実現に向けた地域のプラットフォームの組織化過程に注目し，実践の構造化を促す要素を明らかにすることである。

　地域における SDGs の実現に向けては，問題の特定も解決も困難である「やっかいな問題（Wicked Problems）」に対応する必要がある。この問題に向き合うには，個別の目標を追究する実践主体が，「誰一人取り残さない」という共通目標のもとに，動態的かつ包括的に課題解決をめざす協働の実践を組織化できるかがポイントになる。本論におけるプラットフォームとは，協働の仕組みに焦点化したものであり，地域の人的・物的・社会的資源を集約し，地域の課題解決の基盤となる，創発性を有するエコシステムを指す。この概念は，主に経営学の領域で注目を集めてきた。例えば，國領二郎は，プラットフォームを「多様な主体が協働する際に，協働を促進するコミュニケーションの基盤となる道具や仕組み」と定義している[1]。

　プラットフォームの考え方には三つの特徴がある。第一に，問題解決よりも，解決に向けた協働の基盤づくりを重視する点である。協働の基盤（プラットフォーム）を構築するという発想は，コミュニティ・デザインの考え方と親和性が高く，都市計画・まちづくりの領域に広がりを見せている[2]。

　第二に，目的合理的な組織の設計や運営でなく，問題解決の基盤となる場

やプロセスの設計・運営に目を向ける点である。日々刻々と変化し，ローカルとグローバルをまたぐ，複雑な「やっかいな問題」には，単一組織を主体・対象とするマネジメントでは対応が難しい。共通の基盤のもと，柔軟かつ分散的に，多様な実践主体が情報共有を行い，課題解決に向けて協議・実行できる場やプロセスを設計し，運営することが重要となる[3]。

　第三に，プラットフォームにおける連携や協働の帰結としての「社会的創発」が重視されることである。例えば，飯盛義徳は，地域づくりのプラットフォームの構築は，資源の発見・認識・共有・戦略的発展という「資源化プロセス」を通じて「社会的創発」が生み出される過程であると述べている。ここでいう「社会的創発」とは，社会的文脈を背景として，人々の相互作用により，予期しないような活動や事業が生まれることを指す[4]。

　以上の研究では，先進事例の分析に基づき，プラットフォームの構成要件や，創発的機能を明らかにしてきた。しかし，プラットフォーム組織化過程における相互作用の動態や学習過程に関する分析は不十分である。学習過程に焦点を当てた数少ない先行研究として，組織者・実践者・学習者の三つの位相からプラットフォームの意義を捉えた小林洋司ほかの研究や[5]，ESD 推進ネットひょうご神戸を対象に，ESD プラットフォーム組織化過程における実践主体の形成に関する考察を行なった清野未恵子の研究が存在する[6]。

　本論は，これらの研究視角をさらに深めるため，実践が営まれるエコシステムとしてのプラットフォームの組織化過程に焦点を当て，この過程でSDGs に関する実践の構造化がどのようになされるかを明らかにする。

２．分析の視点—プラットフォーム組織化過程における実践の構造化

　本論では，自治体レベルのプラットフォームの組織化過程として東京都板橋区を，地区レベルでの組織化過程として岡山市京山地区を取り上げる。両地区はともに，ESD に関する先進的取り組みを背景に，SDGs の達成を試みてきた地域であり，その実践の構造化の機制を理解することは，他地域でSDGs に向けた地域の体制を構築しようとする際に参考になると考えられる。

　事例分析にあたり，SDGs のプラットフォーム組織化過程でなされる実践

の構造化を三つの段階で捉えることにする。この枠組みは、SDGs 研究における「社会的学習」論や[7]、日本社会教育学会のプロジェクト研究の蓄積[8]、学習のエコシステムに関する研究[9]、さらには地域社会の社会関係を構造的に捉える社会関係資本研究の視点[10] などを結びつけた段階的な仮説である。

　第一に、各実践主体が、地域の課題発見から解決に向けて個別に実践を進める段階がある（以下、段階 A とする）。この段階では、各主体が固有の目標に沿って実践を進め、その中で課題解決に向けた学習が組織化されることになる。環境や福祉、貧困対策、ジェンダーなどの目標ごとの地域の実践は、この段階にあたる。この段階では領域ごとの実践が行われるため、実践の目標の問い直しや、実践の中で「揺らぎ」が意識化されることは比較的少ない。

　第二は、プラットフォームで集合的学習がなされる段階である（以下、段階 B とする）。ここには、プラットフォームを構成する各実践主体の取り組みを可視化するような学習集会や実践フォーラムの開催、他の主体との継続的対話の機会などが含まれる。これらの学習機会が、各実践主体の掲げる目標同士の関連性や、相互の矛盾を意識する契機となる。

　第三に、各実践を ESD の概念や SDGs の目標に関連づけた上で、実践相互を構造化し、新たな実践を生み出す段階がある（以下、段階 C とする）。例えば、ESD や SDGs という国際的・抽象的な理念を、日常的な生活言語へと置き換え、自らの実践をその言語体系に位置付けることで、他の実践との関係性を明確なものにすることが、この段階にあたる。この段階の学習を通じて、SDGs の理念を内在化させた新たな実践が生み出される。

　以下の第 3・4 節の記述は、科学研究費補助金をもとに行われた ESD・SDGs の先進事例に関する共同調査のデータを再分析したものである。なお、データの利用については、研究代表者・共同研究者に使用許可を得た[11]。

3．自治体レベルのプラットフォームの組織化過程の分析─東京都板橋区を事例にして

　まず，自治体レベルのプラットフォームとして，東京都板橋区の取り組みを取り上げる。同区では，福祉領域の実践に始まり，ESD，そして SDGs のプラットフォームの組織化という，螺旋的な実践の構造化がみられる。

⑴ ESD に関するプラットフォームの構築過程

　同区では，1970年代以降，板橋青年団体連合会のメンバーの活動を端緒として，「共に生きる」地域づくりの活動が展開されてきた。その展開で大きな役割を担ったのが，1981年の国際障害者年を契機に，障害者団体30団体や，ボランティア30名が参加して結成された，「板橋区ともに生きる福祉連絡会」（以下では，板福連）である[12]。この団体は，福祉領域の実践だけでなく，区と協働してスポーツ大会のボランティア調整を担い，「中学生ボランティア講習会」の企画・運営を担当することで，社会教育実践ともつながりをもった。1983年には，「誰もがこの板橋で豊かに生きていくために」を標語に，障害者団体・福祉施設・ボランティア団体と協働して，「板橋ふれあい祭り」を創り上げ，これを現在まで継続させている。1993年には，板福連を中心に「板橋福祉のまちをつくろう会」が組織化された。以上の過程を経て，福祉領域の実践のプラットフォームが築かれた（段階 A）。

　その後の1998年に，区立大原社会教育会館の職員から板福連に働きかけがあり，福祉・環境・国際・子育て・教育などのボランティア・市民活動団体が交流する「いたばしボランティア・市民活動フォーラム」が，同会館で開催された。さらに，2001年の国際ボランティア年を契機に，板福連と社会教育会館によるボランティア学習の共催事業は活発さを増し，板福連から学習・教育部門を独立させた NPO 法人「市民活動・ボランティア学習推進センターいたばし」（以下では，学習推進センター）が立ち上げられた。

　この後，現在に至るまで20年以上にわたり，前述のフォーラムは150回以上開催され，うち40回は，2005年より開始した「国連持続可能な開発のため

の教育の10年」（DESD）に呼応する取り組みであったとされる。この取り組みの中で，ESD を自らの実践に引きつけながら，フォーラムや映画祭，芸術祭，報告書の刊行などが行われてきた[13]。また，学習推進センターは，「総合的な学習の時間」の導入を契機に，障がい者とともに学校を訪問する学校教育支援プロジェクトや，小中学校での学習支援者の力量向上を目指すノーマライゼーション教育プロジェクトなどにも着手した。

　領域を架橋した取り組みや，新たな実践が生み出された点で，この時期にESD に関するプラットフォームが組織化されたとみなせる（段階 B）。

⑵ SDGs に関するプラットフォームの構築過程

　2015年 9 月に，DESD の総括に向けて，学習推進センターなどの市民活動団体に社会教育会館が協力する形で，「いまを学び未来を創るいたばし未来会議」が開かれた。この会議では，子育て・高齢者支援・環境問題・被災地支援などの課題が取り上げられ，「持続可能な社会づくり」を目標にした議論が行われ，多くの団体が参加した。この意味で，学習推進センターや社会教育会館の事業の集大成として位置づけられている[14]。会議の中で，複数の目標を併記するよりも「誰も取り残さない，誰も置き去りにしない」というメッセージが重要であることが確認され，それを具現化するために，2016年に NPO 法人「みんなのたすけあいセンターいたばし」が設立される。

　2019年 3 月には，このセンターと，学習推進センター，教育委員会生涯学習センターの共催で「SDGs いたばしの集い」が開催され，170以上の団体と600名以上の参加者が出席した。これに続いて，同年 5 月～ 6 月にかけて，区内の 6 ブロックで「SDGs いたばし地域の集い」が開催され，2030年に向けて達成すべき目標や課題が挙げられ，「SDGs いたばしネットワーク設立総会」で共有される。この総会は，「誰も置き去りにしない」という理念に加え，当事者の視点から「誰も置き去りにしない・されない社会」をサブタイトルとした。この理念は，設立総会で採択された「SDGs いたばし宣言2019」の第 1 項にも反映されている。この段階は，ESD に関する振り返りがなされた上で，地域の実践主体が，SDGs という理念を共有する機会が

設けられたという点で，螺旋階段を一段あがったBの段階にあたる。

　設立総会の後，実行委員や加盟団体が中心になり，宣言の第2項「置き去りにされている課題を身近な地域で学び合える場づくりに取り組むとともに，自分自身の課題として学びます」という内容を具体化するべく，区内を6ブロックに分け，生涯学習センターや地域センターを拠点に，「SDGsブロック会議」（学習会と実践）を開催することになった。このブロック会議では，町会を母体とした自主防災組織や学校における防災の組織化，地域共生社会の実現に向けた学習会，ハザードマップをもとにした防災対策，水害を想定した避難所開設の検討といった活動が進められてきた[15]。

　これと別に，6ブロックで共通するキーワードや課題をもとにした「課題別推進プロジェクト」も動き始めた。プロジェクトでは，障がいや，貧困・格差，社会的公正，教育，まちづくりなどのテーマに沿って学習会が開催され，その後の「荒川流域防災住民ネットワーク」や「板橋・災害に備える会」の活動にもつながっている。2021年6月には，地域に根づいた継続的な活動を行うために，NPO法人SDGsいたばしネットワークが設立された[16]。

　以上の活動は，SDGsいたばしネットワークを基盤に，地区レベルの，そして課題別の学習が組織化されてきた点で，Cの段階にあたるといえよう。

4．地区レベルのプラットフォームの組織化過程の分析—岡山県　岡山市京山地区を事例にして

　次に，地区レベルのプラットフォームの事例として，岡山県岡山市京山地区の取り組みを取り上げる。

⑴ 岡山市におけるESD・SDGs推進の状況

　まず，事例の背景となる岡山市の政策動向を簡単に記述する。同市は，1970年代以降に活発化した市民活動の素地や，全国的にも知られる公民館体制を基礎に，国連のDESDの動きを受けて，2005年に「岡山ESD推進協議会」を立ち上げた。さらに，国連大学からESDを推進する地域拠点（RCE）の認定を受け，専従のコーディネーターを配置する形で，全市的に

ESDの推進に取り組んできた。同市のESD推進の特徴は，①地域を拠点とした市域全体での取り組み（公民館・ユネスコスクールを核にした推進体制），②あらゆる世代，多様な組織の参加，③専従コーディネーターや大学による継続的な支援の三つであるとされる[17]。

　DESD終了後も，市民協働局内へのSDGs・ESD推進課の設置，「SDGs未来都市」に関わる政策推進，公民館の基本指針や重点事業へのESD・SDGsの理念の反映など，SDGsに関わる積極的な取り組みを展開している。2018年には，岡山NPOセンターが事務局となって「SDGsネットワークおかやま」が立ち上げられ，40以上の団体・個人が加盟し，学習会や部会ごとの活動が行われている。前述のESD推進協議会でも，「岡山ESDプロジェクト2020-2030基本構想」に示された重点分野ごとの取り組みを進めている。以上が，自治体レベルのプラットフォームの組織化過程である。

⑵ 京山地区におけるESD・SDGsプラットフォームの組織化過程

　次に，岡山市の中でもESDおよびSDGsに関する先進的実践を継続してきた京山地区の活動を取り上げる。この地区では，2003年度のリーディングプロジェクトである環境点検を嚆矢に，ESDの取り組みを進めてきた。これに続き，「地元学」の視点で地域の資源や課題の発見を進め，在住外国人の多さに対応する「フレンドリー京山」の取り組みや，障がいを抱える子どもや高齢者を支える「地域の絆プロジェクト」，交通問題の解決を目指す「やさしく走ろう京山運動」などを立ち上げてきた。この時期は，地域課題を特定し，解決に向けた実践を組織化するAの段階にあったとみなせる。

　次に，これらの取り組みを継続的なものにするために，2004年から地区内の小中学校の校長，公民館長，NPOやNGOの代表，地域の代表者を集めた「岡山KEEP（京山地区ESD環境プロジェクト）」の活動が始められた。その後，2005年に「京山地区ESDデー・フェスティバル」が開催されることになり，この実行委員会をもとに，大学や高校，地域の団体や公民館を拠点に活躍する諸団体をつなぐ「岡山市京山地区ESD推進協議会」（現在の岡山市京山地区ESD・SDGs推進協議会）が設立された。

この協議会設立の際，地区の公民館運営協議会を基盤にして，既存組織との摩擦をさけ，各団体の主要なキーパーソンを入れ込む形とした。この経緯について，岡山市を拠点に環境教育やESDの活動を推進してきた，協議会の現代表である池田満之氏は，ESDの理念を拠り所に，地域の公共施設である公民館を基盤とすることで，地域の誰もが参加できる場にすることを意識したと述べている。この結果，連合町内会長や公民館長，小中学校の関係者がESDの理念に共感し，利害を一致させて動くことができたという[18]。

　この推進協議会は，毎年「京山地区ESDフェスティバル」（現在のESD・SDGsフェスティバル）の実行委員会の事務局を務めている。このフェスティバルの中で，地区内の実践主体による活動報告や，地域の意見を行政施策へと反映させる「京山ESD・SDGs対話／地域全体会議（ESDサミット）」が開かれてきた。この会議で中学生が提案したアイディアが契機となり，観音寺用水「緑と水の道」として具体化された例もある。さらにフェスティバルの中で，大学生の提案をもとに「(E) えーものを (S) 子孫の (D) 代まで」という合言葉が生まれ，翌年度からフェスティバルのキャッチコピーに採用された。このようなプラットフォームにおける集合的学習の機会は，ESD，そしてSDGsに取り組む地域内の実践主体の共通項を意識させたという点で，Bの段階にあたる取り組みであるといえる。また，ESDの実践に対する地域独自の言語化がなされた点で，Cの段階に入りつつあるともみなせる。

　京山地区ESD推進協議会は，多様な実践主体や個人によって地域の未来像を描き，実現のための課題を整理し，具体的目標を立てて計画的に実行する取り組みを進めてきた[19]。まず，「地元学」の考え方に基づき，地域の魅力や課題を「地域の持続可能性」という観点から整理した。次に，この「地域づくり」の五つの目標に，「人材の育成」と「仕組みづくり」を加えた上で，SDGsの17目標に紐づけた。この目標整理の中で，目標4（質の高い教育），11（住み続けられるまちづくり），17（パートナーシップ）が最重点項目とされた。さらに，各目標に関する毎年度の取り組みの進捗状況を「京山ESD総括シート」によって可視化し，PDCAサイクルの考え方に基づいて評価を行い，次年度の方針立案へとつなげてきた。以上のプロセスを経て，

「環境てんけん」や「京山えーもの探検隊」などの個々の実践が構造化され，人材育成や地域づくりという地区の目標とも結びつけられてきた。

　このように，フォアキャスティング型の地域づくりを推進できた背景には，推進協議会というプラットフォームが，異なる実践主体を結びつける安定的な基盤として機能したことが挙げられる。また，目標設定や評価の取り組み自体が，プラットフォームの創発性の機能を実質化させたともいえる。これらの点で，このプラットフォームはCの段階に到達したと判断できる。

5．SDGs の実践の構造化に関する考察

(1) 考察―実践の構造化を促すプラットフォームの要素

　以上の二地区の事例分析の比較を通じて，SDGs に関する実践の構造化を促すプラットフォームの要素を三点にまとめる。

　一点目が，実践の長期的蓄積を生かしたプラットフォームの組織化という方法である。板橋区では，1980年代以降の福祉領域の活動から，学習活動を中核にした学習推進センターという ESD プラットフォームの組織化がなされ，さらに ESD に関わる実践の総括を経て，SDGs の理念に対する理解が深まり，地域別・課題別の学習を進める「SDGs いたばしネットワーク」が設立された。岡山市京山地区では，環境領域の活動を契機に，課題発見・解決の実践を各領域に広げ，その取り組みを継続するための ESD 推進協議会を地区レベルで組織した。さらに，プラットフォームの活動を実質化させるため，共通の目標設定を行い，毎年の効果検証を行うサイクルも組み込んできた。以上の比較から，地域の長期的実践の蓄積を生かしたプラットフォームの組織化が，実践の連続性と深化を生み出したことがうかがえる。

　二点目が，国際的理念を地域の実態や生活言語へと翻訳できる市民活動家の存在である。まず，板橋区の事例では，1970年代から現在の活動につながる実践を積み重ねてきた加藤勉氏らが中心になり，ESD の「開発」の概念を「社会」「未来」「希望」という表現に読み替えてきた。また，SDGs の理念に，「誰も置き去りにされない」という当事者視点を独自に加え，地域の

実践において受容可能な形を創出してきた。また，京山地区でも，池田満之氏らが中心になり，京山地区 ESD 推進協議会を組織化し，このプラットフォームにおける実践を積み重ねる中で，ESD を「(E) えーものを (S) 子孫の (D) 代まで」と独自の形に読み替え，実践の推進力としてきた。

　プラットフォームの組織化を属人的要素に還元することには慎重であるべきだが，今回の分析からは，地域での活動蓄積の中で，国際的理念と自分たちの活動との間に共鳴する部分を見出し，日常的な活動に結びつける市民活動家の存在が浮かび上がってきた。この存在は，SDGs を抽象的理念に留めず，地域の実践を結びつける統合的目標として活用する上で重要である。

　三点目が，プラットフォーム組織化過程における社会教育施設（職員）の役割である。板橋区の事例では，市民活動の展開に即して，節目節目で社会教育会館職員の働きかけがあった。例えば，社会教育職員が学習推進センターに対して示唆してきた，相互学習や当事者の気づきと学び直しを促す学習方法は，その後，センターの活動を媒介にして市民活動団体にも広がった[20]。また，岡山市では，長年蓄積されてきた公民館の職員体制を基盤にESD の取り組みが推進され，現在では，各公民館で ESD と SDGs の理念を柱にした重点目標に沿って，新たな事業が展開されている[21]。

　プラットフォームとは，地域の実践や市民活動を母体にした地域の自生的秩序であるが，その中で対話や熟議を重視した学習や，社会的課題に対する知識・関心の低い市民の当事者意識を高めながら実践を進める方法がとられるとは限らない。社会教育施設職員の働きかけは，プラットフォームに社会教育の手法を行きわたらせ，集合的学習を推進する上で重要な要素である。

⑵ 本論の課題

　今後の課題として，第一に理論的課題が挙げられる。本論では，仮説的にプラットフォームの組織化過程から実践の構造化の段階を読み解いた。しかし，各段階の学習過程の詳細な分析や，ある段階から次の段階に進む上での推進力など，より細かい理論設定が必要である。また，地域の動態を描く上で，行政との対抗的あるいは補完的関係をモデルに含めることも必要であ

る。今後，様々な事例の分析を通じた仮説の批判的検証が必要となる。

　第二に，事例の比較分析を積み重ね，一般化可能性を高めることである。本論では，長期間の市民活動の蓄積を母体にした大都市の事例と，公民館活動を基盤に ESD・SDGs の活動を発展させてきた地方都市の事例を取り上げたが，対象は限定され，知見の汎用性には限界がある。地域特性や，対象地区のスケール，ESD を推進する基盤の違いなどを考慮し，異なる事例の比較分析を行うことが必要となる。以上については，今後の課題にしたい。

【注】

1 ）國領二郎「プラットフォームが世界を変える」國領二郎・プラットフォームデザインラボ編『創発経営のプラットフォーム―協働の情報基盤づくり』日本経済新聞出版社，2011，p.1.

2 ）小泉秀樹編『コミュニティデザイン学―その仕組みづくりから考える』東京大学出版会，2016.

3 ）まちづくりプラットフォーム研究会編『まちづくりプラットフォーム―ヒト・カネ・バショのデザイン』萌文社，2022.

4 ）飯盛義徳『地域づくりのプラットフォーム―つながりをつくり，創発をうむ仕組みづくり』学芸出版社，2015，pp.14-16.

5 ）小林洋司ほか「福祉教育・ボランティア学習推進プラットフォームの学習論的な意義と特徴」『日本福祉教育・ボランティア学習学会研究紀要』第16巻，2010，32-42.

6 ）清野未恵子「ESD 実践主体の形成プロセスと事業形態との関連に関する研究―プラットフォーム化との相関に着目して」『神戸大学大学院人間発達環境学研究科研究紀要』第11巻第 2 号，2018，21-28.

7 ）佐藤真久「SDGs 時代のまちづくりとパートナーシップ」田中治彦・枝廣淳子・久保田崇編『SDGs とまちづくり―持続可能な地域と学びづくり』学文社，2019，pp.263-278など。

8 ）松岡広路「当事者性の交差を生む ESD プラットフォーム創成実践の方法と課題」『社会教育学研究』第58巻，2022，56-57など。

9 ）中塚雅也・山浦陽一編『地域人材を育てる手法』農文協，2022など。

10）荻野亮吾『地域社会のつくり方―社会関係資本の醸成に向けた教育学からのアプローチ』勁草書房，2022など。

11) この調査は，JSPS 科研費19K02497（代表：湯本浩之）による。第3節の板橋区の事例は，二ノ宮リムさちほか「持続可能な地域の形成条件に関する事例研究(3)─東京都板橋区における ESD・SDGs に関わる市民の学習活動を事例にして」『佐賀大学大学院学校教育学研究科紀要』第7巻，2023，251-270に，4節の岡山市京山地区の事例は，荻野亮吾ほか「持続可能な地域の形成条件に関する事例研究(1)─岡山市における ESD・SDGs 推進体制を事例にして」『佐賀大学大学院学校教育学研究科紀要』第7巻，2023，216-233に，一次調査の結果がまとめられている。

12) 板福連の活動は，丸山晃「福祉コミュニティ形成に関する一考察─板橋区における実践事例を手がかりとして」『鈴鹿国際大学短期大学部紀要』第22巻，2002，43-55を参照。

13) この点について，取り組みの中心的な人物であった加藤勉氏は，以下のように述べている。「国連それ自体に対する拒否感はないが，そこから打ち出される横文字については…（中略）…日常会話に置き換える…地域の中の言語というか，言葉というのは，ある意味で粋じゃないと，なかなか運びが悪い」（二ノ宮リムほか，前掲，p.263から引用）。インタビューは，2021年3月4日（木）13時～15時に筆者も同席して実施した。

14) 大山宏・齋藤真哉・佐治真由子「大都市における市民の学びと社会教育施設の転換─東京都板橋区を事例に」『日本公民館学会年報』第16巻，2019，45-54.

15) 土居弓子・山本秀樹「SDGs いたばしネットワークの活動─『SDGs いたばし宣言』をもとに」『日本公民館学会年報』第17巻，2020，82-85.

16) 以上の経緯は，SDGs いたばしネットワークニュースの1～5号を参照した。SDGs 板橋ネットワーク，https://sdgsitabashi.org/toiawase/，2023.5.4.

17) 2012年に同市がユネスコ世界会議を誘致する際に，取り組みの成果を発信するため，専門家とともに取り組みの特徴をまとめたものである。

18) 2021年2月16日（火）13時～15時に行われた池田氏へのインタビューによる。このインタビューには筆者も同席した。

19) この段落の記述は，池田満之「岡山市京山地区 ESD 推進協議会における ESD の取り組み」中口毅博・小澤はる奈編『SDGs 自治体白書2020─新型コロナとの共存社会にむけた "SDGs 自治体" の取り組み』生活社，2020，pp.178-187に基づく。

20) 齋藤真哉・佐治真由子「主体的・組織的な学習者を育てる公的社会教育の役割─板橋区の学習支援 NPO の設立・発展を通して」『日本公民館学会年報』第14巻，2017，91-98.

21) 内田光俊「SDGs の達成をめざす岡山市の公民館」『日本公民館学会年報』第17巻，2020，p.105.

教育実践者に必要なホリスティックな学びの経験
―学校教師の学校内外の学習経験に着目して―

孫　美幸

はじめに

　「持続可能な開発のための2030アジェンダ」に示されている通り，持続可能な開発目標（以下，SDGs）の達成には社会変革への行動を生起する学びの継続が必須であり，持続可能な未来に向けた変容的行動が重要となる。「国連 ESD の10年」の構想段階から重要性が指摘されてきた鍵となる概念として「ホリスティックな学び」があるが，いざ具現化しようとすると，トピックの１つに矮小化された取り組みに終始してしまうなど，その不十分さが指摘されてきた。「自己内省的な不断の営み」と「深い自己変容」[1]を伴うホリスティック教育を十分に展開することが今後は必要である。

　しかし，そのためには，SDGs，その中でも特にゴール４を実質的に推進する教育実践者（学校教師・ノンフォーマル教育の実践者など）自身がホリスティックな学びの中で「深い自己変容」を経験する必要がある。ホリスティックな学びを自ら経験せずして，ホリスティック教育を実施することは難しいであろう。本論では，ある教師に焦点を当て，その学校内外におけるホリスティックな学びの様態に注目することを通して，教育実践者がどのような学びを経験することが必要なのかを検討する。

　主題に入る前に，ホリスティック教育の枠組みを説明しておく。ホリス

ティック教育とは，人間の全人的な成長を育む教育のことである。人間の内的世界を育む観想的な活動を取り入れることに特徴がある[2]。観想的な活動とは，非二元性を特徴とする。瞑想などを経て自分の内側を見つめながら徐々に対象（音楽や芸術等）と自分がひとつになっていく認識や感覚を伴う活動である[3]。「アーツ・オブ・リビング」を提唱するサティシュ・クマール（Kumar, S.）は，歌，踊り，絵画，食物を育てること，料理など，すべてを「生きるアート」とし，「土を耕しているときは自分自身を耕している」のであるという。「内なるアート」と「外なるアート」とのつながりを感じる（すなわち，観想する）ことを通して「自分自身を発見する」ということである[4]。

　さらに，内的世界を育むことは，人を，自己の内面に分断されない中心を見出し制度や権力に支配されない生へと導く。世界のホリスティック教育を牽引してきたジョン・ミラー（Miller, J.）の内的世界のためのカリキュラムは，そうした展開をふまえたものである。整理すると，①多様な瞑想と関連するワーク（イメージ法，自分史・日記法など），②芸術（絵画，造形，音楽など），③地球教育（地球を体感する，関連した創作活動など），④地域に関わるプロジェクトへの参加の大きく4点に分けられる。本論では，この4点を視軸に教師の具体的な学びの様態を描き出し，「深い自己変容」を伴うホリスティック教育の具現者・実施者としての教育実践者の主体形成のありようを考究する。

1．SDGs を推進する教育実践者のホリスティックな学びの必要性

(1) 社会教育における先行研究

　社会教育の文脈において，ホリスティックな学びについて言及している先行研究は少ないが存在しており，その意義について確認できる[5]。「ホリスティック教育」という名称を用いて，個人の内的世界について，社会教育で踏み込んだ言及を始めたのはアメリカの代表的な成人教育研究者シャラン・B・メリアム（Merriam, S. B.）である[6]。日本では2011年に東日本大震災を

経験し，危機的な状況における学びの意味についてホリスティックな観点から考察する論文も出てきた[7]。しかし，その後，ホリスティックな視点を重視した研究は，日本の社会教育で論じられていない。

SDGs の17目標の達成に寄与することが明記された 'ESD for 2030'（2019年ユネスコ総会）の中でも，ESD を通して変わると主張しながら本質的に変わらなかったことへの大きな危機感が表明されており，これまでの思考・行動・生活様式への抜本的な改革が叫ばれている[8]。「持続可能な開発のための2030アジェンダ」でも前文にその点が強調されている。SDGs の達成には「深い次元での変容」が求められており，矮小化されてきたホリスティックな手法を全面的に導入することが強調されている。これまでの社会教育における ESD に関わる研究は，アートや体験的な学習について取り扱っているものの，それは限定的であった。認知的，言語的な学習が多かった中，今後はさらに身体性や感覚的なものを取り入れた観想的アプローチ，つまりホリスティックな視点が求められるだろう。ミラーによると，ホリスティック・カリキュラムでは，基本的に学習者の「変容」を重視しながらも，「伝達」と「交流」を包摂する立場にある。そして，そのような学習の過程は，人間の自己探求，自己実現，自己超越，および社会変容に関わるとされている。学びの過程では，論理的で批判的な思考だけでなく，直観，洞察，想像力，注意，気づきといった多様な知が重視されている[9]。

SDGs の学習の中には参加型学習をとりいれ，体感的なプログラムの例示がされているものもある[10]。しかし，それらはホリスティック教育で述べる交流型の学習である。課題を知識として知り，他者と議論しながら解決策を考えることはもちろん大切であるが，その過程で感じる内面の繊細な変化，行き詰まりや苦しさに対応していくことは難しかった。これからは，ホリスティック教育の変容型学習の特徴である，自身の中の確固とした信念や思いを確立し内的世界を育むことが重要であり，それは，SDGs を推進する教育実践者にとっても必要な学びの過程である。

⑵ 研究対象と方法

　ホリスティック教育では，内面の繊細な動きや変化について考察を深めるためライフヒストリーが教育実践や研究で取り上げられてきた[11]。その人が生きてきた人生を勘案しながらでなければ，内的世界の微細な変化について記録することが難しいためである。本論でも，研究対象者のライフヒストリーを聞くことから始め，自身が影響を受けてきた学びの経験やプログラムの詳細について書き記していく[12]。

　研究対象は，2011～16年まで京都市A中学校（以下，A中学校）で勤務していたB元校長である。筆者とは2000年以降4年間同じ京都市C中学校（以下，C中学校）で勤務の後も，A中学校やその他のいくつかの学校で多文化共生教育の協働実践を行ってきた。長年の信頼関係がすでに築かれており，繊細な部分も話しやすい関係にある。

　教育困難校であったA中学校は，様々な暴力が蔓延し子どもたちの学びの環境も大変厳しい状況にあった。その背景には，地域の分断，貧困，格差，多様なマイノリティの存在など，複合的な課題に直面していた。当時は，そのような中で少しずつ学校環境が変化し，子どもたちも平和に安心して過ごせるようになっていった[13]。当時改革の中心となったB元校長は，地域連携も精力的に行いそれが大きな変化の要因にもなっていた。そんなB元校長の行動に大きな影響を及ぼしたというC中学校での経験や学びを，ホリスティック教育の視点から考察する。

　また，本論では実践を共に創ってきたお互いの気づきや変化がどのように起こったかを一緒に確認し，未来の行動に創造的につなげていくアクティヴ・インタビューを採用する。筆者と双方向的にインタビューを行うことで，「多声的な」側面を喚起することができる[14]。本論ではB元校長の内的世界をより詳細に描くために，筆者の語りは補足的に使用するに留める。

　2021年8月に1回目，2022年4月に2回目，それぞれ2時間程度のインタビューを実施し，その後，内容についての確認をメールで行った。C中学校では人権や多文化共生をテーマにした実践研究として，論文や実践報告の形で筆者が省察を重ねてきた蓄積があり，それらも参照の上で考察を進める。

２．Ａ中学校と地域における実践の概要（2011～16年）─多様なマイノリティの子どもたちの回復を地域とともに

　Ｂ元校長がＡ中学校に赴任したのは2011年で，当時，Ａ中学校は様々な暴力が蔓延している学校として有名であった。そのような中で，Ｂ元校長が大切にしたのが「人権の意識を変えていかないと，学校も地域も変わらない」という点であった。そして，子どもたちの過ごす環境を整えることにも尽力した。「この地域の子どもたちは８割が貧困層。子どもたちの環境から見直さないと」という思いがあった。まずは，図書館を整備した。Ｂ元校長の幼いころの経験もあり，学校の中で何が大事かというと，「図書館に行ったら外の世界，自分の知らない世界が広がっている。図書館に行ったら自分を教えてくれるものがある」という点であった。それから，Ｂ元校長が予算獲得にかけあったことも功を奏し，閉鎖されていた図書館は新しく生まれ変わった。また，子どもたちがゆったりと落ち着けるスペースの確保も行った。この地域にはマイノリティの子どもたちが多く，虐待やネグレクトの当事者がたくさんいたので，その子たちを落ち着かせる場所が，保健室以外に必要であった。その他にも，掲示板には様々な掲示物が張られるようになり，花壇には多彩な草花が植えられるようになった。

　2012年になり環境を整備して子どもたちは目に見えていい方向に変わってきたものの，このような子どもたちの受け皿を学校だけでつくる限界を感じていた。Ｂ元校長は地域に助けをかりるしかないと，地域を回る日々が続いた。Ｂ元校長が赴任するまで，学校に地域の人は入ることができなかった。校門を開くことがスタートし，地域の人たちが花壇や校内の修繕等も担うようになっていった。また，Ａ中学校の子どもたちが地域の青少年活動センターに勉強に行っているということがわかるようになり，連携して子どもたちの学習をサポートすることも始まった。地域と対話を始め，多様な人々が学校に関わるようになり，子どもたちの状況も改善していった。しかし，上記のような精力的な地域連携や仕事の負担は精神的にも身体的にも大きく，Ｂ元校長自身が病に倒れ，病休を数か月とることになった。

　Ｂ元校長が上記のような行動を積極的にとった背景には，以前に勤務し

ていたC中学校での経験や学んだことが大きい。

３．C中学校での学びの経験―地域とつながる人権を核にした学び

　B元校長がC中学校で勤めていたのは32〜50歳の18年間（1990〜2009年）であった。A中学校の改革に奔走していた時に大切にしていた言葉「人権を大切にする」をまさに地域とともに実践していたのがC中学校であった。B元校長の「C中学校で勤務していた時の人との出会い，仕事，学びの経験が大きい」という言葉どおり，C中学校では「人との出会い」「仕事」「学び」が互いに関連しあいながら，多様な活動が地域とともに進展していた。その中で特に教員が学ぶ機会として設定され，自主的に受け継がれていたのが下記である。

・長期休暇中の自主研修
　　大阪猪飼野，リバティ大阪，水平社博物館等人権に関わる様々な場所を訪ねたり，ゲスト講師の研修を受けたりする。

・教員によるリレー講座
　　教員の得意分野や趣味，日頃の教育実践等を，教職員やPTAに伝える。１回30分程度のミニ講座が年に数回実施される。

　また，上記とともに，PTAや地域の人たち，子どもたちが主な対象であるが，教員の学びが深まる，下記のような機会も豊富にあった。

・PTAと一緒に出かける社会見学
　　水平社博物館，高麗美術館等PTAと教員が一緒に出掛けるツアーが毎年実施された。このツアーの行先は，教員の自主研修とも連動しており，大人たちが人権を体感的に考える機会であった。

・子どもたちの人権学習を創る過程で大人も学ぶ
　　地域の障がい者施設や夜間中学校等，何度も教員が足を運び子どもたちの学習の準備をした。その過程で多様な背景の当事者と交流し，教員が暮らしのなかで人権を大切にする実感が研ぎ澄まされた。

　　そして，上記のような学習経験を基盤にして，教員たちの独創的な実践が

歓迎される雰囲気が醸成されていた。筆者が赴任した際に驚いたのは，様々な行事で学校全体がアート作品のようになることであった。文化祭で体育館内を縦横無尽に多彩な布で飾ったりすることで，独特のアート空間となっていた。B元校長は美術科であり，毎年子どもたちと大掛かりな創作活動に没頭していた。このような独創的な実践は，地域の染色工場閉鎖により大量の布が学校に寄付されたことから始まったという。

　B元校長のC中学校での学びの経験のうち，もう一つ大切な点がある。それは長期休暇中に戻った故郷での経験である。B元校長は沖縄県宮古島の出身であり，宮古島で過ごす時間は幼いころから育んできた知恵や自然環境，家族やコミュニティのこと等，大切にしてきた思いを体感的に確認する機会であった。また美術の道，教員の道へ進んだことの原点を確認する機会となっていた。そして，圧倒的な自然の中で夢中になって遊ぶこともできた。

　上記のような学びの経験を経てエンパワーされても，病気で倒れてしまった背景には，時代とともにそのような学びの機会が減少や中止，変更等が重なるようになったことが大きい。B元校長はこの点について「学校とは違う世界の中でふれあうこと，考えることが少なくなっていった」と語った。管理職になるタイミングも重なり，故郷に戻る頻度も減っていき，その影響が「大きいかもな」「（本日語る）原点はそこだと思っている」と続けた。

４．学校内外におけるB元校長のホリスティックな学びの意味の考察

　前節で描いた多様な学びの経験について，ホリスティック教育の内的世界のためのカリキュラムの４点に整理し，その意味を考察する。

(1) 多様な瞑想と関連するワーク

　C中学校で観想的な学習と意図的に設定されたわけではなかったが[15]，多様な自分史を語りあう時間が多く設定されていた。その中でも，教員によるリレー講座では，教員の様々な教育実践，特に人権に関わるものや，教員の

趣味や特技等について多彩な内容が共有された。講座がスタートする夜19時すぎになると，B元校長も「今日は○○先生が話すから聞きにいこう」と職員室で声をかけあって参加していた。それは日常的に，多様な実践やライフヒストリーを聞き合う時間が豊かであった証でもある。ダイビング，空手，料理，自分の故郷のこと等，日ごろの仕事から少し離れた気持ちでゆったりと話しを聞く時間と空間を共有することができていた。B元校長も故郷について語り，他の教員の語りをきく機会が多くあった。そして，B元校長にとっては，②と③に関わる時間，アート作品を創作している時や故郷の自然の中で過ごす時等，夢中になって没頭し，時間がすぐに過ぎてしまった経験は，今ここにあることを大切にする観想的な体験にあたると言える。

　そして，このような学びの成果として，B元校長は子どもたちの学びの企画をする際も，観想的な時間，静かさやスペースを作り出すことを提言していた。山の家の宿泊学習，2泊3日の全行程をぎっしりのスケジュールで埋めるのではなく，最終日の午前中にゆったりふりかえり，好きな自然環境の中で過ごす時間を設定することを提案していた。まさに，学びと実践を往還しながら，観想的な学習を実施していたと言える。

(2) 芸術

　B元校長の経験の中でも大変大きな位置を占めていたのがこの芸術に関わる活動であった。大掛かりなアートの創作活動が学校全体で継続し，芸術が教育活動の中心となっていた。地域から寄贈された大量の布は，文化祭や体育祭で毎年異なるテーマやデザインで，学校全体が包み込まれていた。多くの布が空や体育館の天井にたなびくのを見ながら，多様な可能性に学校という場所が開かれていることを視覚化し，実感できるものであった。B元校長だけでなく多くの教員も一緒に，子どもたちと描いたり，創作したりした。校舎の屋上や体育館の高層部で活動する時間は「次にどんな仕掛けができるか，むちゃくちゃ楽しかった。（子どもたちに）君たちの先輩はこれをやってきたし，君たちは何をしたいか？」と子どもたちに問いかけながら一緒に構想を練っていた。子どもたちにとってもこの空間創作は貴重な時間と

なり，この活動の中心を担う文化委員長のポジションは人気となった。そのような作品製作に没頭する時間は，観想的な経験を日常的にできる貴重な時間であった。アート作品を通して，地域の方々から感謝やコメントが続々と寄せられていた。芸術が人権とつながり，アート作品の中に身を置くことで，学校と地域全体が一緒に体感しながら学ぶ時間となっていた。

芸術はB元校長にとっての人生そのものといっても過言ではない。「小中学校から図書館で画集をみたり。海をみたり。外の世界がそこにしかない」と，幼い頃からの思いを語った。アート実践は美術を志した幼少期から青年期の思いを具現化したものであり，「（島の）外に出たかった」人生を前に歩んでいくのに不可欠なものであった。多様なものを組み合わせて表現する「当時はやってきていた前衛美術の影響を受け」，自身の創造性の発露と挑戦となり，「いろんな人が見に来てくれた」という。「（作品が）どんどん増えていった」のも，C中学校で大きな比重を占めていた充実した時間の現れであり，芸術を通して内面と外の世界とのバランスを整えていたと考えられる。

他の教員も人権をキーワードに様々な独創的な実践を積み重ねることが容易であった。当時勤めていた別の教員は育成支援学級の子どもたちと畑作業をしたり，燻製を作ったりなど，創造的な活動を実施していた。芸術がそのような実践を喚起する重要な役割を担っていたと言える。そして，芸術や感覚的なセンスについて，B元校長は「センスって意図的につくっていかないと，できないところもある。旧態依然の発想ではできない」と語り，後に「若手の教員に日常から離れて遠くの研修に行くようにアドバイスする」など，意図的に教員の感覚を磨くことができるような機会を作っていった。

(3) 地球教育

B元校長の体験の中で重要なのが長期休暇中に戻る故郷の圧倒的な自然の中での経験であった。故郷の宮古島の自然の中で散策したり，海に潜ったりすることは，幼いころから大切にしてきた様々な思いを確認することにもつながった。特に，「99歳まで生きたおばあから聞いた」と言っていた宮古

島の言葉，伝承の記憶（隣の伊良部島に伝わっていた通り池の話）等は，根源的な生，内的世界の支えとなっていたと考えられる。おばあと一緒に伝承を聞いた体験は，ホリスティック教育で述べられている「民話を通した文化の「いのち」に出会う総合学習」の事例とも通底する。吉田は，民話を通して「延々と語り継いできたすべての人々の，魂といってもいいようなものに，ふれていく」として，民話の伝承を聞いた子どもたちが生き生きとし始めたと述べていた[16]。B元校長の語りの中でも，自然や伝承の中で生きてきたおばあの身振り（例えば，「いつも月を見上げていた」）が記憶に残っていた。しばらく帰郷をしていない時期についても「向こうにいると（言葉や伝承のことなど）が思い出せるのに，こっちにいるとなかなか思い出せない」と，帰郷する時に記憶が蘇っていくと語っていた。

　また，沖縄諸島における海の存在を意識的，無意識的に体感する意味も大きい。B元校長にとっては幼い頃から「海へ行っていた」「（外の世界に出て）自分の可能性を知りたかった」と海は未来へとつながる広い世界への窓口でもあり，自分の癒しの場でもあった。そして，沖縄諸島における伝承では神がいる場所ともつながるのが海である[17]。

　B元校長が病休をとったことについて，筆者が「（故郷との往還を）閉ざさずに，体と精神的な部分も行ったりきたりするといいですね」という投げかけに，そうしなければ頑張れなかった面もあることを認めつつも「そう思う」と語っていた。宮古島で過ごす時間は，身心ともに元気になるとともに，大きないのちのつながりの中で自身が存在しているという生の根源的な部分を支える時間であったと言える。

⑷ 地域に関わるプロジェクトへの参加

　B元校長はもちろん教員全員にとって，人権を核にして，PTAや地域の人たちと一緒に教員の学びを深める機会が多くあった。その過程で地域の多様な背景の当事者と交流し，現地の資料に目を通すことで，教員が暮らしのなかで人権を大切にすることの実感が研ぎ澄まされていった。そのような機会について「フィールドに出ていた時は余裕があった。若手を育てる，現場

で育てるという思いがあった」と当時の思いを語った。

　Ｂ元校長にとって，地域の方々や多様なマイノリティとの関わりは，自身のアイデンティティ，故郷で大変貧しく集団就職として本島に多くの若者が出ていった時期の記憶や行き詰った経験と関連することも多かった。当時の記憶について，「貧しさから抜け出したかった」と語っていた。Ｃ中学校の地域にいる多様なマイノリティの他者と関わり，教員とともに学ぶことで，「形式的なものの見方にとらわれることなく，人と人との関わりを大事にしなさい」と，若手の教員に伝えられるようになった。それは，自身の中に内的な強さ，一貫性をつくっていく大事な機会であったと考える。また，このような経験は，退職後に地域の自治会の副会長をすることにもつながっていった。「自分がやってきた学校と地域のつながり，地域から今度はみてみたい」と，悩みながらも視点を変えて次のチャレンジに向かっていった。

おわりに

　Ｂ元校長が経験したＣ中学校でのホリスティックな学びの経験は，①〜④までが独立した性質のものではなく，互いに関連しあいながら学習内容が影響しあっていた。芸術の実践などで外の世界に働きかけながら，観想的な学習経験を通して内面を癒し，強さを育むものであった。その過程で，内と外のバランスを整えながら生きていくことが可能になった。のちに，Ｂ元校長が積極的に多様なマイノリティの子どもたちとの共生に向けて地域を奔走し，関係を構築していった際の原動力となった。そして，これらの変化や決意について，「できるだけのことはやろう。自分のためにやろう。自分の力になる。視野につながる。それを教えてくれたのがＣ中学校の〇〇先生だったり，〇〇先生だったり。人とのつながりとか関係性。今現在だけでなく50年後にもかかわってくる」と語っていた。それを可能にしたＣ中学校の学びの経験そのものが「深い自己変容」を伴う学びと言える。

　本論で取り上げたケースのように，教師が自ら「深い自己変容」を伴う学びを経験することで，ホリスティック教育は実質化することになるのであろう。学習者同士が相互に変容する「ホリスティックな学び」をSDGs運動の

中心に据えるには，実践者が自ら，あるいは，学習者とともに，ホリスティックな学びを経験するというスタンスが大切である。そして，自己の内と外を整える「深い自己変容」を伴うホリスティックな学びと向き合わなければ，SDGs は表層的な社会運動のスローガンに留まる危険性がある。今後は，さらに，本論では描ききれなかった社会教育に足場をおく人々の多様な学び，および，「深い自己変容」を伴う学習の詳細のカリキュラムや評価について検討することが課題である。

【注】

1）永田佳之「'ESD for 2030' を読み解く：「持続可能な開発のための教育」の真髄とは」『ESD 研究』第 3 号，2020年，5-17.

2）ホリスティック教育では，「魂（ソウル）」「心（マインド）」「精神（スピリット）」がそれぞれ論者によって定義されているが，本論ではホリスティックな視点の意義をまずは述べることに力点を置き，詳細の区別はせず「自己の内的世界」として包括的に述べることとする。詳細は中川吉晴『ホリスティック教育講義』出版館ブック・クラブ，2020年を参照。

3）ジョン・ミラー『魂にみちた教育　子どもと教師のスピリチュアリティを育む』（中川吉晴監訳）晃洋書房，2010年.

4）サティシュ・クマール『エレガント・シンプリシティ　「簡素」に美しく生きる』（辻信一訳）NHK 出版，2021年.

5）例えば，シャラン・B・メリアム編著『成人学習理論の新しい動向　脳や身体による学習からグローバリゼーションまで』（立田慶裕・岩崎久美子・金藤ふゆ子・荻野亮吾訳）福村出版，2010年等を参照。

6）Merriam, S. B.（eds）*Third Update on Adult Learning Theory: New Directions for Adult and Continuing Education*（*J-B ACE Single Issue Adult and Continuing Education*）, San Francisco, Calf. : Jossey-Bass, c2008.

7）例えば，高橋満・横石多希子「第8章震災とアート教育の可能性：ホリスティックな学びの意義」日本社会教育学会60周年記念出版部会編『希望への社会教育：3.11後社会のために』東洋館出版社，2013年，155-172等がある。

8）永田，前掲.

9）ジョン・ミラー，前掲.

10）認定特定非営利活動法人開発教育協会（DEAR）編集・発行『SDGs 学習のつくりか
　　た　開発教育実践ハンドブックⅡ』2021年等を参照。

11）ジョン・ミラー，前掲．

12）本論では紙面の関係上，ライフヒストリー全体を掲載することはできないが，ホリス
　　ティックな学びの経験に即して関連した内容のみ記載する。

13）詳細は，孫美幸『深化する多文化共生教育　ホリスティックな学びを創る』2020年，
　　明石書店，12-61を参照。

14）語り手が「事実と経験の内容」を提供するプロセスに主体的に関わる。ダイナミック
　　な意味の構築がなされる共同製作的インタビュー手法。詳しくは，日本ホリスティック
　　教育協会（河野桃子・福若眞人）編『対話がつむぐホリスティックな教育　変容をもた
　　らす多様な実践』創成社，2017年等を参照。

15）筆者が講師となり瞑想やイメージワークを行った研修も実施したことがある。詳細
　　は，孫美幸『日本と韓国における多文化共生教育の新たな地平　包括的な平和教育から
　　ホリスティックな展開へ』ナカニシヤ出版，2017年，235-256を参照。

16）吉田敦彦『ホリスティック教育論　日本の動向と思想の地平』日本評論社，1999年，
　　84-85.

17）孫，前掲，2020年，126-143.

付記１：インタビュー調査に真摯に向き合って下さったＢ元校長先生に心から感謝致しま
す。
付記２：インタビュー調査に関しては文教大学国際学部研究倫理審査委員会（2021年12月
２日付）の審査を経たものである。

対立に向き合う「対話」の場づくり
―"誰ひとり取り残さない" 社会を拓く社会教育―

二ノ宮リム さち

はじめに

　SDGs を実体化し，多様な人々の参画による持続可能な社会への変革を目指す過程には，それぞれの立場や価値観の間に必ず衝突や矛盾，対立が生じる。これらの対立を避けず隠さず，「誰ひとり取り残さない」社会を拓くために不可欠なのが「対話」だ。社会教育は，「対話」の場を用意することで，人々が「対等な関係性」に近づく経験を重ねながら「対話」の力と文化を育む過程を支え得る。本稿は，そうした「対話」の場づくりの鍵を，先行研究と「対話」の場を担う実践者へのインタビューにもとづき提起する。

1．"誰ひとり取り残さない" 持続可能な社会づくりと「対話」

⑴ SDGs が覆い隠す「対立」と取り残される人々

　人間社会に溢れる多様な価値観や立場の対立は，多くが「解決の糸口が見つけられずに行き詰まってしまうか，力によって強引に解決されて」しまう[1]。こうした行き詰まりや不公正な解決は世界中で深刻な問題となっている。いっぽう日本社会では，空気を読み，目上の人や権力者に忖度し，自分の意見や疑問を口に出さない，またはそもそも対立が伴う事柄を話題にせ

ず，対立を避けることがよしとされ，それが不公正な解決につながることが指摘されてきた[2]。学校・社会教育の現場でも，「政治的中立性」を理由に対立を伴う社会的課題が避けられ，結果的に政治・経済的支配者への批判が封じられ，学習と教育の自由を侵害することの問題が論じられている[3]。

　近年，あらゆる領域で「SDGs達成に向けた取組」が謳われる。SDGsは，持続可能な開発の理念を目標に具体化したものではあるが，その解釈や達成方策にはさまざまな可能性がある。持続可能な開発が「空っぽの記号」[4]ともいわれる曖昧さから多様な解釈を許してきた[5]ように，SDGsに向けた取組も，それを推進する組織や人の解釈をもとに，多様なかたちで計画，実行される。それら解釈の間には矛盾や衝突による対立も存在するが，社会や教育の現場では，上記の状況のなか，さらにSDGsという「錦の旗印」によって，それら対立が覆い隠され，権力構造の中でより強い立場にある者の方針に沿って時に強引に「SDGsにつながる取組」が推進されていないか。SDGsの達成に向けたあらゆる取組が是とされるなかで，教育がSDGsを扱いながら，そこにある対立に目を向けなければ，結果的に支配者層の掲げる解釈と方針・実践に対する批判は封じられる。より脆弱・周縁的な立場にある者の声が無いものとされ，力の強い者が方向づける「持続可能な社会づくり」が進む状況は，本来の「誰ひとり取り残さない」という理念からかけ離れる。SDGs，さらにその先も見据えた持続可能な社会づくりにつながる取組を「誰ひとり取り残さず」進めていくことを目指すのであれば，多様な主体の参画を保障し，対立を認め乗り越える営みが重要となる。

(2) 対立を認め乗り越えるための「対話」とは

　対立を乗り越えるために必要なのが「対話」である。哲学者マルティン・ブーバー（M. Buber）は，「対話」とは「対話の関与者が，その現存性と特殊存在において，現実にひとりの相手，または多くの相手に心を想い，相手と向かい合い，対話者と相手の間に生き生きとした相互関係をつくり上げようとする場合」[6]に成立すると論じた。デヴィッド・ボーム（D. Bohm）は「対話とは『新たなものを一緒に創造する』こと」[7]，平田オリザは「AとB

という異なる二つの論理が擦りあわさり，Cという新しい概念を生み出す」のが対話で「両者ともに変わるのだということを前提にして話を始める」[8]と説く。主に学校での対話力育成に尽力してきた多田孝志は，対話とは参加者が相互に影響を受けながら「自分の考えや感情を再組織していく」過程だという[9]。本稿はこれら論稿にもとづき，「対話」を「権力・利害構造に位置づく立場を越える対等な関係性のなかで人々が交流し，それぞれが変容しながら，異なる見方や価値観，論理を擦りあわせて新しいものを生み出すプロセス」ととらえる。

表1　「対話」に参画するための姿勢・行動[10]

・対等な姿勢：物怖じせず，卑屈にも尊大にもならない
・自分の理解と表現：自身の感情を理解し，思いを表現する
・相手の理解と共感：相手の感情を理解し，思いを尊重する
・関係性の構築：対話の相手として人間同士の関係性をつくる
・多様性と公正性の尊重：排除される立場からの声を対話にのせる
・主体性と責任：対立を避けず，主体的に対話にくわわる
・共創の意志：軸を持ちつつ，共有できる部分を見つけ，新たな価値を創る
・持続可能性の価値の共有：地球の限界・包摂／共生・人権を統合的に尊重する

対立を避けず・隠さず，しかし対立が回復困難な分断を生むことを避け，「対話」を通じ持続可能な社会をともに拓く。そのような「対話」が成立するためには，そこに参画する人々に一定の姿勢や行動が求められる。筆者がこれまで，先行研究・文献[11]や後述の聞き取りをもとに整理したリストを表1に記す。こうした姿勢や行動をとる力を一人ひとりに育むことが「対話」を広げる土台となる。

　ただし，これらの姿勢・行動がとられない場合にその責任を当人に帰することは無意味だ。権力構造のなかでこうした姿勢・行動の発揮が抑圧されるとき，「対話」が成立しない原因が被抑圧者の力不足にあるとみなされてしまえば，不均衡な力関係を強化する。また，抑圧する側がこれら姿勢・行動をとらない場合も，それを責めることで改善される可能性は低い。ブーバーは，「対話には，才能ある者と，才能なき者という区別はない。ただ自己を惜しみなく与える者と，自己を抑制している者とがあるだけである」[12]と記した。「対話」の実現には，一人ひとりが安心して上記の姿勢や行動をとり「自己を惜しみなく与える」ことができる環境の保障が必要となり，そうし

た環境の中で経験を重ねることでこそこうした姿勢・行動が育まれていく。

⑶ 「対話」を支える社会教育

　「誰ひとり置き去りにしない」持続可能な社会を目指す教育は，対立を隠さず，現実には様々な抑圧関係や利害関係の中に生きる人々が「対等な関係性」に近づくことのできる「対話」の機会を用意し，上述の姿勢・行動や，「対話」を尊ぶ文化をともに育む役割を担う。小林繁は「私たちのまわりにあるもの全てが政治」であるからこそ，教育行政は「誰にでも開かれた議論が可能となるような『言論舞台を用意する』」[13]必要があると論じた。教育が一人ひとりの主体を形成するためにあると考えれば，各人が時の権力による支配に抗して自らの意見や疑問を表現できる「舞台」を用意し，経験を通じてそうした力を育むことにこそ，教育の役割がある。

　日本の社会教育は，かねてより，対等な関係性にもとづく人々の話し合いを重視してきた。「少人数のグループによる話し合いを中心とした学習方法論であり，対等な関係の中で，生活の実態から課題をみつけ，メンバーが経験を踏まえた意見を出し合いながら解決のための方法を考え実践に移す一連の学習活動」[14]と定義される「共同学習」は，1950年代の青年運動や婦人学級等の現場で，「学校教育に対する批判を動機とした『本物の学び』を志向する学習方法」（矢口悦子）として広がった[15]。また，松田武雄は，人々が「熟議」を通じて他者の観点を知り自身の考えを変容させ（「選好の変容」）「共通善」を共有する過程を通じた「相互学習」に着目し，「このような熟議の場が，フォーマル，インフォーマルに多様に用意されている社会教育の空間が，コミュニティの民主主義を創り出すのに貢献している」と論じた[16]。本稿は，こうした「共同学習」「相互学習」そして「熟議」の創出・支援を社会教育に求める志向に連なりつつ，特に権力・利害関係を伴う対立に向き合うプロセスに注目する意図から「対話」の語を用いる。

　中央教育審議会答申の「主体的・対話的で深い学び」（2016年）[17]の提唱は，教育界で「対話」が注目される契機となった。しかし，先述のとおり対立を伴う課題が隠され・避けられる実態のなかで導入される「対話」は表面

的な交流に留まる。アリエン・ヴァルス＆ボブ・ジックリング（A. Wals & B. Jickling）[18]は，持続可能性を権威によってではなく市民の参画を通じて実現するためには，人々が多様な立場間の「深い」相互作用を通じ持続可能性へ向けた道筋を自ら創造するなかで「能動的で力を与えられた市民」としての力を得る学習が必要であり，対立や衝突を隠して認識や価値観を共有しているかのようにふるまう「浅い」相互作用は既存の社会を許容するだけで持続可能性の実現に結び付かないことを指摘した。これを踏まえれば，社会教育は，「人々が，持続可能性をとりまく多様な課題に対する多様な世界観がぶつかる深い対話」を経験する舞台を創造することで，「能動的な市民として必要な力を主体的に得る」[19]過程を促し得る。

　朝岡幸彦は政府が提唱する「主体的・対話的で深い学び」の先にどのような教育目標が掲げられるか注視しなければ，学習者の「自発的隷従」を導きかねないと警告した[20]。社会教育における「対話」そして「SDGs」も，国家や国際社会の要請として隷従すべきものとしてではなく，一人ひとりが望む社会づくりに参画するひとつの機会としてとらえる必要がある。行政や企業による SDGs 推進が活発化するなか，人々が自律性を確保し，行政・企業等を含む多様な他者との対等な関係性を構築しつつ，矛盾や対立を孕む持続可能な社会づくりに参画するために，「共同学習」「相互学習」実践を蓄積してきた社会教育が「対話の舞台」を創造する役割を担う。

　社会教育において，学びを支える者の基本的役割は「『話し合い』をいかに組織するか」にある[21]ことがしばしば指摘され，コーディネーターやファシリテーターとしての力量形成に関する議論が蓄積されてきた[22]。しかし，特に「対立」の存在を意識した「対話」の組織に着目する議論は限定的だ。以下，社会教育における「対話」の場づくりの鍵を検討する。

２．「対話」の場づくりを担う実践者へのインタビュー

⑴ インタビュー調査の概要

　上述の問題意識や現状を踏まえ，社会教育における「対話」の場づくりの

あり方を検討するために，さまざまなかたちで既にそのような役割を担う実践者に対し，それぞれの活動と「対話」への考え・想いについて聞き取る半構造化インタビューを実施した。インタビューイー5名は，それぞれ持続可能な社会づくりに関わる対立を伴う課題について，権力構造のなかで「取り残され」かねない周縁的な立場の人々が「対話」に参画する

表2　インタビュー項目

〈実践・活動について〉
・活動の目的と概要
・活動に取り組んだ経緯と背景
・活動の成果
・活動のなかで特に大切にしていること
・活動のなかでぶつかった課題・どのように乗り越えた（乗り越えられなかった）か
・今後の展望
〈「対話」とは〉
・どのような「対話」が求められているか
・「対話」を阻むものはなにか
・「対話」を実現するために必要なことはなにか
・「対話」を実現につながる「教育・学習」とはどのようなものか

機会を促進・支援してきた人々である[23]。表2の質問事項を中心に聞き取り作成した逐語録から，特に「対話」の場づくりに関する内容に焦点を当てコード化し，統合，比較検討，再編によって，対話の場を創るための鍵となる事項（カテゴリー）を抽出，整理した。

(2) インタビュー分析の結果

インタビューの記録を「対話の場づくりに必要な鍵」に着目して分析し，6つのカテゴリーと19のサブカテゴリーを抽出した結果と，関連する主要な語りの一部を表3に示す[24]。

表3　対話の場づくりに必要な鍵を表す語り

カテゴリー	サブカテゴリー	インタビューイーの語り（5名の語りから関連する主な個所を抽出。匿名性確保のためインタビューイー記号は示さない。（ ）は筆者による補足。「…」は中略の意。）
多様な人々と信頼関係を構築する	立場を越え人間としてつながる	「行政の方と話してると…組織の仮面を被るので，それを脱がせていかなければいけない」「少しずつ個人に戻して信頼関係を構築していって…」「会いに行けば行くほど話ができるようになる…最初はすごい毛嫌いして口もきいてくれなかった（人）も，だんだん普通にしゃべれる…」

共通の目的を示す	対立構造を超える	必要な緊張感を保つ	「…信頼関係ができてくると『なあ，なあ』になってくるじゃないですか。でも，たまに少しギリギリのところ（情報）を新聞に載せるとか…」
		自らを対立軸に位置付けない	「言葉選びはすごい（気を付けて）。誰も傷付かないような…活動家に見られてもいけなかった，地域の中では」「中立的な活動だけでは駄目で，やっぱり批判的な要素も必要。ただ，1人の人間がそれを両方するのはなかなか難しいと言うか」
		各学習者の文脈と関連する共通の目的を見出す	「入り口で対立してしまうとそれ以上の対話が進まない…強い意見を言っちゃ駄目かっていうとそうではないんですけど，ずっとそれだけだとみんな関心が分かれてしまったり，そういう強い口調が飛び交う所には参加したくない…」「誰も反対しない軸を探したんです…二項対立だとなかなか広げていけない」「どこまでは共通なのかっていうのを探る…どこから意見が違うのかって…」
多様性・公正性を尊重する		既存の力関係や過去の経緯を認識し配慮する	「暮らしてる人，仕事の関係のある人も含めて，○○に対する遠慮…あるから…沖縄の基地もそうだけど…物理的にも，精神的にも依存が起きちゃうから，なかなかそれを何とかするって難しい」「住民が…トラウマを形成してることを…関係者やマスコミなどが理解して…やっとお互いに対話しなきゃいけないんだな…」
		多様な人々に参画の機会を保障する	「いろんなところでうまくいかなくて，最後にここに来るみたいな方がいらっしゃったりする…」「行ける場所の一つとしてあるという意味では意味はあるんじゃないかなと」
参加者の間に人間同士の交流と共感を生む		「立場」の壁を取り払い個を尊重する	「丁寧に冷静に聞いてますよという態度は取ってくれるけれども，それを聞き入れますよ，きちんと形にしますよとか真摯に聞いていますよということが伝わってこないというか…その立場なのでそれを貫かなければならないということはあると思う」「すごい熱心な○○省の職員とかは…（運動する市民に対し）だんだん心を許していって，ぞっこんになったりとかしますからね」「一番強いのは個…語りを平均化してしまうとちっとも面白くない」
		問い引き出す	「どう質問し合ったりとか，より深めたりとかっていう議論を，進められるかっていうのは，かなり，グループファシリテーターの力量にも懸かっていて」「ちゃんと引き出せるようなお膳立てをして…問い掛けは，できるだけ分かりやすくするっていうのと，問い掛けて出てこなかったら…例えば，私だったら，みたいな感じで」
		「正義」より背景・感情・願いの交流でつなげる	「意見が違うのは…当たり前なので，どうして違うのかっていうのを，お互いにその考えの背景を知り合うっていうことですかね…それを知ったことで，自分の中に変化が生まれるかもしれないし，生まれないかもしれないけれども」「言ってる言葉と感情が違うことってよくあると…相手はこう言ってるけど，この人が重きを置いてるのは本当はこれじゃなくてこの辺とか…感情の動きだけ見てる」「正しい，間違いとか言っていても…お互いが話せば話すほどなんか仲たがいするんじゃ意味ない」「それぞれ，とっても良い面と，悪い面，…一方的に無垢なんてやつはいねえから」「人がね，弱みとかこんなこと言っちゃいけないとされていたものを言葉にして，それが意味あるものだって受け止める瞬間って，やっぱりすごいパワフルだなと思うのね」

	自分自身も開き，受けとめる	「…支援者は自分を出しちゃいけない…でも（自身の感情）を殺してしまうと，本当に人間ではなくなるというか…」「自分も動揺することがあるし，人間だから。でもその動揺するのもなんか大事なことがあるからなんだっていうふうにちゃんと立てるかっていう，ファシリテーターのレジリエンスが大事」
	共同作業の機会をつくる	「役割分担的な共同作業を…すると，少しでも信頼関係が増すので。…例えば，署名活動は…賛成の人も反対の人も乗れる署名だったので両者の共同作業…それをやってのけたときに，話しやすい空気が少し生まれたんですね…これを積み上げていけばいいのかなと」「食べるっていうのは可能性があるなって最近，思います…もしくは一緒に旅行するとか…」
情報・知見をつなぐ　外部からの支援・	必要な情報や知見を提示する	「それをすることで，商売上がったりになる業種とかあるだろうって…そういう質問もありましたけど…専門家が答えてる」「ここに来れば写真があって…語りがちゃんと記録されていて」
	中立性・推進力を与える	「専門家にも入ってもらったんです。国の委員をしてる人とかもいますけども，そういう影響力も活用しつつ…その都度でした」
	自律性を確保する	「専門家の人たちが地域の人たちが話し合える前からある種の派閥というか流れをつくっちゃって，地域の意思決定に対して影響を及ぼすような…聞いてたのね，場所によって」
対話の場への信頼を醸成する	公正性を確保する	「話し合いをするってことは，自分が望まない結果になることも覚悟しないといけないんです…」
	既存の権力との対等性を確保する	「みんなでやった勉強会，いろんな市民リテラシーの向上とか，あと，かなりメディアに注目されたので社会の目が入って，行政と市民の立場を対等ぐらいに…発信してそういう調整をしてた」
	既存の意思決定の仕組みともつなぐ	「今までの意思決定の仕組みも尊重しつつ，どうやったらやりとりができる関係性になるかっていうのが重要だと思う」
	対話の限界を認める	「…和解をしたからといって問題が解決したわけではないっていうことも，とても分かってきて。いろんなものがまだ現在進行形で続いている…」「そんな白黒はっきりつけられる問題ではなかったっていうのをその人たちの付き合いの中で見せつけられた…その人たちが…安心してその場で自分の意思を表明できるという場を確保することが私たちの仕事…」
	「対話」の場を積み重ねる	「ワンタイムイベントなのか…長い道のりの一歩，重なるうちの一つっていうことなのかって全然捉え方が違うと思うんだけど，…対話に希望を失わないでいることっていうのも結構，切実…」

３．考察：社会教育における「対話」の場づくり― ６つの観点から

　上記結果を踏まえ，社会教育を通じた「対話」の場づくりにおいて重要となる鍵を６つの観点から提起する。表３の「語り」を一部「」で引用する。

(1) 多様な人々と信頼関係を構築する

　「対話」の場づくりを担う人が，多様な立場にある人々と信頼関係を構築することが，様々な人に参画の機会を開く鍵となる。地域社会ではもちろん，広域の人々を対象とする場合でも，場を担う人の人間関係や立ち位置が人々の参画に影響を与える。行政や企業といった組織の立場に縛られる人々や，公的な場への参加に不慣れな人を含め，細やかな交流を通じて立場を越え人間としてつながることで参画への壁を取り払う。しかしその際，必要な緊張感を保ち慣れあわないことの大切さも指摘されている。また，対立軸による分断に自らを位置付けないことも，様々な立場・意見の人々の参画を促すことにつながる。ただし，対立軸にともなう権力構造の中でより周縁的な立場を尊重することも後述(3)の観点から重要だ。その際，場づくりを担う役割と周縁的な立場を支援する役割を分担することも考えられる。

(2) 対立構造を越える共通の目的を示す

　対立を認めつつも，それを越える共通の目的を示すことで，「対話」の場を多様な人々につなぐことができる。「入り口で対立しそれ以上の対話が進まない」といった決定的な分断を避け，意見は違っても「どこまでは共通なのか」「誰も反対しない軸」を探り，各学習者（参加者）の文脈と関連する共通の目的を見出すことが鍵となる。

⑶ 多様性・公正性を尊重する

「対話」の場では、現実社会の不公正な権力構造を解体し、周縁的立場からの声ができる限り対等に聞かれる状況をつくることが重要となる。つまり、自由で率直な発言を阻む力関係があるか、参画できない・しない人は誰か、多様性や公正性への敏感な認識と配慮が求められる。既存の力関係や過去の経緯を認識し、個々人の属性や特性などへの認識も踏まえ、参加者の構成や「対話」の内容や進行に配慮し、多様な人々に参画の機会を保障することが重要となる。

⑷ 参加者の間に人間同士の交流と共感を生む

「対話」の場を成立させるためには参加者の間に人間同士の交流と共感が生まれるよう促すことがなにより重要となる。「立場上」発言を制限する、衝突や摩擦を避けるために気を使って妥協する、といった状況を、「立場」の壁を取り払い個を尊重することで回避せねば「対話」は生まれない。また、各人の率直な表現を問い引き出す工夫、ファシリテーションが求められる。それにより、「正しさ」を主張し合うよりも自身の中にある思いをわかちあい、「正義」より背景・感情・願いの交流でつなげる。その際、場づくりを担う人自身も感情の表現や批判の受けとめを含め開き受けとめることが必要だ。また、人間同士の交流と共感の土台として、立場を越えて参加できる共同作業（食事や行事なども含め）の機会をつくる意義も指摘された。

⑸ 外部からの支援・情報・知見をつなぐ

「対話」の場を運営するなかで、外部者の支援が有効な場面がある。対立があるとき、必要な情報や専門的な知見が提示されることで、共通の課題や目標が明らかになることがある。また、専門家の協力を得ることでその場に中立性・推進力を与えられることもある。いっぽう、外部者が地域や「対話」の場の方向性に反して、その「意思決定に対して影響を及ぼす」事態を

回避するため，「対話」の場の自律性を確保することも重要となる。

⑹ 「対話」の場への信頼を醸成する

　最後に，「対話」の場づくりにおいて，その「場」に対する参加者やより広い社会の信頼を醸成し，確保することが重要だ。そのためには，場をつくる人が「自分が望まない結果になることも覚悟」し，方向性を誘導したり捏造したりせず公正性を確保することが不可欠だ。また「対話」の場と既存の権力との対等性を確保し，「対話」の成果が軽視されたり圧力をかけられたりすることも避けねばならない。さらに，既存の意思決定の仕組みとつなぎ「対話」の成果を現実の社会づくりに反映させることも重要だ。くわえて，「対話」の限界を認める，つまり現実には様々な衝突や対立に向き合う日常が続くことを認めつつ，希望を失わずに「対話」を積み重ねるなかで，人々の間に「対話」を信じ尊ぶ文化を育んでいくことが重要となるだろう。

おわりに

　SDGs が謳う「誰ひとり取り残さない」持続可能な社会を目指すためには，「権力・利害構造に位置づく立場を越える対等な関係性のなかで人々が交流し，それぞれが変容しながら，異なる見方や価値観，論理を擦りあわせて新しいものを生み出すプロセス」としての「対話」が重要となる。その実現には，人々が相互に対等な関係性の構築に近づく経験を重ねるなかで，「対話」の姿勢や行動，「対話」を尊ぶ文化をともに育みあうことができる場が必要だ。本稿は，そうした場をつくるための６つの鍵を提起した。

　社会教育を推進・支援する立場にある人や，社会教育活動を率いる人々が，そうした場づくりを担うには，多様な立場や意見を持つ人々と信頼関係を構築し，対立構造を越えて共有できる目的を示し，多様性・公正性の尊重にもとづき人々の参画の機会を保障しながら場を用意する。「対話」の過程では，人々の間に人間同士の深い交流と共感を生むことを目指し，必要に応じ外部からの支援・情報・知見をつなぐ。さらに，その「対話」の場の公正

性，既存権力との対等性を確保しつつ，現実の社会づくりにつなげ，その限界も認めながら実践を重ねていくことで，「対話」の場への信頼を醸成する。社会教育が，これまでの共同学習，相互学習の蓄積の上に「対話」の場を広げ，「対話」の力と文化を地域やさまざまな共同体に育むことで，わたしたちは「誰も取り残さない」社会へと近づいていくことができるだろう。

※インタビューにご協力いただいた5名の実践者に心から感謝と尊敬の意を表します。本研究はJSPS科研費JP18K13195の助成を受けました。調査にあたり東海大学「『人を対象とする研究』倫理審査」の承認を得ています。

【注】

1）アダム・カヘン『手ごわい問題は，対話で解決する』ヒューマンバリュー，2008年．

2）たとえば，中島義道『対話のない社会』PHP研究所，1997年．暉峻淑子『対話する社会へ』岩波新書，2017年．

3）たとえば，勝田守一・堀尾輝久「国民教育における『中立性』の問題」堀尾輝久『現代教育の思想と構造』岩波書店，1992年．荒井文昭「学習権保障における政治的中立性をめぐる課題―教育実践の自律性と教育機関の運営主体に焦点をあてて―」日本社会教育学会編『「学習の自由」と社会教育』東洋館出版社，2020年，86-97.

4）T. Brown, "Sustainability as Empty Signifier: Its Rise, Fall, and Radical Potential", *Antipode*, 48(1), 2015, 115-133.

5）二ノ宮リムさち「社会教育が提起するESDの実体とは：普遍的価値原理としての持続可能性と対話の学び」『月刊社会教育』62(5)，2018年，54-60.

6）マルティン・ブーバー『我と汝・対話』岩波文庫，1979年，p.184.

7）デヴィッド・ボーム『ダイアローグ：対立から共生へ，議論から対話へ』英治出版，2007年．

8）平田オリザ『わかりあえないことから―コミュニケーション能力とは何か』講談社，2012年．

9）多田孝志『共に創る対話力：グローバル時代の対話指導の考え方と方法』教育出版，2009年．

10）原田保・西田小百合・古賀広志・鈴木紳介・二ノ宮リムさち・黒崎岳大・石原圭子・松村茂「社会デザインのための新機軸創造―地域デザイン学会による接近方法の諸相」地域デザイン学会『地域デザイン』（瀬戸内人）No.20，2022年，219-255。の図表6

「『対話』に参画する力（暫定リスト）」を一部改訂。

11）カヘン，暉峻，中島，ブーバー，ボーム，平田（すべて前掲）など。

12）ブーバー，前掲，p.232.

13）小林繁「表現の自由と知る権利をめぐる課題―学習の自由のために」日本社会教育学会，前掲，45-56.

14）社会教育・生涯学習辞典編集委員会編『社会教育・生涯学習辞典』，2012年.

15）矢口悦子「『共同学習』論の源流に関する検討―学校教育と社会教育の『共同学習』理論の違いに注目して―」，『東洋大学文学部紀要. 教育学科編』40，2014年，135-144.

16）松田武雄「社会教育におけるコミュニティ的価値の再検討―社会教育概念の再解釈を通して」『教育学研究』74，2007年，518-529.

17）中央教育審議会『幼稚園，小学校，中学校，高等学校及び特別支援学校の学習指導要領等の改善及び必要な方策等について（答申）』，2016年.

18）A. Wals & B. Jickling, "'Sustainability' in higher education: From doublethink and newspeak to critical thinking and meaningful learning", *International Journal of Sustainability in Higher Education*, 3(3), 2002, 221-232.

19）二ノ宮リム，前掲，2018年，p.59.

20）朝岡幸彦「『主体的・対話的で深い学び』を実現する環境教育―社会教育・生涯学習の視点から―」，『環境教育』26(3)，2017年，49-52.

21）細山俊男「社会教育の学びを支える職員―社会教育主事」日本社会教育学会編『学び合うコミュニティを培う―社会教育が提案する新しい専門職像』東洋館出版社，2009年，56-60.

22）日本社会教育学会プロジェクト研究「学びあうコミュニティを支えるコーディネーターの力量形成とその組織」，2013〜2016年など。

23）各インタビュイーの活動領域とその文脈における「周縁的な立場」にある人々とは主に以下のとおり。A氏・地域復興開発：政府方針に疑問を持つ・反対する人々，B氏・コミュニケーション教育：家庭や所属組織で配偶者や上司等とのコミュニケーションに悩む人々，C氏・気候市民会議：政治参加の機会に乏しい・気候変動施策に距離や疑問を感じる一般市民（特に若者・女性），D・E氏・公害病患者支援：公害病患者。

24）インタビュー記録には，各人それぞれの文脈にもとづく様々な葛藤と工夫，深い思索が示され，こうして抜き出すかたちでは本来の深みを表現できないが，本稿では匿名性確保と紙幅の都合からこの表を提示する。

第Ⅲ部

★

ESD の発展としての
SDGs 学習実践

当事者性の変容を促す実践の特徴と課題

―ユース主体のプラットフォームづくりに注目して―

後藤 聡美

1．SDGs の登場とユースの課題

　2015年に国連総会で採択された SDGs（持続可能な開発目標）が，各所で取り上げられていることは周知の事実であろう。「持続可能な開発のための2030アジェンダ」を前提とする SDGs は，地球規模の多様な社会問題を提示しており，その普及によって認知が進んだ諸課題の解決に関わる人々（ステークホルダー）にも注目が集まっている。とりわけ，ユース・若者[1]への期待は大きい。2019年に国連総会で採択された「持続可能な開発のための教育：SDGs 実現に向けて（ESD for 2030)」では，「国連 ESD の10年」の後継プログラムである「ESD に関するグローバル・アクション・プログラム（GAP)」の重点分野の1つとしてユースが挙げられている。「ユース主導（Youth-led)」「ユース中心（Youth-focused)」のキャンペーンや，アクティブ・シティズンとしてのユースの主体形成は，重要な ESD 推進の課題とされている。

　一方，こうしたユースへの期待は，やや楽観的な側面もあるのではないか。ESD の取り組みや SDGs の達成に対して積極的なユースばかりではなく，SDGs のような大きな課題を受け入れるゆとりのない若者も多い。SDGs と連動したユース主体の ESD 実践の構築に携わってきた筆者には，SDGs の社会的インパクトの大きさゆえに，SDGs そのものに対して忌避的

な態度をとるユースも少なくないように思われる。そのようなユースにとっては，持続可能な開発という価値や SDGs が示す各課題が身近なテーマとなっていない場合もある。パウロ・フレイレ（Freire, P.）は，学習者の「頭を占めている」要素から成る「生成テーマ」に教育・対話の端緒を見出すが[2]，学習者の実感の伴わない課題の教え込みという構図だけでは，学びの発展は期待しづらい。

　SDGs は，すでに何らかの活動に取り組んでいる人や，問題関心を自覚している人にとっては，自分の活動や関心事と社会とを結びつけるためのツールになりえる。一方で，自分がどのような社会問題とつながりがあるのか，自分がどのような社会問題に関心があるのかを自覚していないユースにとっては，SDGs は，自分とのつながりを見出すことのできない「正しさ」でしかない。一見わかりやすい SDGs は，問題が明確に対象化されているがゆえに，かえって，学習者に自身と各ゴールの間の溝を感じさせやすく，学習者が各ゴールや SDGs の全体枠組みに接近しづらいという事態が生まれるのではないか。そうした学習者は，実践組織または学習集団の周辺に固定化され，結果的に，集団内での分断が生じてしまうことになる。SDGs を単に教え込むのではなく，ユース自らがそれとの関係性を絶えず捉え直しつつ，SDGs をめぐる実践・学習共同体が生まれるような実践が求められている。

　本稿は，こうした実践の基底に位置づく「当事者性学習論」に注目し，具体的な事例から，求められる実践の要件を明らかにするものである。

2．当事者性をめぐる学びと SDGs

(1) 当事者性からみる実践上の課題

　「当事者」と呼ばれる人々のエンパワメントプロセスの周辺に固定化されがちな学習者の学びを活性化するために，福祉教育やボランティア学習の領域では，当事者性をめぐる学びを基盤とする「当事者性学習論」に注目が集まっている。筆者は，一連の当事者性研究を批判的に検討し，「当事者－非当事者」の二項対立の超克をめざす新しい当事者性概念を提示した。これ

は，当事者性を，個人・集団と問題・テーマ・パラドックスとの関係性として捉えるもので，ここでの当事者性は，①身体的つながりの程度，②自覚の程度，③ネットワークの保有程度，④知識・技術の保有程度，⑤態度・行動の程度，⑥未来志向性（希望）の程度を構成要素とする[3]。各要素は互いに関連し合いながら変化し，当事者性の総体が変容していくことになる。

　また，この当事者性の要素化によって，多様な学習場面の様相を説明することができる。例えば，学校の授業や講義形式のセミナーは④知識・技術を，災害直後の被災地支援などは⑤行動を，福祉関係のボランティアなどは②関心・自覚を導入としながら，当事者性が深化・変容していくと考えられる。この要素化からもわかるように，当事者性学習論では，あらゆる人が多種多様な社会関係の中で複数の問題やテーマとの関わりを有しながら，程度の異なる複数の当事者性をもって生きていると捉えられる。

　この新しい当事者性概念は，社会の中で直接的に不利益を被ってきた人々を取り巻く問題を矮小化するものではない。むしろ，各人の当事者性を媒介としながら，「当事者本人」と呼ばれてきた人々が抱える課題をともに解決する主体が立ち現れることへの期待を含むものである。「個性」や「固有性」ではなく，社会問題とのつながりを含意する「当事者性」を，動的な概念として用いることで，問題の性質やそれに対する意識というだけでなく，個々の学習者と，複雑で多様な社会問題との関係の変容を把持しようとしている。こうした考え方を基盤とする当事者性学習論に注目すると，SDGsは，学習者個々の不安や悩み，葛藤を何らかの問題・テーマと結びつけるための補助線となり，学習者自身がSDGsの各ゴールを含む地球規模の課題と自身との関係を見出し意味づける枠組みにもなると考えることができる。

　この当事者性概念を用いることで，ユースをめぐる課題の所在が明らかになる。一部の学習者が実践の周辺に固定化されるという課題は，実践現場の中で特に強く表出される当事者性によって，学習者が各々有している固有の当事者性（一見パーソナルな悩みや不安，葛藤）がその表出を妨げられてしまうことに起因すると考えられる。現場で強く表出される問題性や実践者の当事者性に対し，学習者の側には，「当該問題に近づかなければならない」「実践の中で大切にされている価値観に沿う発言をした方がよいのではない

か」などといった強迫観念や思い込みが生じ，抑圧・圧迫による順応という状況に陥ってしまう[4]。特に，アイデンティティがゆらぎがちなユースは，活動経験の少なさや人間関係・社会的なネットワークの希薄さから，自身の有する当事者性を自覚していないか，自覚していたとしても，「取るに足らない」ものとして自らその表出を抑え，現場で強く表出される他の当事者性に圧倒される場合もある。実践の中で自身の高まっている当事者性が表出されないまま強烈な当事者性と接触すると，学習者は当該問題と自身とのつながりを見出しづらくなるのではないか。

　これは，さらに，ユースの力が重なり，実践力が高まるということにおいても大きな課題となる。当事者性学習論では，学習者間の異なる複数の当事者性が連動・作用し合って具体的な実践が生み出されることが期待されるが，学習者間の特定の課題をめぐる当事者性の各要素の程度の違いばかりが集団内で意識されると，具体的な実践につながる相互作用は生まれづらいものとなる。そうすると，実践全体を変容させていくきっかけともなる学習者間の葛藤が現場において顕在化しないという危険性もある。ユースの固有の当事者性の表出をいかに促進するかは，ユースの主体形成において大きな課題といえよう。その課題を包み込みつつ実践の枠組みを検討しなければならない。換言すれば，構成員の有する当事者性の各要素が連動しながら互いに影響を与え合う学習プログラムの原理とは何かを問うということである。

⑵ 当事者性をめぐる学びの仮説

　当事者性をめぐる仮説には，まず，「当事者性の交差」仮説がある[5]。これは，実践において異なる複数の当事者性が作用し合うことで，学習者が多様な当事者性を高め深めることができるのではないか，というものである。「『当事者』と『第三者』の出会いの場」としてのボランティア活動の現場[6]や，趣向の凝らされたワークショップは，「当事者性の交差」が生まれる場と捉えられる。当事者性の意識化のプロセスの中で集団的な力が形成され，それらが権力や社会システムへの対抗的力へと発展していくことを志向する仮説である[7]。

異なる当事者性の相互作用に注目する「当事者性の交差」仮説に対し，当事者性の接触場面に注目する「当事者性の邂逅」仮説がある[8]。これは，実践者や企画者が意図・計画しているプログラム以外の時空間，すなわち，特定の強い当事者性や現場で強く表出される問題性が影響しない時空間で学習者固有の当事者性が接触することが，結果的に学習者が他者の当事者性に近づくきっかけになるのではないか，というものである。一見，特定の社会問題やテーマと結びついていないような個々の悩みや不安などを含む固有の当事者性が軽視されることなく，構成員間で互いに意識される時空間が偶発的に立ち現れるということが，学習者の当事者性の変容における重要なエッセンスとなる。

　つまり，「当事者性の交差」仮説は，比較的自覚化が進んでいる，異なる複数の当事者性の相互作用全体に注目するが，「当事者性の邂逅」仮説は，自覚化が進んでいない者を含む学習者の当事者性の変容契機に注目する。実践者・企画者の意図が影響しない時空間で相互に自他の当事者性の発露への欲求が生じたときに立ち現れる「当事者性の邂逅」を基盤とするこの仮説は，計画化することによってかえって多層多元的な学びが阻害されてしまうという教育実践におけるジレンマを越えようとするものである。

　SDGsを標榜しつつ，課題意識をもたせたり行動喚起を促したりする啓発的な講座やプロジェクトなどの実践では，学習者は当事者性の程度の違いを認知しやすく，当事者性をめぐる抑圧・圧迫による順応という状況がより強化される危険性がある。学習者固有の当事者性を大切にしようとするならば，異なる価値観の間に生じる拮抗関係や矛盾を構成員が引き受けていくプロセスも視野に入れる必要がある。SDGsに限らず，特定の目的が設定された社会的な実践では，何らかの当事者性が集団内で意識されることになるが，各課題の「ゴール」が示されているSDGsを標榜する実践の場合，特に，そこで生じうる学習者の葛藤をどのようにして実践の原動力としていくか，という観点が重要となるのではないか。本稿では，筆者がアクションリサーチとして取り組む持続可能な社会づくりのためのプラットフォーム創成事業をもとに，ユースの当事者性の変容契機を内包する実践の特徴と課題を整理していく。

3．プラットフォーム創成事業にみる当事者性の変容の萌芽

(1) 目的合理性が求められないプログラムの意義

　当事業は，神戸大学を拠点としながら，ハンセン病療養所や被災地でのボランティアプログラムの企画・実施，および，阪神間のNPO／市民団体の活動への参加を通して持続可能な社会づくりの方法を探っていく組織「ESDプラットフォームWILL（ウィル：以下，WILL）」[9]を母体としている。実践主体は大学生・院生・若手社会人などのユースが主であり，大学や各フィールド／NPO等との連携の中で実践を進めてきた。筆者は2021年からWILLの事務局長としてプログラムの企画・運営に関わっている。WILLでは，実践の中枢を担うメンバー間で，ESD実践において不可欠となる当事者性学習論が共有されており，各フィールドで実践者・参加者のもつ異なる複数の当事者性が影響を与え合うことをねらいとするプログラムを実施してきた[10]。

　しかし，2020年からの新型コロナウイルス流行下で，大学等では対面のイベント・プログラムが禁止された。特に大学生に対する活動制限は長く，2021年も同様の状況がみられた。大学生をはじめとするユースの心身の健康が喫緊の課題となっていた。また，WILLがメインのフィールドとするハンセン病療養所や被災地では，特に高齢の住民が多いという理由から強力な感染症対策が取られ，県を跨いで現地に行くこともできない状態であり，阪神間のNPO／市民団体の活動も対面のものは軒並み中止となった。つまり，①身体的つながりの程度としての当事者性を高める直接的な経験や，⑤態度・行動の程度としての当事者性を高める具体的なアクションが起こしづらくなっていた。

　このような状況の中で，WILLでは，コロナ禍であっても直接人と会い他者の当事者性と接触することを試みよう，という集団の意志のもと，オンラインに依存しないプログラムを計画してきた。そこで，フィールドに行けず，社会問題に直接触れることができなくても，メンバー間で問題意識や生

活に関する不安や悩みを持ち寄るワークショップ「青空のつどい」（以下，「つどい」）を開くこととなった。2021年5，6，7，9，11月，2022年6，7，9，10月にそれぞれ対面の1日プログラムとして実施した。初回はメンバー間の対話を中心とし，その後は徐々に体を動かすアクティビティを取り入れるようになった。以前はフィールドのニーズを意識したボランティア活動を基盤とするプログラムを展開していたが，この時期はやむなくフィールドの問題性や実践者の強い当事者性と一線を画すということになった。

　参加者自身が行ったプログラム後のリフレクションでは，「（志向性の強い）全体的な行動が少なかったため，他者に関心が向きつつ，自分自身についても振り返ることができた」というコメントや，「他者が有していたテーマについての自分自身の関わりが気になるようになった」というコメントが挙げられた。必ずしも強い目的合理性を求めるのではないプログラムの中で，ユースが自分自身の当事者性と向き合う状況が生まれていた。

　筆者自身もそうであるが，参加者の多くが，集団活動への苦手意識を改めて認識したり，他の参加者が関心のあるテーマに自分自身も関心を持つようになったり，集団の目的や特定の社会問題に過度にとらわれず，異なる価値観を有する人との出会いへの積極性が生まれたりするなど，②自覚の程度や③ネットワークの保有程度（特に人間関係），⑥未来志向性の程度という要素の当事者性に変化がみられたことがわかった。強い目的合理性が求められない時空間において，役割や目的が定められるプログラムで固定化しがちな関係性とは異なる質のコミュニケーションが発生したことが見てとれた[11]。

⑵ 非目的合理性と目的合理性の相互作用

　一方，WILL は対面の活動だけでなく，オンラインを用いた活動も行っていた。これは，時間をともにすることを目的とする「つどい」とは異なり，特定の事業遂行を目的とする，いわば目的的な活動であった。例えば，ESD 推進ネットひょうご神戸（RCE Hyogo-Kobe）[12]との連携による研究集会「ESD 実践研究集会：大研究 SDGs！」や，東海大学等との共催である「SDGs ユースカンファレンス」の企画・運営，中部大学等が主催する

「ESD／SDGs 活動報告会」への参加，国内 RCE ユース会議の企画・運営・参加などである。オンラインの普及に伴い他団体と協働しやすくなったことで，共通テーマとなる SDGs を冠するイベント・活動が増えていた。

　ここで，WILL のメンバーは，多様なフィールドの課題やそこで活動する実践者・ユースの思いや団体の理念に知識ベースで触れることとなった。プログラム後のインフォーマルなふりかえりの場面では，このような目的的なプログラムへの参加は，「つどい」のような場で徐々に自覚していった。対人関係への苦手意識や，海外にルーツのある人への差別的言説への違和感，障がいのあるメンバーとの関わりの難しさなどの葛藤が，SDGs や持続可能な社会づくりと深く関連があるということに改めて気づくきっかけにもなっていたことがわかった。複数のフィールドでの活動と自分がしてきた活動との共通のキーワードを見出すなど，④知識・技術の保有程度という要素を切り口として，学習者が，自身の当事者性を媒介としながら社会との関係を見つめ直していたということができよう。

　2022年からは，徐々に対面での活動も増えはじめ，WILL では，「つどい」を残しつつ，コロナ対策を講じながらフィールドでの活動を再開した。このような状況の中で「つどい」の質も変化してきた。「つどい」は，当初はメンバー間の交流を主目的とするものであったが，その主目的を残しつつ，プログラムの節々で SDGs や持続可能な開発に関わるキーワードが取り入れられるようになっていた。SDGs の登場当初は SDGs そのものを敬遠していたようなユースの集団がこのような過程を経ることで，むしろ，単に SDGs を無批判に受け入れるのではなく，批判的なまなざしをもちながらも徐々にSDGs や関連する諸課題へと接近していく様態が見てとれた。

4．ユースの SDGs への接近に求められる実践の観点と課題

(1) 多層的な「すきま」を生む居場所機能とプラットフォーム機能

　ここで看取されたことから，不安定な当事者性を有する学習者の当事者性の変容が促される実践の要素を整理する。まず，WILL では，感染症の流行

という予期せぬ状況も利用しながら「つどい」が開催され，必ずしも目的的ではない時空間の中でメンバー同士が交流する機会が設けられた。メンバーにとって，特定の社会問題への接近を強く求められることなく，気軽に交流することができた時空間は，いわば，居場所の要素を有していたと捉えることができる。萩原建次郎は，「居場所」とは，他者との相互承認のプロセスの中で自己の存在意義とその広がりを見出し，世界の中で自分のポジションが獲得されていく時空間だと述べる[13]。居場所に関する実践／研究は，特に子ども・若者の引きこもりやニート問題が契機となって発展した系譜があるが，前述のように，現代の若者が抱える課題は多岐にわたっており，引きこもりやニートという現象だけでは説明し切れなくなっている。現象として顕在化しづらい，当事者性の程度の違いによる分断という課題が存在する今日においては，より多様な当事者性を有する人々のための居場所機能を有する場が求められている。SDGs は，当事者性の意識化が進んでいるユースにとっては具体的なアクションや実践者との関係構築の足場となりやすいが，不安定な当事者性を有するユースにとっては，それはむしろさまざまな社会問題と自分との溝の深さを感じさせるものでもある。その溝を埋める役割を果たすのが，「つどい」に内包される居場所機能だったのではないか。

　さらに，SDGs を冠する企画やイベントは，ユースが複数領域での活動やステークホルダーと関わるきっかけになっていた。各企画が複数の主体の協働から成り立っており，企画そのものがプラットフォームの機能を有している場合もあれば，企画の連関によって WILL のプラットフォーム機能が活性化された面もあった。福祉教育に関わるプラットフォーム実践を分析した諏訪徹は，プラットフォームという実践の推進方法について，「あるミッション・目的を掲げ，それに取り組むために参加者が集う場をつくり，常に参加者同士の新たな結び付きと刺激がもたらされるような運営ルールのもとで，参加者の発意によって新たな活動や学びが生まれやすくする」[14]という点にその新しさを見出している。ESD を冠する事業も，メンバーが「持続可能な社会づくり」をミッションとしながら，実践者や他地域で活動するユースと出会い，自分たちでつくるプログラムの質を変化させるプラットフォームとしての機能をもつべきということが強調されなければならないで

あろう。

　このように，居場所機能を有する活動とプラットフォーム機能を有する活動の往還の中で，ユースは自分の当事者性を大切にしながら，多様な社会問題に周辺的に触れることができていた。2つの機能の連動によって，実践全体のほころびが生じ，学習者としてのユース自らがすきまを見出していた。特定の社会問題から一定の距離がある「つどい」において自分の存在の実感や他者への関心が生まれ，目的的な活動において知識や社会関係の広がりがみられた。実践共同体論を論じるエティエンヌ・ウェンガー（Wenger, E.）は，実践の場には，「公式の実践共同体」と，成員の個人的な関係から生まれる「非公式の実践共同体」があるという[15]。ウェンガーは，この「非公式の実践共同体」を「隙間に生じる実践共同体」と表現する。「つどい」自体が「隙間に生じる実践共同体」でもあり，そこで生じたすきまの中で異なる質の複数の実践・学習共同体が生まれていたと考えられる。

　異なる複数の当事者性の接触は，「参加者に緊張感や心身のストレスを与える一連のプログラムのすきま」に生じやすいことがわかっているが[16]，それはひとつのプログラムだけではなく，プログラム間のすきまでも生じ得る。そのため，単発のプログラム構成だけでなく，中・長期スパンでどのような当事者性の接触・交差をねらいとするか，という観点も求められる。実践のほころびやすきまは，実践母体に内在する複層的な学習者集団の相互作用を活性化する働きをもつということになる。

⑵ 複数の層における当事者性の各要素の接触

　このように，WILL のメンバーは異なる性質をもつ活動の往還の中で，当事者性を変容させていたということができる。居場所機能を有する「つどい」は，同質性の高い集団でメンバーが他者の複数の当事者性の要素と接触する時空間であり，プラットフォーム機能を有する SDGs 関連の企画は，メンバーが異質性の高い人々の当事者性から影響を受ける時空間であった。

　しかし，同じ時空間を共有したメンバーであっても，当事者性の6つの要素の連関がなかったり，程度が深まっている当事者性の要素が発露されたり

しなければ，そこでの関係性の変化は一面的なものとなる。例えば，単に関心だけが開示され，その人の人間関係や直接的な経験の開陳がなければ，その人と「出会った」という感覚は得られないであろう。WILL でも，交流を重視する「つどい」だけでは，同じメンバーと多角的に出会うことは難しかったため，「つどい」にのみ参加したメンバーの中には，自身と社会的な活動とを結びつけられていない者も複数みられた。

「当事者性の邂逅」仮説は，その蓋然性を高める場づくりに関するものであるが，具体的な社会問題や SDGs をめぐる当事者性の変容を視座とするとき，各人のどのような当事者性の要素がどのように発露し，他者のそれと接触したか，という観点が重要になる。身体的つながりとしての経験の言語化や，自分自身の抱えている課題・テーマ・パラドックスの自覚化を含む自己の固有の当事者性と向き合う時間を，プログラムの構えづくりやリフレクションの中で取り入れることも有効となろう。

５．まとめ

本稿では，当事者性の変容契機に注目し，特に不安定な当事者性をもつユースが SDGs に接近していく様相を当事者性という視軸から検討してきた。WILL では，本稿で得られた知見をもとにしながら組織改編に取り組んでいる。これまではメンバーが比較的自由に関心のあるプログラムに参加していたが，現在は，テーマごと（ワークキャンプ／ハンセン病・災害復興支援・農村レジリエンス・障害共生・グローカルツアー）のゆるやかなコミュニティを形成する体制をとり始めている。そこは，プロジェクトの推進母体でありながら各メンバーの居場所ともなり，また同時に他のコミュニティや活動への誘い合い・送り合いの場にもなる。この仕組みは，居場所とプラットフォームという相異なる機能を小集団単位で連動させていく試みでもある。

当事者性学習論では，各人の当事者性の濃淡・高低および複数の当事者性の構成パターンが絶えず変化すると捉える。SDGs のような大きな物語が台頭する時代においては，むしろ，大局を見ながらも同時に学習者個々の複数

の小さな葛藤を学びに換えていく実践やその方法原理が探究されなければならない。個人の抱える課題やテーマ・葛藤と，社会的・地球規模の課題をつなぐ当事者性というキーワードは，個人・関係の変容と社会の変革とを連動させていく実践の梃子となりうる。今後は，異なる当事者性を有するもの同士の接触が，個人や関係の変化だけでなく，どのように社会的な動きへとつながっていくかということについての検討が必要である。そのような検討の積み重ねの中で当事者性学習論のさらなる発展と，それを基盤としたユース主導・中心の実践がさらに研ぎ澄まされることになるのではないか。

【注】

1）国連広報センターによると，ユース・若者とは15歳から24歳までの人々と規定される。本稿では，概念を拡張し国連のユース規定を軸とした若者集団をユースと捉える。

2）パウロ・フレイレ『被抑圧者の教育学』（小沢有作他訳）亜紀書房，1979年，pp.110-111.

3）後藤聡美「『当事者性』概念の再考：多文化共生社会の創成に資する学習論の構築に向けて」『神戸大学大学院人間発達環境学研究科紀要』15巻1号，2021年，31-40.

4）後藤聡美「福祉教育・ボランティア学習実践における〈当事者性の邂逅〉の意義：偶然の出会いが学びを深める契機に注目して」『日本福祉教育・ボランティア学習学会研究紀要』35巻，2020年，95-110.

5）松岡広路「福祉教育・ボランティア学習とESDの関係性：福祉教育から『福祉教育・ボランティア学習』・ESDへ」『日本福祉教育・ボランティア学習学会研究紀要』14巻，2009年，8-23.

6）岡本栄一「ボランティア活動をどうとらえるか」大阪ボランティア協会編『ボランティア＝参加する福祉』ミネルヴァ書房，1981年，2-54.

7）松岡広路「福祉教育・ボランティア学習の新機軸：当事者性・エンパワメント」『日本福祉教育・ボランティア学習学会年報』11巻，2006年，12-32.

8）後藤，2020，前掲.

9）ESDプラットフォームWILL HP，https://www.esd-will.org/，2023.4.20.

10）中枢メンバー以外のメンバーやプログラム参加者は，企画ミーティングや学習会などで周辺的に当事者性学習論について触れることになる。

11）後藤聡美「多文化共生の創成過程における〈当事者性の邂逅〉の意義と課題」，2023

年，神戸大学大学院人間発達環境学研究科博士論文.

12）ESD 推進ネットひょうご神戸（RCE Hyogo-Kobe）HP，http://rce.h.kobe-u.ac.jp/index.html，2023.4.20.

13）萩原建次郎「子ども・若者の居場所の条件」田中治彦編著『子ども・若者の居場所の構想―「教育」から「関わりの場」へ』学陽書房，2001年，p.63.

14）諏訪徹「福祉教育・ボランティア学習を推進するプラットフォーム：その構成要素，特質，意義」『日本福祉教育・ボランティア学習学会研究紀要』16巻，2010年，22-31.

15）ジーン・レイヴ，エティエンヌ・ウェンガー『状況に埋め込まれた学習：正統的周辺参加』（佐伯胖訳）産業図書，1993年，pp.113-114.

16）後藤，2020，前掲.

SDGs 達成のまちづくりを可能にする
社会教育
―日本唯一のユネスコ学習都市・岡山市と関連させて―

赤尾　勝己

１．SDGs の17の目標間の力関係をどうみるか

　SDGs は2015年 9 月25日に開催された国際連合総会において採択された。しかし，これらの目標を所与の前提として捉え，各国において一つ一つの目標を達成していくことには困難が伴うであろう。それは，中心─周辺理論や従属理論及び国際分業に依拠した世界システム論の視点からみると，中心国と周辺国において，SDGs の達成に格差が出てくることからも看取されよう。SDGs は中心国の利害を中心に考案されている。例えば，化石燃料の使用を減らすことでCO_2を削減していくことは，中心国では可能であるかもしれないが，周辺国においてはハードルが高い。また，一国内においても，都市部と農村部において，その SDGs の目標達成の温度差がある。地球全体を平面的ではなく立体的にみると，SDGs 実現の度合いに格差が出てくることは必至である。

　さて，SDGs に関連して環境問題について鋭い問題提起を行っているグレタ・トゥーンベリ（G. Thunberg）からの問題提起を聞いてみよう。「人類がこの危機を生み出したのでない。権力を握る人々がつくりだしたのだ。想像もできないほどお金を稼ぎ，自分たちに有利な制度を維持するために，具体的にどの貴重な価値を犠牲にしてきたのか彼らは認識していた。何よりも

それは，私たちを環境の断崖に追い詰めているじつに悪辣な不平等を生み出す社会・経済構造なのだ。限りある地球で限りない成長を目論む考えだ。」[1]

グレタの，経済成長を優先させて環境問題への取り組みが後回しにされているという指摘は正鵠を得ている。ただし私たちは，環境的持続可能性以外の社会的持続可能性，経済的持続可能性のあり方にも目配りをしたうえで，より包括的に論を立てる必要があるのではないだろうか。

また，思想家の斎藤幸平からの痛烈な SDGs 批判にも耳を傾ける必要があろう。「国連が掲げ，各国政府も大企業も推進する『SDGs（持続可能な開発目標）』なら地球全体の環境を変えていくことができるだろうか。いや，それもやはりうまくいかない。政府や企業が SDGs の行動方針をいくつかなぞったところで，気候変動は止められないのだ。SDGs はアリバイ作りのようなものであり，目下の危機から目を背けさせる効果しかない。かつて，マルクスは，資本主義の辛い現実が引き起こす苦悩を和らげる『宗教』を『大衆のアヘン』だと批判した。SDGs はまさに現代版『大衆のアヘン』である。」[2]

筆者は上記の斎藤の気概には共鳴するが，SDGs を全否定できるのかと問われればそういうわけにもいかないであろう。SDGs をうまく機能させることによって現状を少しでも改善させていくという思考回路を閉ざすべきではない。SDGs 礼賛は危険であるが，SDGs の全否定は事態をますます悪化させるだけではないだろうか。私たちは，SDGs への取り組みを手がかりに，グローバルなレベルから，ナショナル・ローカルなレベルまでを重層的連関性をもったパースペクティブを獲得していきたいものである。

一方，SDGs の17の目標は並列的に列挙されているが，実は各目標間には力関係が働いていることに留意が必要である。これらの目標を，誰がどのような立場や地位において実現しようとしているかが問われてくる。SDGs の17の目標は，大きく経済的持続可能性，社会的持続可能性，環境的持続可能性の3群に分類できる。しかし，これら3群の持続可能性はその具現化をめぐって競合している。SDGs は完成形態ではない。その下には169のターゲットがあり，さらに約230の指標（indicator）があり，それらは常に構築途上の動きの中にある。SDGs の目標間には対立・葛藤するものが含まれて

いる。したがって，「今日は SDG1 について学ぶ，明日は SDG2 について学ぶ」といった，各 SDG を一回ずつ単独で学ばせる徳目主義的な学習プログラムは望ましいとは言えない。その意味で，学習とまちづくりを包括させて SDGs を現実のものとして学ぶ実践を可能とする，学習都市の取り組みは注目に値する。

　本稿では，SDGs の実現に向けて各国が努力をしている中で，日本で唯一のユネスコ学習都市である岡山市のケースを取り上げその動向を見てみたい。その理由は，ユネスコ学習都市に関する国際会議において SDGs の実現が提唱され，各学習都市での取り組みに注目が集まっているからである。第2節では，同国際会議で SDGs がどのように扱われ論じられてきたのかその推移を概観し，そこにおける上記3群の SDGs の力関係の変容を読み取っていきたい。第3節において，岡山市で SDGs がどのように扱われ推進されつつあるのかについて，その動向を追う。そのために，岡山市で SDGs を推進している市長部局の SDGs・ESD 推進課と公民館での聞き取り調査を実施する。第4節では，ユネスコ同国際会議と岡山市における SDGs の推進に，同時並行的な変容が読み取れることを明らかにしていきたい。

２．ユネスコ学習都市に関する国際会議における SGDs の捉え方の変遷

　ユネスコ学習都市に関する国際会議は，2013年からユネスコ生涯学習研究所が主催する会議である。同会議において SDGs が登場するのは，2015年9月28〜30日に開催された第2回メキシコシティ会議からである。それは，同会議の直前に国際連合で，持続可能な開発目標（SDGs）が採択されたからである。メキシコシティ会議のテーマは「持続可能な学習都市を建設する（Building Sustainable Learning Cities）」であった。そして，同会議のサブテーマは，(1)世界中に持続可能な学習都市を展開させる，(2)持続的な学習都市を発展させるためのパートナーシップ／ネットワークを強化する，(3)持続可能な「学習都市のための鍵となる特徴」を実行する，という3点であった。

　2013年の第1回北京会議が，国家による強いリーダーシップによって各国

に学習都市を作っていくという「上から目線」の論調であったのに対して，2015年の第2回メキシコシティ会議では，社会的に不利益を被っている人々を支援していく必要性が述べられている「下から目線」の論調が看取される。これ以降，そうした観点から学習都市の建設が論じられていくのである。特に，それが顕著なかたちであらわれたのは，2019年第4回メデジン会議で「包摂（inclusion）」が正面から取り上げられたことである。同会議の全体テーマは，「包摂—生涯学習と持続可能な都市に向けた原則（Inclusion: A Principle for Lifelong Learning and Sustainable Cities)」であった。そして同会議の基調講演では，ユネスコ生涯学習研究所のコテラ（R. V. Cotera）氏から，各都市における脆弱な集団（vulnerable group）が直面する横断的な問題が提起された。「同一人物が，異なる排除によって重層的に影響を受ける可能性がある。その人は移民で，若者で，障がいを有し，デジタル機器から排除されているかもしれない」ということで，ここでは「危機に立つ若者」「移民」「デジタル機器から排除された人々」「障がいを有する人々」という4つのカテゴリーの人々について論じ，さらに「高齢者」「基本的人権を与えられていない人々」「先住民」といった3つのカテゴリーの人々についても包摂と排除の関係を重層的に捉える必要性が述べられた[3]。同会議はユネスコ学習都市に関する研究において，一つの重要な局面の到来を示したと言ってもよいであろう。

　さて，ユネスコ学習都市の建設において重要視されている SDGs についてみると，第2回会議の成果文書である「メキシコシティ声明」の前文では，SDG4「教育」と SDG11「持続的な居住」が，学習都市建設のうえでの必須目標であることが次のように示されている。

　「私たちは，貧困を減らし，グローバルな持続可能な開発についての協議事項を創り出しつつ，世界の平和と人権を守るという重要な局面に直面している。最近，国際連合「持続可能な開発サミット2015」が開催され，加盟国は，今後15年間の人的開発を形成する17の持続可能な開発目標（SDGs）に同意した。私たちは，持続可能な開発目標，とりわけ目標4（包摂的で公平な教育を保障し，すべての人のための生涯学習機会を促進する）と，目標11（都市と人々の居住を，包摂的，安全，復元可能，持続可能にする）に心か

り，SDGs 全体を支えるものとして位置づけられていることと符合している。

(2) 岡山市立西大寺公民館での聞き取り調査から

　次に，SDGs・ESD 実践の具体を明らかにするために岡山市の公民館の活動をみていきたい。岡山市の公民館における実践を理解するうえで必須の資料が，2019年に策定された『岡山市立公民館基本方針』である。岡山市立公民館は2000年9月の「公民館検討委員会答申」と，その内容を具体化するものとして位置づく2002年10月の「新しい公民館づくり小委員会報告」に基づいて事業を展開し，ESD（持続可能な開発のための教育）などの新たな課題に市民と協働して積極的に取り組んできた。そうした公民館を起点とした市民との協働は，「ESD に関するユネスコ世界会議」の一環としての2014年の「ESD 推進のための公民館—CLC 国際会議」の開催や，2016年のユネスコ／日本 ESD 賞の受賞，さらには2017年のユネスコ学習都市賞の受賞につながっていった。本基本方針は，そうした一連の流れの延長線上に位置づいており，2030年に向けての姿とそのための課題や取組を示す文書となっている。

　同公民館基本方針では，「わたしたちが目指す公民館の姿」として，「すべての人に開かれ，地域から世界へ開かれた自由な学び合いにより，多様なつながりが生まれ，社会の問題をわたしたちのこととして捉え，学びと実践を繰り返しながら未来へと一歩一歩進み，一人ひとりの人生を豊かに，そして，持続可能な社会づくりに貢献する公民館を目指す」と述べられている。それに続いて，「公民館を起点とした住民の地域づくりプロセス」の図が掲げられている。同市の公民館が SDGs の達成を目指していることがうかがわれる[7]。

　そこで同日，筆者は岡山市立西大寺公民館の内田光俊館長を訪問した。今回，同公民館を調査の対象としたのは，地区館として1971年1月という岡山市では非常に早期に新築開館されており，SDGs・ESD 関連の講座やイベントを見るうえで市内の典型的な公民館であると考えたからである。

　まず，SDGs・ESD 推進課と同様に ESD と SDGs の関係について質問を

してみると，「SDGs の中に ESD が位置づき，SDGs の達成のために ESD の学習がある」という回答であった。そして，「西大寺公民館では，ESD やSDGs を銘打った主催事業や講座等を実施しているわけではない」が，各公民館における実施計画書には，地域づくり，共生，防災安全，若者，環境，健康，人権・男女共同参画，子育て，長寿社会，ICT という10の重点テーマが示されており，その中から主たる重点テーマ（複数選択不可）と従たる重点テーマ（複数選択可）という欄が設けられている。

　基本方針の7つの主要重点分野に，地域づくり，若者，ICT が付加されていた。そして，同公民館で，2022年度に実施された上記にかかわる公民館主催事業・講座とその目的について，表2のように実施計画書に基づき10事業の紹介をいただいた。

表2　事業・講座名主たる（従たる）重点テーマと目標

「吉井川ハマウツボ・ネットワーク」5回程度　環境
① 絶滅危惧種のハマウツボが地域に生息していることを住民が知り，保全活動に関心を持ち，活動に関わる人が増える。
②「EWI コンサート＆防災トーク」防災・安全（その他）
　将来の防災を担う世代の防災力を向上させ，地域防災力の総合的な底上げを図る。
③「豊タウンミーティング」子育て（地域づくり）
　豊小学校の6年生の総合学習の報告会を公民館のタウンミーティングに位置づけ，学校と共催するかたちで地域学校協働本部や学校運営協議会委員の方に参加いただき，子どもたちが考えたまちづくりのアイデアや思いを聴き，ともに考える場を設ける。
④「雄神タウンミーティング」子育て（地域づくり）
　③の豊学区におけるタウンミーティングと同様の趣旨である。
⑤「雄神みんなで学校ごっこ」子育て（地域づくり）
　雄神学区は人口減少が著しく，小学生の総数が70名を切るなかで，大人だけでなく子どもたちもセンセイになって，英語やマジックや卓球を教えた。子どもたちがやりたいことを地域で実現できるための組織が自立していくこと。
⑥「高校生と遊ぼう！方言・若者言葉!!」共生（若者）
　岡山学芸館高校インターアクトクラブおよび多文化共生ゼミによる企画で，方言（岡山弁）と若者言葉を学び合うことで，若者と地域住民の意思疎通と相互理解を促し，また外国人にも参加してもらい，多文化共生のまちづくりをめざす。
⑦「やさしい日本語」教室　共生（人権・男女）
　岡山市には13,000人あまりの外国人が暮らしており，西大寺公民館エリアにも技能実習生が暮らしており，「やさしい日本語」の学習により，外国人との意思疎通と相互理解を図り，偏見や差別のない共生の地域づくりをめざす。
⑧「ダルマガエルを保護しよう」14回　　環境
　絶滅危惧種に指定されているダルマガエルの保護活動を通して，生物多様性をめざす。

⑨「自然探検」11回　　環境
　　西大寺エリアを中心に，子どもたちと保護者が，虫，鳥，植物など自然の中で様々な体験をして，自然への感受性を養う。
⑩「語り合おう！『MINAMATA』伝えること」　共生（環境・健康）
　　公民館で上映した映画『MINAMATA』を観た感動を思い出しながら，今も水俣に通って水俣病患者の往診を行っている医師と，みずしま財団の職員から公害についての話を聴き，感じたことを話し合うことで，二度と公害を生み出さない持続可能な社会の実現のために，自分ができることを考える機会とする。

　これら10事業・講座はいずれも西大寺公民館の置かれた地域特性を反映した，より多くの地域の住民に参加してもらえるような工夫がなされ，内田館長が述べていた「SDGs の中に ESD があり，SDGs 達成のために ESD の学習がある」という趣旨を意識してプロデュースされていることがわかる。

4．岡山市政における SDGs 達成に向けたエフォート

　これまで，岡山市市長部局の SDGs・ESD 推進課，教育委員会社会教育振興室さらに西大寺公民館に至る行政上のつながりに沿って SDGs 達成に向けての流れを概観してきた。本節では，岡山市政全体の中で，SDGs の達成に向けてどのようなエフォートがなされつつあるのかについて見てみたい。

　岡山市が2018年に SDGs 未来都市に応募した際の「SDGs 未来都市提案書」においては，提案様式２の中心部に「SDGs 健康好循環プロジェクト─健康の見える化，遠隔医療相談，健康教育─」という囲み文が掲載されている。そして末尾は，「ESD を活用して，SDGs の必要性を学び合い，行動変容に繋げることにより，持続可能な開発を推進」という標語で結ばれている。

　そして，2021年に策定された岡山市第六次総合計画後期中期計画の分野別計画の SDGs マッピング一覧を見ると，４つの将来都市像と30の政策が示されている[8)]。これらの政策と SDGs の17目標の対応関係において関連している第１位は SDG11（持続可能な都市）で，14の政策と関連が深く３つの政策と関連がある。第２位は SDG4（教育）であり，６つの政策と関連が深く，４つの政策と関連がある。第３位は SDG3（健康）であり，５つの政策

と関連が深く，5つの政策と関連がある。これらは第3節でみた SDGs・ESD 推進課課長の A2 の回答と符合している。

　SDGs は大きく経済的持続可能性（目標 8．9．12.），社会的持続可能性（目標 1．2．3．4．5．10．11．16.），環境的持続可能性（目標 6．7．13．14．15.）の3つの分野から構成されている。これらの SDGs と各政策との関係を見ると，岡山市政全体では，まず社会的持続可能性（目標 3．4．11.）が最優先されており，次いで経済的持続可能性（目標 8．9.）が来ており，環境的持続可能性は最も少なく位置づいていることがわかる。これは，第2節で見たユネスコ学習都市に関する国際会議における SDGs の重点の置き方の変容と同時並行的であると言えよう。

5．まとめにかえて─SDGs を達成するまちづくりと連動する学習

　これまでユネスコ学習都市に関する国際会議の動向，日本初で唯一のユネスコ学習都市・岡山市の動向を，市政全体における SDG の位置づけと関連させて概観してきた。ここから言えることは，次の3点である。

　第1点は，岡山市においては環境的持続可能性から社会的持続可能性に重点が移動したことである。ユネスコの国際会議では，2015年のメキシコシティ会議で初めて SDGs について言及され，その成果文書「メキシコシティ声明」で，SDG4（教育）と SDG11（持続可能な都市）が学習都市で実現されるべき必須目標として掲げられた。それを受けて，各国の学習都市では，これらの2つの目標を内に含んだ複数の SDGs が選ばれ，その複数の SDGs 間の力関係がわかる都市が出現してきた。

　そして2021年の仁川会議における「ヨンス宣言」では，重点目標として，SDG3（良好な健康と幸福），SDG5（ジェンダー平等），SDG8（雇用と真正な仕事）SDG13（気候変動と闘う）が付け加えられ計6つの目標が重点化された。この内訳は，社会的持続可能性に関わる4つの目標（SDGs3・4・5・11），環境的持続可能性関わる目標（SDG13），経済的持続可能性に関わる1つの目標（SDG8）となっている。それと同時並行的に，岡山市でも社会的持続可能性が優先されてきたのである。

第2点は，健康が岡山市政全体の中で中心を占めており，それが経済，社会，環境と結び合っているという構造である。岡山市はユネスコ学習都市賞に応募する書式の中で，環境的持続可能性をアピールすることを中心としていたが，2017年の受賞後，国内のSDGs未来都市選定をめざして応募した書類においては，環境分野が後景に退き，社会的持続可能性に関わる「健康」をクローズアップさせてきた。ここには，社会的持続可能性と経済的持続可能性にも目配りをして，より総合的にSDGsを実現していこうとする岡山市の変容が看取されよう。2016年にユネスコ学習都市に登録され2017年にユネスコ学習都市賞を受賞した時点からみると，環境的持続可能性の占める比重が低下している。かわって，社会的持続可能性のとりわけ「健康」がクローズアップされている。結果的に，市政全体においても社会的持続可能性が最優先される様相を呈している。

　第3点は，具体的な公民館での実践において，公民館が位置する地域特性に基づき，社会的持続可能性に関する講座では，「防災・安全」，「子育て」，「共生（若者・人権・男女）」の領域が見られた点である。今回のフィードワークから，SDGs・ESD推進課への聞き取り調査と西大寺公民館での実践事例という限られた素材ではあるが，前者では社会的持続可能性に属するSDG3健康，SDG4教育，SDG11持続可能なまちづくりの3つの目標に重点を置いていることが，後者では社会的持続可能性に関する事業6.5講座，環境的持続可能性に関する事業3.5講座が見られた。岡山市における同公民館が位置する地域特性に基づき，社会的持続可能性に関する講座においては，防災・安全，子育て，共生（若者・人権・男女）の領域が見られた。

　今後とも，ユネスコ学習都市に関する国際会議におけるSDGsのとらえ方を追いながら，岡山市のSDGs未来都市としての動向を定点観測していくことができればと考える。

（謝辞）本調査研究にご協力をいただいた岡山市役所市民協働局市民協働部SDGs・ESD推進課の岩田裕久課長と岡山市立西大寺公民館の内田光俊館長には，聞き取り調査においてたいへんお世話になった。ここに記して厚く御礼を申し上げる。

【注】

1 ）グレタ・トゥーンベリ「世界は発熱している」グレタ・トゥーンベリ編著，東郷えり
か訳『気候変動と環境危機―いま私たちにできること―』河出書房新社，2022年，
p.132.

2 ）斎藤幸平『人新生の「資本論」』集英社，2020年，pp.3-4.

3 ）赤尾勝己「コロンビア・メデジン市におけるユネスコ第4回学習都市に関する国際会
議―「包摂」というテーマについて考える―」『社会教育』No.883．一般財団法人日本
青年館，2020年，pp.7-9．および Medellin Manifesto: Learning Cities for Inclusion, 2
October, 2019.

4 ）Mexico City Statement on Sustainable Learning Cities, 29 September 2015, p.1.

5 ）Yeonsu Declaration for Learning Cities: Building healthy and resilient cities through
lifelong learning, 29 October 2021, p.4.

6 ）岡山 ESD 推進協議会「岡山 ESD プロジェクト2020〜2030基本構想」2021年5月．

7 ）岡山市教育委員会『岡山市立公民館基本方針「ともにわたしたちが未来をつくる開か
れた公民館〜出会う つながる 学び合う 活躍する〜」』2019年3月．

8 ）岡山市「岡山市第六次総合計画　分野別計画の SDGs マッピング一覧」2017年3月策
定，2021年7月1日一部改正。

奄美群島の持続可能性に向けた
教育実践の原理
―高等教育機関が担う奄美〈環境文化〉教育プログラムの

構造的分析より―

小栗　有子

はじめに

　本研究は，奄美群島を対象に開発・実施する社会人向け教育プログラム（鹿児島大学「奄美〈環境文化教育〉プログラム」）を検討対象に，その教育実践を基礎づける原理を分析・整理する試みである[1]。この教育プログラムは，SDGs の流行に一定の懐疑意識をもちつつ，ESD の理論的到達点と限界性を見据えて，大学が提供する社会人の学び直しの機会として組織化したものである[2]。本プログラムの構造の整理を通して，あるべき SDGs との関係および今後の ESD に資する原理を検討する。

１．奄美〈環境文化〉教育プログラムの概要

　鹿児島大学では，2021年度から奄美群島（8つの有人島，12市町村，総人口103,462人（令和3年2月））に在住，移住予定の社会人を対象に奄美〈環境文化〉教育プログラム（以下，奄美教育プログラムという）の開発・実施，制度設計に取り組んできた[3]。奄美教育プログラムの目的は，自分たちの住む島・シマ（集落）の地域特性を奄美の〈環境文化〉という考え方から捉え直し，島・シマごとの地域の個性を深く理解し，その価値を高め，新た

な仕事づくりや生活・地域の課題を創造的に解決していくことを支援することにある。本プログラムでは，地域資源を持続的に利活用するためのマインド形成と，基礎的な知識とスキルの修得，仲間づくりを促すことを目標にカリキュラムを編成してきた。奄美教育プログラムとは，複数プログラム（コース）の総称であり，群島をめぐる社会経済動向，地域や受講生のニーズを踏まえて，内容再編と新規プログラムの立ち上げなど試行錯誤を重ね，3期目となる2023年度現在も進行中である。

　各プログラムの総時間数は70時間前後，開講期間は約6か月，応募人数は各コース30名前後とした。プログラム設計にあたり留意したのは，家計状況や学歴・学習歴に関係なく，奄美群島全域から等しく受講できるようにすることであった。工夫としては，受講料を無料都市，経費と時間を要する群島間の移動を避けてオンライン講義を中心に組み立てた。また，月ごとの講義回数や頻度に配慮し，オンデマンド型講義とリアルタイム同時配信講義を組み合わせることで，講師や受講生同士の学び合いの機会を確保した。

　奄美〈環境文化〉とは後述する通り，学問知や客観的な知識の獲得のみで理解できるものではない，「複雑性」をあらわすものである。〈環境文化〉の継承と創造の担い手は，奄美の自然環境の中で暮らしを営んでいる島民自身であり，現地で直接体験する機会がなければ学びは成立しない。そこで，宿泊を伴う実習を5つの島で企画し，地元の専門家だけでなく，集落民や地元事業者なども講師（教育者）とし，土着知（indigenous knowledge）を多様な方法で学ぶ機会を盛り込んだ[4]。

　本プログラムの科目に「社会教育経営論」および「生涯学習支援論」を組み込んだ点は，大きな特徴の一つでもある。また，プログラムは，就職・転職・起業等の次につながる何らかの行動が期待され，設定されており，マインド形成や知識の獲得のみならず，実践的なスキルの習得にも配慮した。

　2年間の実績としては，令和3年度は，定員50名と若干名に対して応募者89名，修了者は50名，令和4年度は，定員30名に対して応募者51名，修了者28名（見込含）だった。また，令和3年度の平均年齢は40歳，令和4年度は42歳と世代が若いのが特徴であった。また，過去2回にわたり，修了生に対するアンケートを実施した。分析結果を詳述できないが，当プログラムの継

続を強く望む者は，令和3年度（回答率79％）と令和4年度（回答率75％）ともに100％であった。

2．奄美教育プログラムを駆動する原理

　奄美教育プログラムを駆動する原理とは，プログラムを突き動かしている思想や考え方であり，プログラムがカバーする範囲とその方法に読み替えることができよう。

　奄美環境文化教育プログラムの原理（基本的な考え）は，立ち上げた動機にある。当時，奄美群島では，奄美大島と徳之島の世界自然遺産登録を2017年夏に控え，島外からにわかに人・物・金（資本）の流入が活発化していた。世界自然遺産登録により奄美群島の市場の価値が高まれば，外来資本が押し寄せるのは当然の帰結である。内発的発展論や地元学の思想に立てば，外の力を島の自立的発展の力に転換できること，すなわち，島民自身が，奄美群島の価値や魅力を再確認して，何を守り，何を変えていくのかを選択しながら行動していくことが求められる。このことをサポートするための学びの機会を提供することが最も根本にある考えだ。

　この実現のために基底に据えたのが，〈環境文化〉の思想だった[5]。〈環境文化〉という考え方は，新しい地域づくりの戦略イメージとして90年代に鹿児島県の屋久島で生まれたものである[6]。その戦略とは，自然保護と開発の両立をめざす地域づくりのために，屋久島で歴史的に蓄積されてきた自然と人のかかわりを「環境文化」として評価し，地域の個性化のために最大限生かすことであった。この試みは同時に，近代科学技術文明以後，自然界と人間活動とのバランスを崩してしまった世界共通の文明史的課題に取り組むという，二重の意味を持っていた。〈環境文化〉は，「固有の自然環境の中で，歴史的につくり上げられてきた自然と人間のかかわりの過程と結果の総体」として提案され，より具体的には「島の人々が島の自然とかかわり，相互に影響を加え合いながら形成，獲得してきた意識及び生活・生産様式の総体である」と規定される[7]。

　プログラムの対象範囲は，奄美群島全域である。世界自然遺産登録は2つ

の島（属島３つを含む）のみで，喜界島，沖永良部島，与論島の３島は除外されている。だが，奄美群島の価値は，世界自然遺産という科学的価値に還元できるものではない[8]。奄美群島には，「高い島（山の島）」と「低い島（台地の山）」と表現されるような島やシマ（集落）ごとに個性ある自然・地理特性がある。また，国家の「境界領域」として琉球国，薩摩藩，米軍統治など複雑な行政統治（伸縮する国家領域）を経験してきた特有の歴史とそのなかで，育まれてきた文化がある[9]。戦後復興が本土より遅れた奄美群島には，自然と人を大切にする結の精神が今なお息づいており，奄美群島の価値と魅力は，５つの島の比較によってこそ語ることができ，より明確となる。

　奄美教育プログラムで扱う課題は，第一に職業人の支援である。業種や属性は限定せずに，民間，公務員，集落支援員など幅広い層を対象に，業種や分野を超えた実践に向けたクラスター形成を図った。ただし，将来的には，より専門的なニーズに応えていける発展型プログラムを拡充していく構想を当初から持つものでもあった。実際２年目に基礎コースとしての基幹プログラムを整え，３年目には，〈環境文化〉の社会実装プログラムを新規に開発・実施することとした。

　方法としては，高等教育機関の実施する特別課程を用いて，職業人に特化した大学生涯学習の定着化を図るものである。将来的には，履修証明プログラムへの移行と資格等の制度化を視野に入れ，プログラムの開発・実施・検証の一連の流れを資金調達も含めて，産学官民金体制で実施する方式を確立させる予定でもある。

３．カリキュラム編成上の論理

　カリキュラム編成上の論理は，カリキュラム編成を行う際の価値づけや判断基準の基礎となる考え方や思考の道筋を意味する。カリキュラムは，教育の目的，習得目標，習得する能力，学修成果，教育内容，教育方法等によって構成される。ここではプログラムの内容編成上の特に重要な点に絞って，令和４年度に開発・実施した基幹プログラムを取り上げ，確認する。

　カリキュラム編成上課題となるのは，設定する目標のために限りある資源

をいかに組み合わせるかにある。使える時間や予算，手配できる講師等の制約があるなかで，育成するマインド，獲得する知識・スキル，修了後の出口も想定して，最大限の効果を上げようとするのは容易ではない。年齢や学歴・学習歴を問わない本プログラムは，受講生の多様性に配慮が必要になるという困難も伴う。

　カリキュラム編成にあたっては，筆者を中心に講師陣と意見交換を重ね，受講生の声も反映させながら適宜組み換えを行った。社会教育における学習内容編成の理念や成人学習論に基づき，学習者自らが，習得する能力や学習する内容と方法の選定に主体的にかかわるカリキュラムの編成にしていくことも重要な点となった。ポイントを以下で記していく。

　令和4年度に編成したカリキュラム概要は表1のとおりである。

　表1の①〜⑤の科目群は，奄美の〈環境文化〉とその価値を理解するために設定されている。そのために各島・シマ（集落）の個性を自然特性と歴史の影響を考慮しながら，実際に現地体験し，見聞する情報も含めて，各自で考察し，講師や受講生同士の意見交換を通して理解を深める構成となってきた。ポイントは，〈環境文化〉の把握には，学際的な知識（学知）と自然と歴史に根ざした生活の知恵（土着知）の両側面を必要とする点にあった。

　前者は，①文化・歴史と②自然・地理と二つの科目群に分けているものの，限られた時間の中で何が基本知識となるのかの精選が求められた。文

表1　令和4年度のカリキュラム概要

令和4年度奄美〈環境文化〉基幹プログラム				
科目群	動画視聴	ライブ配信	対面	合計
①文化と歴史から読み解く環境文化	6	4	0	10
②自然から読み解く環境文化	6	3	0	9
③環境文化の創造と協働形成	0	12.5	0	12.5
④環境文化を体験する（実習）	0	2	24	26
⑤実生活につなげる環境文化	0	5.5	3	8.5
合計	12	27	27	66

（時間数）

化・歴史に関しては，琉球国と薩摩藩という二つの行政統治の歴史とそれに伴う集落構造や方言等の違いも一つのポイントとなった。自然・地理に関しては，群島の地形・気候，海と陸の生態系の理解が基本となった。また，研究者と実務家教員の組み合わせも地域理解においては必要な要件となった。

表2は，2日間の時間を使って，5つの島毎に実施する実習を組み立てる際に基準としてきた構成要素である（科目群④）。

実習は，各島に地元コーディネーターを選定し，コーディネーターと議論を重ねて企画・実施してきた。実習で重視したのは，既述の内容と重なるが比較の視点であった。これは，5つの島の比較という意味であり，同じ島内や集落間の比較でもある。表3に示すポイント1は，原則表2の①文化・歴史と②自然・地理の科目群において事前に学習した内容を現地で確認するものである。一方，ポイント2は，〈環境文化〉を理解するためのもう一つの知，すなわち，土着知とその知の獲得方法に関する研修の機会である。〈環境文化〉の継承と創造の担い手は島民であり，形式化できない〈知〉の所有者でもある。特に島やシマへの想いを大切な〈知〉として扱っている。それは，その土地に深く根差した経験によって獲得された〈知〉である。

集落では，独自の空間構造を特徴とするシマを理解するために，地元住民に案内を頼む集落散策（【3】），客観的知識の伝授以外の方法，すなわち身体を用いて〈知〉を獲得する経験（【4】），対話を通して直接〈知〉を聞き取る経験（【5】），島やシマの持続可能性に関わる問題を考える機会（【6】）

表2　奄美〈環境文化〉実習の構成要素

ポイント1　島の特徴的な自然・地理の巡検と歴史的景観を確認する	
【1】自然的要素・自然的環境（山の島・台地の島の自然特性）	
【2】人為的要素・歴史的環境（自然・地理の特性と歴史の関係）	
ポイント2　2日分けて二つの集落を訪問する	
【3】集落散策（集落構造と暮らし）	【5】集落の方へのヒアリング
【4】環境文化体験	【6】ミニシンポジウム
ポイント3　実習のまとめ	
【ワークショップ】	

を盛り込むようにしてきた。【3】～【6】は，すべて地元コーディネーターと協議しながら場所，人，内容等を決定してきている。

　【4】は，集落ごとの特徴を生かし，踊りや自然物を使った工作や料理を体験していった。工作や料理については，なるべく集落のなかにある自然物を実際に採るところから体験できるよう配慮してもらってきた。【6】のテーマは，地元コーディネーターや集落民の抱える課題を潜在的な課題の検討も含めて，事前に協議して共同で決めていった。登壇するのは多様な属性をもつ地元住民で，扱うテーマの傾向としては，集落維持に関することや島の産業に関することであり，世代間や島内外者間のギャップ，水や土地利用をめぐる産業間の対立など矛盾を対象化することを意識した。

　表2の③創造と協働形成の科目群は，〈環境文化〉の価値を高め，仕事や生活に生かすには，多様な他者との協働が不可避であることから設定した。「社会教育経営論」と「生涯学習支援論」を位置づけているのは，社会教育という教育領域とその原理・理論の存在を知ってもらい，役立ててもらうためであった。社会教育経営論では，日本固有の教育制度や成人学習という観点に立った協働形成のあり方，また，住民主体の開発の考え方や地域を社会科学的に理解するための機会としても活用した。生涯学習支援論では，住民との向き合い方や対話型ファシリテーションの実技を通して，〈環境文化〉について生活者から直接聞き取る方法を実習の前後で学んできた。

　表2の⑤実生活つなぐ科目群は，①～④の学びを総括して，それらを言語化（意識化）し，表現（発表）する時間である。⑤に至る間にも自分自身及び他者とのコミュニケーションを図る機会を多く盛り込んだ。前者は，各科目のレポート提出がそれにあたり，後者は，実習中のワークショップや振り返り，ライブ配信授業時のグループ別討論等が該当した。受け取る多様な情報を受講生が内面化できる時間の確保を重視した。

4．ESDの理論的到達点と本研究の与える示唆

　以下では，奄美教育プログラムの教育実践を支える論理をESDの理論的到達点の観点から捉え直し，研究的課題への示唆を導出し，SDGsを念頭に

置いた社会教育・生涯学習実践の展開において守られるべき原理について考察する。方法としては，年報第59集『社会教育としての ESD』（2015）から，ESD の理論と社会教育としての課題を提示した論考を取り上げる。

(1) SD の「複雑性」の理解と〈知〉の内面化

SD の「複雑性」を前提に展開する多様な当事者による多様な実践を捉えて，これらを教育として再解釈することを社会教育研究の課題として提起したのは，末本誠[10]である。末本の ESD 論の特徴は，基底に「複雑性」の概念を置く点にある。末本は，「複雑性」は，古典科学の見直しによって生まれる新たな視点であり，SD の「複雑性」の解明に向けて「新たに生み出される融合的で総合的な知の探究」が進むと予想する。また，「科学性を求めてきた古典的な教育研究の観点を見直し，人が学び自らを変えるという現象の複雑さを改めて対象」化することを求める[11]。「教育本来の，人が学びを介して自らを変えるというダイナミズム」に「持続不可能な現実」を変える力があるとみて，社会教育研究としての課題を具体的に示している[12]。

末本の問題意識に即して奄美教育プログラムを捉え直すと，奄美の〈環境文化〉理解は，SD の「複雑性」の理解と通ずる点が確認できる。別言すれば，島やシマの地域の個性を把握するための〈知〉の内容とその〈知〉を認識するという内面化の問題を主題にしてきたということだ。カリキュラム編成では，学際的な専門知（学知）と自然とかかわる生活実践に根ざした知（土着知）をいかに融合し，学習者自身が対象を認識していくかに腐心した。また，その認識する〈知〉の価値をさらに高め，仕事づくりや生活・地域課題に生かすためには，その〈知〉が学習者自身の経験と結びつき，末本の言葉を借りれば「客観的知識を自己の内面に移し替え，価値観や生活態度の中に溶かし込む」[13]ことが必要となる。末本は，客観的知識を科学的な知識と同義で扱っているが，学知と土着知の融合により生成される〈知〉とは何と呼べばよいのだろうか。

一方，アジェンダ2030（持続可能な開発目標（SDGs））の17のゴールが SD の「複雑性」を表すという前提の下，奄美の〈環境文化〉理解との関係

図1　奄美教育プログラムとアジェンダ2030との関係図（筆者）

を整理してみた。図1の通り，奄美教育プログラムの中に階層的な構造を
もって SDGs が組み込まれていることが改めてわかってきた。

　順を追って説明すると，奄美群島では，産業・技術革新インフラ（ゴール
9）が奄美群島開発振興関連の予算で整備が進んできたものの，持続可能な
消費・生産形態の確立（ゴール12）や人間らしい仕事（ゴール8）の創出に
は課題を残してきた。今回のプログラムが設定した目標もここにあった。一
方，その実現のためには，島の自然環境（ゴール13・14・15）を基本条件と
しながら，島の水とエネルギー（ゴール6・7）をいかに持続的に確保する
のか。また，島とシマ社会に内在するゴール1〜3，5の問題をいかに顕在
化させながら取り組みを促していけるのか。これらは，すべてプログラムの

教育コンテンツとして扱われたものだった。また，ゴール10とゴール11は，群島間と島外，および，島内や集落内の関係を見直し，改善していく目標として設定できるものであった。ゴール16については，国土防衛としての役割を求められる奄美群島のリアルな問題として位置づけておく必要があるものであった。ゴール17は，教育プログラムがシステムとして機能するために不可欠な構成要素である。

　他方，奄美教育プログラムが主題とする「文化」は，アジェンダ宣言やゴールの一部に見られるものの，明示的ではない。複数のゴールを連関させるキーワードとして「文化」に焦点を当てているのは本プログラム独特なものといえよう。なお，図1は，17のゴールが島内の問題に還元されているようにみえるが，決してそうではない。足元の暮らしを軸に世界に開かれた問題をつなぎ，変革を促していくことが，〈環境文化〉の思想に込められた二重の意味である。

⑵　自然とのつながりによる生産活動の再建

　次に牧野篤と小栗の論考を用いてもう一つの研究的課題を確認する[14]。

　牧野による ESD へのアプローチの特徴は，日本社会の構造的変容に伴い，教育学の研究と実践が前提にしてきた自我形成の存立基盤が危機に陥っていること，すなわち，経済過程から生産労働が排除されることによる身体性の解体を問題視するところにある。「自我形成の存立基盤の危機」という現代的局面とその構造的理解について基本的には同意できる。ただし，ESD 固有の課題として「（自然）環境」にこだわってきた筆者としては，牧野の議論において自然環境の位置づけが不十分であることを指摘しておきたい。牧野が「自我」における贈与―答礼の循環の基本的な機制を生産のありように置き換える際に，自然の本性は，生産者の意志や価値を外化，他者化する媒介としてのみ位置づけられている[15]。牧野は，生産を基礎に持たない貨幣の商品化が身体の解体につながっていると指摘し，社会全体を覆う貨幣システムを媒介することなく各個人が存在の自由を他者との間で認め合い，自らを新たに生成し続けることを，人間の本質的な在り方として構想するこ

との必要性を説く[16]。

　だが，人間の本質的在り方は，人と人との関係のみで完結するものではない。「ヒト」としての人間は，新陳代謝によってしか生存できない存在である。つまり，生命を維持する基盤としての経済活動，すなわち生産・消費の在り方を無視しえない。この問題を小栗は，上柿崇英の「生の三契機」の議論を用いてすでに提起した[17]。「生の三契機」は，「人間の危機」と同時に「環境の危機」を結びつけて説明するための概念装置であり，社会的存在としての宿命を持つ「人間」に焦点をあてた〈存在〉に加えて，生物としての宿命を持つ「ヒト」が〈生存〉のために必要な労働を人間と自然の関係という側面から捉える。さらに，個体の死に伴う宿命として，自ら受け継いだ〈生存〉と〈存在〉の基盤を次世代に引き渡していく人間の側面として〈継承〉を挙げる。

　小栗は，この「生の三契機」を実現させる"場／空間"を，「人々が暮らす足もとにある具体的な土地の自然であり，その上に連綿と続いてきた生活の文化，すなわち，歴史[18]」と規定した。これは，奄美の〈環境文化〉理解と一致する。同時にこれらは，牧野の規定する「市場のダイナミズム」が実際に機能する基礎自治体とその基層を構成する住民組織という理解と近いものがある[19]。ただし，奄美教育プログラムは，安藤の提起した「環境問題を含む人間と環境との関係性の動態を対象化しづらい知的枠組み」という課題を引き受け，それを乗り越えようとする実践的な試みを意図する[20]。また，人間形成のあり方も含めて，「人間と環境の新たなかかわりの文化の形成」の再建を目指すものである。この際に中核に位置づく文化の内実は，地域資源を持続的に利活用する生産活動である。つまり，奄美教育プログラムは，自然とのつながりを回復して，その関係の意味や価値を発見して，生産活動につなげていくことを狙いとしている。〈環境文化〉の価値を高めて仕事づくりや生活・地域課題に生かすとは，市場の本来的価値の再建，ゆがんだ市場を本来の市場に立て直していくという牧野の理論的戦略にも通ずるものと考える。

おわりに

　本研究を通して明らかになったことは，SDGs を念頭に置いた社会教育・生涯学習実践の展開において守られるべき原理として，次に挙げる点が考えられるということである。一つは，SD の「複雑性」の理解には，学際的な専門知（学知）だけでなく，固有の土地（自然）とかかわる生活実践の積み重ね（歴史）によって人々の中に内在する知（土着知）の両方が必要であるということ，二つ目は，それらの〈知〉は，人々の経験と結びつきながら常に生成・融合しながら内面化されていくものであるということ，三つ目としては，人とだけでなく，自然とのつながりを確認していく実践が必要であり，四つ目として，そのつながりに基づき生産活動を行い，そこに価値を発見し，価値を高めていく実践が求められるということである。これらは，高等教育機関を基盤とした実践だけではなく，今後の多様な ESD 実践の展開のなかで，さらに検討を深め研ぎ澄まされるべき原理ではなかろうか。

【注】

1）当プログラムは，筆者が2003年より所属する鹿児島大学旧生涯学習教育研究センター（現高等教育研究開発センター）として展開するものである。なお，筆者は，2017年に法文学部に移籍し，現在は兼務教員としてプログラムに従事している。

2）ESD には異なる教育観に基づく理論と実践が併存し，教育を法律や制度，経済的動機などと同列の道具とみなす立場から，人を解放し，自律的な市民の育成を指向する立場まで幅がある。後述の通り，筆者は ESD の批判的研究の検討から近代教育が見過ごしてきた「人間・環境・教育」という枠組みを導出し，人間と環境の新たな関わりの構築という観点から社会教育としての課題を提起した。この時の抽象度の高い論理を具体的な実践として展開を試みたのが当教育プログラムである。

3）実施の契機は，令和２年度文部科学省「就職・転職のための大学リカレント教育推進事業」の企画提案として，「世界自然遺産の好機を生かし，奄美の「環境文化」を付加価値化する先駆的な人材育成」を申請・採択されたことにある。プログラムの詳細は次に詳しい（https://www.life.kagoshima-u.ac.jp/amami2022/，2023.5.6.）。

4）Indigenous knowledge は，近代西洋教育システムとは異なる教育原理を持つ先住民

環境教育研究を根拠とし，根幹に土地（自然界）との関係があることを特徴とする。「知の資源と私たちの先生そのものが土地に由来し，精神世界を内包する」という観点を重視するため，本プログラムでは「土着知」概念を採用している。Leanne Simpson, 'Indigenous Environmental Education for Cultural Survival', *Canadian Journal of Environmental Education*, 7（1），2002, pp.13-25.

5）事前に地元自治体や産業関係団体等に調査を実施した結果，産業育成や仕事に直結する知識やスキルよりも「奄美らしさ」を生かした島づくりをしたいということが共通の願いとして浮かび上がり，テーマを奄美の〈環境文化〉に設定した。

6）屋久島と奄美地域における環境文化に関する原理的な探求は，鹿児島大学鹿児島環境学研究会編『奄美大島100人100の環境文化』（南方新社，近刊）に詳しい。

7）環境省那覇自然環境事務所『奄美地域の自然資源の保全・活用に関する基本的な考え方』（2009年1月）。

8）屋久島，奄美の環境文化の形成に中心的な役割を担った元環境省技官の次の書に詳しい（小野寺浩『世界自然遺産奄美』南方新社，2022年）。

9）奄美群島の「境界領域」をはじめ奄美の自然，歴史，文化は次に詳しい（奄美市立奄美博物館編『博物館が語る奄美の自然・歴史・文化』南方新社，2021年）。

10）末本誠「ESD研究としての社会教育研究」『社会教育としてのESD　持続可能な地域をつくる』日本の社会教育第59集，東洋館出版社，2015年，pp.205-215. 末本は，この論文でESDを「持続可能な社会づくり」として規定し，議論を展開している。

11）同上，p.207.

12）同上，pp.209-214.

13）同上，p.214.

14）牧野篤「「学び」の生成論的転回へ─社会の持続可能性と生涯学習を問う視点」（『社会教育としてのESD　持続可能な地域をつくる』前掲書，pp.55-65），小栗有子「ポストDESDに残された社会教育としての課題─環境教育史論が提起する問題を中心にして」（同上，pp.33-43）.

15）牧野篤，前掲，pp.63-64.

16）同上，pp.62-63.

17）小栗有子，前掲，pp.39-42.

18）同上，p.41.

19）牧野篤，前掲，p.60.

20）小栗有子，前掲，pp.37-39.

SDGs に取り組む地域づくりの協働とは

―とよなか ESD ネットワークの活動事例より―

森　由香

はじめに

　SDGs は，環境，社会，経済に関する多様な課題を包括的かつ統合的に解決することを目指しており，「誰一人取り残されない」という基本理念のもと，すべての国やステークホルダーが協力して実施することが求められている。国際的な研究組織「持続可能な開発ソリューション・ネットワーク」（SDSN）は2023年6月2日，世界各国の SDGs の達成度合いを評価した「持続可能な開発報告書」（Sustainable Development Report）の2022年版を発表した[1]。日本に関しては，「質の高い教育をみんなに」と表される目標4について達成済みと評価されている。現在，日本の学校における子どもを取り巻く環境として，いじめの深刻化，不登校児童・生徒の増加，外国ルーツの子どもたちに対する日本語指導ならびに母語・母文化に関する学習機会の確保が不十分であるなどの問題があり，また外国籍の子どもや無戸籍の子どもの不就学，ヤングケアラーなど，教育や福祉の制度から取りこぼされている子どもの存在が明らかになりつつある中で，教育を受ける権利の保障のあり方そのものについても見直しが必要になってきている。となると，日本の教育に関しては，SDGs において達成済みと安易に判断すべきではないだろう。

　近年，子どもたちを支える取り組みの一つに，学校以外の学習の場あるい

は安心して過ごせる場所としての居場所がある。NPO やその他の団体ある
いは個人の運営により広がり，現在では対象を限定していないところも増え
ている。それ自体は歓迎すべき動きではあるが，いくつかの問題も浮かび上
がってきた。一つは，NPO やその他の市民団体あるいは個人が活動する上
での行政との協働のありかたであり，もう一つは運営している大小さまざま
な主体間での情報や経験の共有が不足していることである。

　SDGs は，「誰一人取り残さない」を全体理念としているが，これは貧
困，健康，教育といった保障に加え，あらゆる課題解決プロセスにおける社
会的排除や差別をなくす点もまた各ゴールとターゲットに示されている。そ
こで本稿では，豊中市を中心に活動を展開している特定非営利活動法人とよ
なか ESD ネットワークの実践における子どもの居場所事業に焦点を当てな
がら，「誰一人取り残さない」社会の実現に対し「ESD」の概念がどのよう
に関連づけられるのかを整理し，学校，地域，市民の連携・協働に対して
NPO が中間支援者として寄与できる可能性を検討する。なお筆者は，とよ
なか ESD ネットワークの理事として，設立当初から法人の運営に関する会
議や各事業の検討会や報告会などへ出席し，その他事業担当者による連絡会
へのオブザーバー参加や報告書作成に関わってきた。本稿では 7 年間の活動
を俯瞰して得られた知見から特に協働の観点に焦点をあて，考察を行う。

1．本稿における ESD と SDGs の概念整理

(1) ESD と SDGs における目標 4 「質の高い教育をみんなに」

　ESD とは，持続可能な開発の実現を担う主体形成をめざす教育である。
2002年 9 月「持続可能な開発に関する世界会議」（ヨハネスブルグサミット）
における日本の提唱により，ユネスコが主導機関として各国に ESD の推進
を働きかけ，2005年から2014年までの10年間を「持続可能な開発のための教
育の10年」とすることを決議した。2015年に採択された持続可能な開発目標
（SDGs）や2019年に採択された持続可能な開発のための教育2030アジェンダ
（ESD for 2030）は，2014年に終了した ESD の10年の理念を引き継いだもの

である。

　一方，SDGs は決して突然生み出されたのではなく，日本を含む世界の国や地域における課題を整理し，長年の解決に向けた取り組みを改めて可視化されている。SDG4.7は ESD の根本理念を表しているが，それに関わる教育活動もまた日本でも蓄積がある。例えば環境教育やまちづくりは，公害問題をきっかけにした地域における環境教育をベースとする地域づくりであったり，公民館をベースとする地域学習など，元々社会教育として行われてきた活動の発展にあたるものも少なくない[2]。日本には独自に発展してきた社会教育があり，SDGs で指摘されるシチズンシップ教育は住民自治の取り組みがあり，その他人権については，部落差別の解消を主たる課題としてきた人権教育や人権啓発の実践が数多くある。ESD の視点を人権啓発と重ね合わせる提案もあるが[3]，むしろ人権教育や人権啓発の蓄積を ESD に活用していくことができる。

　改めて，ESD は「ESD を実践すること」が目標なのではなく，SDGs 達成のための「手段」の一つであり，地域に根差して行われてきた様々な学習活動の蓄積を活かし，目標達成することや結果のみを重視するのではなく，その方法や過程自体に意味があると考える。

(2) 「個人一社会モデル」を反映したアプローチの可能性

　実践の方法や過程自体を意味付けつつ，ESD の実践の際に重要となるのは，個人の変容と社会の変容を関連づける点である。学校教育における ESD にしても，地域づくり（まちづくり）における ESD にしても，個人の変容と社会の変容を関連づけて取り組まれることが意識されない限り，困難を抱える人とそうでない人の分断は解消されないし，困難を抱える人だけが格差を乗り越える努力を強いられ続けてしまう。ここでは障害者問題学習における「個人一社会モデル」を取り上げたい。障害学における「個人モデル」とは，障害者が困難に直面するのは「その人に障害があるから」であり，克服するのはその人（と家族）の責任だとする考え方であり，「社会モデル」は障害（障壁）を作っているのは社会であり，障害（障壁）を取り除

くのは社会の責務である，という考え方である[4]。地域には様々な問題がありながら，その多くは「個人モデル」で捉えられがちで，結果的に個人が社会の一員としての責務があることを実感しづらい。例えば「子どもの貧困」についても，「貧困になった（である）のは（子どもには責任が無いけれども）家族の責任だ」「学力が不十分なのはその子の責任で，克服するのもその子自身である」とみなしてしまう。

「個人-社会モデル」は障害者問題学習で取り上げられる概念ではあるが，一人一人がSDGs実現の担い手になっていくことを目指す際にESDに反映できないだろうか。つまり「SDGsが実現できないのは個人（市民や行政職員など）の意識が低いからだ」という個人モデルだと，やや極端ではあるが，「環境を守るためにゴミを分別しよう」「貧困の子を救うために募金しよう」など個人の行動で完結してしまう。そうではなく，例えば「市民との協働を担当した職員が異動しても，組織として協働の活動は継続され，かつ担当職員の異動先の部署でも新たな協働の取り組みがスムーズに始められる」「自治会などの地域活動に参加した人が自分たちが担い手であるという自覚を持ち，世代交代がうまく進む」など，行動を変えた個人が，自分自身の変容の意義を理解し，周囲の人や次の世代に伝えるという行動につなげることによって，社会全体の変容を可能にすることを様々な活動の基本理念の一つにおいておく。「持続可能な社会の作り手」を育成することはESDの根本理念の一つでもあるが，「人材を育成すること」が目標ではなく，「個人の興味関心から地域課題に気づくこと」「育成された人材がさらに人材育成の主体となること」で社会全体の変容が促されることを目指すべきだ。

2．NPO法人とよなかESDネットワークの活動

(1) 団体設立の背景

豊中市は大阪府北部に位置する人口約40万人の中核市である。面積36.6km²とそれほど広くはない自治体でありながら，大学や府立高校，私立学校が複数あり，文教地区である。社会教育においても，特に図書館活動と

公民館活動に関して市民による地域での活動が盛んに行われている[5]。

　豊中市では国連 ESD の10年（2004年～2014年）において，ESD を推進するための行政と市民組織の連携組織「ESD とよなか連絡会」を立ち上げ，様々な取り組みを行なってきた[6]。市民と行政，NPO や NGO が一緒になり，多様な主体が関わって学び合うことのできる事業を展開し，市内の公立小中学校に対しては ESD の推進拠点として位置づけられるユネスコスクールへの加盟が推進され，子ども達にとっても多様な視野で国際的に学び合う機会が与えられていった。しかしながら，環境省 ESD 促進事業の採択期間終了をきっかけに，その意識が徐々に低下すると同時に，ESD の実現を共通の目的とする，市民と行政，市民活動団体との共通の話し合いの場を持つ機会が減っていった。また，地域的には，南部と北部の様々な格差が顕著になり，その解消が急がれていた。豊中市における南部地域とは，名神高速道路以南をエリアとする地域であり，高度経済成長期の地方から都市部への大規模な人口流入を背景に，一時期は人口が急増したが，昭和45年（1970年）をピークに，人口は減少に転じた[7]。低家賃の住宅が多く，生活保護受給率も高い[8]。経済格差に伴う教育格差の拡大により，学ぶ権利すら十分に保障されていない状況に置かれている子ども達の存在が明らかになりつつも，対応しきれていないという状況が生まれている。一方で，経済的に豊かな生活をしている子どもたちが何も問題を抱えていないということではない。経済格差にしても教育格差にしても，あるいはそれ以外の家庭や学校の問題など，子どもたちの置かれている状況は子どもたち自身で解決することは非常に困難である。

　そのような背景がある中で，ESD の10年の終了を機に，豊中市は ESD の取り組みにピリオドを打ち，ESD とよなか連絡会も解散しようという方針を打ち出した。しかしながら，上記のように，むしろ子どもをめぐる課題はより深刻化し，また「ESD の10年」を機に，市民と行政，市民公益活動団体，学校，地域諸団体，企業，商店などのつながりがようやく作られようとするタイミングで ESD の活動を終われないという問題意識から，ESD とよなかのメンバー数名が中心となり，ESD を推進しながら協働を進めていくためのプラットホームとなる団体として2016年 3 月 1 日に設立されたのが

NPO 法人とよなか ESD ネットワーク（以下 TEN とする）である。

⑵ TEN の活動理念と実践の特色

TEN では「子どもをまんなかに据えて，誰もが，どのような環境にあっても，自分らしく生きていくことができる社会を目指す」ことをビジョンとして掲げ，「ESD（持続可能な開発のための教育）を通じて，地域や社会のための行動を起こすことができる人を育てる」のがミッションである[9]。

TEN 設立のきっかけは，ESD とよなかに参加していた上村有里[10]，小池繁子[11]が行政や多様な市民団体と意見を交換する中で，早急に取り組むべき課題を感じたところにあった。それは，行政にしてもその他市民活動団体にしても，「豊中市を良くしたい」「豊中市を笑顔あふれるまちにしたい」という大きな目標は共通しているにもかかわらず，いざ動こうとすると歯車が噛み合わず不満をため込んでしまいがちだということである。もう一つは，子ども・若者支援のあり方である。国連 ESD の10年は，日本においては子どもの貧困が社会問題として大きく取り上げられるようになった時期と重なっている[12]。豊中市においても，いくつかの市民団体が主に貧困家庭の子どもやひとり親家庭の子の支援の活動を行っていたが，それぞれが横のつながりがない，学校との連携が取れていない，などの問題があった。そこで，前述の２名が中心となり，TEN の設立に至った。設立当初から取り組んできたのが「協働の文化づくり」と「（団体間の）ネットワークづくり」である。

３．TEN による「協働の文化づくり」

TEN が「協働の文化づくり」に取り組む背景には，行政側と市民側の双方に具体的な協働に対する共通理解が必要であった点がある。協働とは何か，何であるべきかをめぐっては様々な議論があるが，広義の定義として示されている「能力や役割が異なる複数の主体が協力して行う営み」が非常に簡潔な説明であろう[13]。複数の主体には都道府県や市町村といった行政，NPO，民間企業やその他の民間団体あるいは個人などがあるが，公 - 民の

協働は実質的には行政とNPO法人・市民活動団体と捉えられる。協働に際しては「相互の尊重」「対等な関係」「自主性・自律性の確保」「透明性」が確保されるべきという理念がほぼ共通として示されているが、協働の形態や取り組み水準には一定のばらつきが存在し、行政職員の「協働」に対する理解の低さを指摘する声もある[14]。その要因の一つとして、行政職員の協働推進意識が高く、NPOの能力に対する理解不足や不信感があまり存在せず、人口数が多い都市部の自治体では、NPOとの協働水準はより高くなる可能性が示唆される、との指摘がある[15]。また、公‐民の協働を進める際の問題点の一つに、行政職員の異動がある。なんらかの取り組みを公民協働で進めていても、行政側の担当者が変わることは良くも悪くも協働のあり方が変わることが余儀なくされる。

公‐民の協働については、上記の「対等な関係」「自主性・自律性の確保」の理念の実現として、市民から行政に対して協働を提案するというルートもある。具体的な方法の一つが協働事業提案制度である。「協働事業提案制度に関する全国自治体調査」を実施した先行研究では、自治体の協働事業を進める上での課題として、行政内部における協働への理解や組織風土の醸成を挙げている[16]。TENの協働に対する問題意識もそこにあった。さらに、複数の市民団体とのつながりにおいて、市民側も協働への理解が不足し、また協働に対する理解を深める機会もないため、公‐民の協働に対して不信感があり、また期待もしていないという状況が見えていた。そこを解消するには協働に関わる人や組織になんらかの共通理解が必要である、ということである。

豊中市でも2004年に市民公益活動推進条例に基づき協働事業市民提案制度が実施されてきた。市民公益活動団体が、地域の課題を解決するために市と一緒に取り組むことで、より効果が高まる事業を市に提案する制度である。TENでは、この協働事業提案制度を利用して、「公」と「民」（協働をしようとするすべての主体を含む）がともに協働に対する具体的なイメージを持てるよう「協働の文化」を豊中市で醸成するということを事業として提案した。提案は成案化され、2018年〜2020年の3か年にわたって、豊中市職員や市民団体等に対するアンケートならびにヒアリング調査を経て[17]、『協働の

ガイドブック「とよなか流協働のコトはじめ―協働を楽しむ・たしなむ」』[18]
を一定の成果物として作成するに至った。

４．子どもの居場所ネットワーク事業による協働

(1) 子どもの居場所ネットワーク事業

　TEN は，協働のあり方をつくりあげながら，主要事業として，子どもの
居場所ネットワークづくりに取り組んできた。2018年10月から2019年３月に
かけて，豊中市では子どもの居場所づくりに関する地域資源調査・研究が行
われた。子どもの居場所の実態や子どもの支援に関わる課題等を整理するこ
とで，子どもの居場所の充実と，今後の施策展開の検討を行うことを目的
に，提案公募型委託制度を活用して豊中市が企画提案を募り，TEN がその
受託団体として豊中市と協働で調査・研究を実施したものである[19]。この調
査の目的は前述のとおり，施策展開の検討であって，子どもの居場所を作る
ことではない。アンケート調査，ヒアリング調査，またその分析の過程で，
豊中市としての展開につながるヒントとなる課題としては，子どものプライ
バシーを守るという観点から情報の共有や人的資源の安定的確保が困難であ
ること，学校を含めた多くの団体がゆるやかな関係性を維持しながらも相互
に連携しながらその活動を行なっているわけではないこと，などが挙げられ
ている。子どもの生活状況のなかでも，生活の困窮や家庭関係の難しさは極
めて慎重な扱いを必要とする。したがって，子どもの専門機関としての学校
と，それを支える地域活動の間に，ある程度の情報を共有するような市域全
体での「ささえる場同士の連携」が望ましい，と考察されている[20]
　調査結果を受け，豊中市では2020年より「豊中のまち全体が子どもの居場
所になる」まちづくりを推進するため，子ども食堂や無料・低額の学習支援
等の地域の多様な子どもの居場所や担い手の支援を行うことにより，子ども
の居場所の発掘・充実と，学校を核としたセーフティネット体制の充実をめ
ざす子どもの居場所ネットワーク事業を展開している。主な事業内容として
は，情報の提供・共有としてポータルサイトの運営，市域会議・圏域交流会

の開催，物資・資金の寄付の調整，支援者の人材育成として居場所ボランティア講座の開催，研修や相談に関わるサポーターの派遣，そして居場所の立ち上げ・運営支援である。

　子どもの居場所は，1980年代以降に不登校問題が社会的に語られるようになり注目されるようになった。その後，市民やNPOなどがフリースクールやフリースペースなどの居場所をつくり，現在では，こども家庭庁が政府の取り組みを中心的に担っている。また2012年ごろからは保護者の就労等により，家庭において保護者らとともに食事を摂ることができない子ども等を参加のターゲットとして「子ども食堂」が各地で広がっていった[21]。不登校やひきこもり，貧困など，明確な課題を抱える子どもを対象にして居場所や子ども食堂は進められてきたが，「居場所」は明らかな困難さに直面していないようにみえる子どもにとっても必要があり，「居場所」の充実が急がれる。しかしながら，行政なりNPOが空間と人材を確保して居場所として提供すれば，そこが自動的に居場所として機能するわけではない。地域ごとの課題を明確にする，そこに関わる人が必要とする支援を行うなど，事前の調査と継続的な支援のあり方を検討する必要がある。

⑵ 協働推進における中間支援の役割

　協働推進をする中間支援の役割には大きく3点ある。第一に協働のハードルを下げる点である。行政にも市民にもある，協働の意味を知らないがゆえの抵抗感を払拭する必要がある。そのために，共通のマニュアルを作成し，NPOなどの市民団体からみた協働と，行政からみた協働のギャップを埋めた。それは，対立から合意形成をスムーズに行えるようにすることで，本来の共通の目標達成により早く取り組むことに寄与するものであった。第二に担い手の裾野を広げる点である。行政という組織の制約において，事業を委託する，協働する，などの際に，様々な手続きを必要とし，かつ時間がかかる。また，そのような手続きがあるため，行政側からすると協働の相手は事業の過程においてむやみに増やすことができない。しかしながら，NPOは事業の過程にあっても学校，市民団体，地縁組織，保護者，子ども自身など

を巻き込んでいくことができる。また地域のキーパーソンは重要であるが，キーパーソンに依存しないネットワークづくりも重要となる。第三に，行政と学校との情報共有である。居場所は学校・家庭以外のサードプレイスとしての存在価値が指摘されているが，空間としては独立していたとしても，関係者のネットワークは必要だ。そのネットワーク自体が，子どもにとってのセーフティネットとなる。また，行政側から個別のケースに対しては何らかのかたちで把握できれば対応が可能となるが，地域でのネットワークがあることによって，より必要な支援や適切な情報提供が可能になる。子どものセーフティネットづくりのためには，学校，地域，行政をつなぐことが求められる。

5．SDGs に取り組む地域づくりの協働を再考する

　豊中市は2020年度に「SDGs 未来都市」に選定され，現在策定計画に沿った取り組みが実施されている。『豊中市 第2期 SDGs 未来都市計画（2023〜2025)』でも ESD リソースセンターWEB による情報提供，ESD とよなか連絡会議の取組みやとよなか ESD ネットワークとの連携について紹介されているが，豊中市の方針は残念ながら ESD の蓄積を元にしながら SDGs へと，連続性をもって展開してきたわけではない。TEN が市とともに協働の理念をつくりあげてきた成果が，SDGs 施策に活かされているとはいえない状況である。

　自治体としては多様な人々や社会の変化に対し，市民の興味関心を得るのに効果が期待できる SDGs を掲げ，民間企業との連携などの新たな取り組みを進めてはいる。しかし，TEN のような ESD の理念に基づいた活動は，SDGs 未来都市計画でもステークホルダーとして推進体制の「一端を担う存在」ではあっても，SDGs 施策推進への協働主体として認められるには至らない。これは，ESD と SDGs の政策事業展開の方向性が別文脈にあることも意味しており，結果的に現時点では，政策が持続可能な開発に向かう公−民の協働展開でされているとはいえないのである。SDGs はよりよい社会を目指すための公−民の共通の目標となり得るが，目標達成のための役割や実

現可能な取り組みについてそれぞれが協働のあり方や方法を再確認することが重要である。SDGsが政策シンボルとして特別な文脈で掲げられて展開されるのではなく，持続可能な開発に向かうあらゆる地域活動を包括的に後押しするものであるべきだろう。そして「民」の活動を担うNPO法人は，行政とパートナーシップを結ぶ対等な関係が可能な社会サービスの主体であり，行政に支援される側から行政や市民に対して提案できる存在になるに至ったが，政策推進の対等な関係の中で発言権を得続けるためには地道な活動による信頼を互いに蓄積し，協働を構築する他に方法はないと考えている。

　TENとしては，「協働の文化」が単なる3年間の事業として終わることなく，行政と市民の双方に根付き，さらに醸成されていくことがESDの実現そのものだと考えている。そして未来を担う子どもに関わる事業や，そのほかのSDGsの達成に向けた取り組みにおいて，TENに限らず様々な団体や個人それぞれが社会を変えていく主体として行政とともに活動できるようになることを追求していきたい。

【注】

1 ）Sachs, J. D, Lafortune, G, Kroll, C, Fuller. G and Woelm, F, *Sustainable Development Report 2022: From Crisis to Sustainable Development*, Cambridge University Press, 2022.
2 ）阿部治「持続可能な開発のための教育」（ESD）の現状と課題」『環境教育』19巻（2），21-30，2009年.
3 ）森実「ESDの視点を人権啓発に─学力・人権のための学校・家庭・地域の協働」『部落解放』578号，221-223，2007年.
4 ）松波めぐみ「「障害者問題を扱う人権啓発」再考─「個人 - 社会モデル」「障害者役割」を手がかりとして─」『部落解放研究』151号，45-59，2003年.
5 ）豊中市立図書館『豊中市の図書館活動　令和2年度（2020年度）版　統計・資料編』.
6 ）豊中市『未来につなぐみんなのチャレンジ（豊中のESD10年のまとめ)』2015年.
7 ）豊中市『豊中市南部地域活性化構想』2018年.
8 ）豊中市HPで公表されている「地域包括支援センター外部評価結果について」より，庄内地域包括支援センターの評価結果の概要を参照。2015年に実施された第1回の外部

評価から同様の記述があり，また平成30年度実施の第3回外部評価の概要では「生活保護受給率も高く，市平均2.6％に対して，庄内は7.1％と3倍近くになっている。」とのことから，豊中市において南部と北部での経済格差は明らかである。

9）NPO法人とよなかESDネットワークHP，http://ten.or.jp/，2023.5.3.

10）当時「赤ちゃんからのESD」代表として参加。現在，TEN事務局長，豊中市市民公益活動支援センターセンター長。

11）当時「しょうないREK」代表として参加。現在，TEN副理事長。

12）田中秀和・塩原達矢・金子充「子どもの貧困という問題の意味と学習支援の意義」『立正社会福祉研究』第20巻，23-35，2019年。子どもの貧困は2009年に貧困率のデータが公表されたことがきっかけであるという説が一般的だが，田中，塩原，金子によると，貧困研究自体は古くからあったが「その後，『子どもの貧困』が社会の『問題』として認知されるようになったきっかけとして，『格差社会』論が与えた影響は大きい」（p.24.）としている。具体的には2000年前後から注目された「格差社会」論，ならびに「2007（平成19）年に発足した『反貧困ネットワーク』は，貧困の可視化と改善，解決のための社会活動をおこなった」（p.24.）と指摘している。

13）坂本治也「NPO─行政間の協働の規定要因分析─市区町村データからの検討─」『年報政治学』63（2），202-223，2012年.

14）金谷信子「"協働"の再考：ローカルガバナンスにおけるNPOと地縁団体」『広島国際研究』17巻，39-53，2011年.

15）坂本治也，前掲，p.218.

16）佐藤徹「自治体の協働事業提案制度」『地域政策研究』第15巻第4号17-38，2013年

17）特定非営利活動法人とよなかESDネットワーク・豊中市『豊中市における「協働の文化」づくり事業報告書』2021年.

18）豊中市HP，https://www.city.toyonaka.osaka.jp/machi/npo/katudo/kyodojigyo/ugoki/kyodo_bunka.files/toyonaka_kyodo_web2020.pdf，2023.5.3.

19）特定非営利活動法人とよなかESDネットワーク・豊中市『子どもの居場所づくりに関する地域資源調査・研究業務報告書』2019年.

20）同上，pp.49-50.

21）吉田祐一郎「子ども食堂活動の意味と構成要素の検討に向けた一考察─地域における子どもを主体とした居場所づくりに向けて─」四天王寺大学紀要第62号，355-368，2016年.

第Ⅳ部

SDGs から見る
社会教育実践の可能性

SDGs学習実践を構成する要素の検討

―「DEARカレッジ　SDGs学習のつくり方」講座分析を通して―

開発教育協会内「SDGsと開発教育研究会」

1．はじめに

　「2030アジェンダ」の国連採択を契機に，教育現場ではSDGsに関する実践の推進機運が高まっている。しかし，それは新たな教育実践分野というわけではない。開発教育や環境教育，ESDは，持続可能な開発に関する教育に取り組んできた内容と実践の蓄積がある。それぞれのテーマがSDGsという総合的な目標のもとに包括化され，また教育領域のみならない用語の広がりを得ながら実践推進の運動を生成しているといえる。本稿では，40年に渡る日本での開発教育実践の実績があるNGOによる，SDGs学習に関する教育者向け講座の分析を通し，SDGs学習実践の内容として必要不可欠となる要素を示す。講座の各回の詳細は紙幅の都合から割愛し，第7回「SDGs学習のつくり方」を中心として，実践記録資料をもとに準備過程やコンセプトの生成，参加者の感想やその対応を報告する。

2．「SDGs学習のつくりかた」ハンドブックと「DEARカレッジ」

　認定NPO法人開発教育協会は，1982年の設立から開発問題に取り組む教育の内容と方法の研究実践を蓄積する全国の実践者ネットワーク団体である。いわば既にSDGsに関する学習に取り組んできているため，SDGs制定

によって大きな活動の変化がもたらされるわけではないが，「SDGs に関する」という文脈に合わせた実践提起の方法を模索してきた。

　ボランティアによる研究会として団体内に「SDGs と開発教育研究会」が立ち上げられ，開発教育と SDGs 教育とは何が違うのか違わないのか，という点から実践検討が進められてきた。その中で，「SDGs 学習」として取り組みたいと考える教育実践者の道標となるようなハンドブックの作成が企画され，2021年に『SDGs 学習のつくりかた―開発教育実践ハンドブックⅡ』が発行された[1]。そのコンセプトは SDGs のゴール学習に留まるのではなく，そもそも SDGs が記載されている「2030アジェンダ」全体の内容や理念の反映であった。

　理論編では，SDGs の理念や内容と教育の課題，カリキュラムづくり，ファシリテーション，評価の観点をまとめ，SDGs に解決すべき地球的課題が全て網羅されているわけではなく，むしろ不十分である死角を乗り越える問題提起がされている。カリキュラム編においては，SDGs とは異なる17の開発問題に関する横断的テーマが設定されている。既刊の開発教育教材をそれらのテーマに応じて活用する方法と新たなアクティビティに合わせ「学習のポイント」「SDGs との関連」を示している。

　しかし，この刊行だけで団体が推進する SDGs 学習実践づくりに十分に寄与できないと研究会で議論され，このハンドブックを用いながら講座の企画運営をするに至った。ハンドブックの17のテーマの中から，緊急的課題として，気候変動，ジェンダー，平和（及び核），ジェンダー（及びセクシュアリティ），貧困・格差，多文化共生を選定し，第1回には SDGs を包括する課題提起，最終回には，SDGs 学習の具体的なつくり方を知りたいというニーズの高さが予想されたので，「SDGs 学習のつくりかた」という回を設けた。講座の名称は，「DEAR カレッジ～SDGs 学習のつくりかた（テーマ編）」（以下，カレッジもしくは DEAR カレッジ）とした。

3．DEAR カレッジの概要

⑴ 講座の目的と概要

　講座のどのテーマからも SDGs が目指す持続可能な社会づくりに必要な概念が深く理解され，新たな視点や気づきが生成されることと，参加者自らの学習づくりにつながることを目指した。そして，参加者が取り組む実践が SDGs の普及や，あらかじめ設定された「課題解決アクション」の実施に留まらない，深く展開する契機となる学びづくりを目指した。各回の講師は，それに資するよう，各テーマに理論的かつ実践的に取り組む専門家を時間をかけて選定し依頼した。

　カレッジ 1 期と 2 期とでは，枠組みやテーマの内容に大きな変更点はなかった。しかし講師の人選に関しては，1 期の参加者が 2 期も受講したいという希望もあったため，一部を除いて新たな講師を招いた。また同じ講師でも，1 期と内容を変えてもらった場合もあった。

　各回の流れは，講義の前に例えば「核兵器があることで平和につながる，核兵器があることで戦争につながる，のどちらに自分の感覚は近いか」「気候変動が進むと私たちの生活は①よくなる②大変になる③変わらない，のどれだと思うか」「日常的に感じる制度の壁や心の壁は何か，なぜその壁を越えることができないのか」などの問いをたててグループディスカッションを行う時間をとり，講義の後にも内容を踏まえた問いを立ててグループディスカッションをしてもらった。そして最後にハンドブックに記載されている SDGs 学習のポイントを解説するという形式とした。講義前後の問いづくりはメンバーで丁寧に吟味し，テーマに関する価値観に揺さぶりをかける内容とした。そこからのディスカッションを通して参加者が講師の話を教育実践や日常生活につなげ，視点や思考の枠を広げるきっかけにしようとした。

　カレッジの運営は，研究会メンバー 7 名[2]，ボランティアインターン 3 名（1 期は 2 名），計10名の運営スタッフ体制で実施した。1 期のグループディスカッションでの進行に，運営スタッフが入った方がスムーズだという感想

が多かったため，2期では運営スタッフがファシリテーターを務めた。その
ため2期ではグループディスカッションがスムーズだったという意見が多
かった。講師の一覧と参加者の属性の内訳は表1と表2を参照されたい。

表1　第1期，第2期の講師一覧

テーマ	第1期講師	第2期講師
公正・共生・循環（総論）	【第1回】田中治彦 （DEAR 理事／上智大学）	【第1回】同左
気候変動とエネルギー	【第2回】高橋英恵 （国際環境 NGO　FoE Japan）	【第3回】平田仁子 （Climate Integrate 代表理事）
貧困・格差	【第3回】湯本浩之 （DEAR 代表理事／宇都宮大学）	【第5回】井手英策（慶應義塾大学）
多文化共生	【第4回】孫美幸（文教大学）	【第6回】同左
ジェンダー（第2期　ジェンダーとセクシュアリティ）	【第5回】三輪敦子 （一般財団法人アジア・太平洋人権情報センター）	【第4回】村瀬幸浩 （日本思春期学会名誉会員／一橋大学元講師）
平和（第2期　平和・核）	【第6回】上村英明（恵泉女学園大学）	【第2回】川崎哲（ピースボート共同代表／核兵器廃絶国際キャンペーンICAN 国際運営委員）
SDGs 学習のつくりかた	【第7回】近藤牧子 （DEAR 副代表理事／早稲田大学）	【第7回】同左

※1）2021年6月4日〜7月16日　全7回　平日木曜日・金曜日　19時〜21時，参加者49名
※2）2022年6月3日〜7月22日　全7回　平日木曜日・金曜日　19時30分〜21時30分　参加者33名

表2　参加者の属性

属性	1期	2期
小学校教員	6	5
中学教員	2	2
高校教員	7	3
中・高教員	6	3
大学教員	7	－
青少年活動団体	－	1
自治体・官公庁	3	1
JICA	－	2
企業・会社員	2	2
NPO・NGO・市民団体	8	6
学生・研究者	1	4
個人	2	2
その他	5	2

⑵ 各回のテーマに対する従来の自己の認識に関する感想

　講座全体の詳細を記す紙幅がないが，各回の内容のポイントを参加者の学びの様相をもとに記すために，感想の中から，従来の価値観や考え方に対する自己認識と気づきが明確に示されているものの抜粋を表3に記す。

表3　各回の感想一部のまとめ

【公正・共生・循環】 ・3つのキーワードのイメージを共有したときに，自分の言葉で表現することができず，どこか借り物の言葉を当てはめようとしている自分がいることを確認しました。 ・公正・共生・循環の関係性を考え，それらの3つの視点からSDGsのテーマや生活を考えてみることを普段あまりしていなかったと感じました。
【気候変動】 ・こまめに電気を消そうみたいな指導ばかりをしてしまっていて，問題の本質にアプローチできていないと反省しました。どの学習をするにしても，問題の本質を教師がまず捉えることも大切だな，と考えました。 ・政治やマスコミ，画一的な情報に，思い込んでいる，惑わされている自分がいるなと思った。再生可能エネルギーについては平田さんが提示するような思い込みは自分にあるなと思う。 ・社会構造を変えるためには，市民の活動や訴えが必要なのは十分理解しているつもりでも，なかなか行動できない自分にモヤモヤしたこと。
【多文化共生】 ・自分の日常にあるものがどれだけ見えてないかを考えさせられた。 ・説得力があり「同情」のような感情が湧くものの，自分事になかなかならず，じゃあ明日からこれをやってみよう！と行動に移そうというマインドになれなかったのはなぜだろう。日々，たくさんのニュースやメルマガ，クラウドファンディングなどで，「これは動かなくては」と思うものと「大変だなあ，気の毒だなあ」で終わってしまうものの違いは，どんな伝え方の差があるのだろうと考えている。
【貧困・格差】 ・貧困がなかなか自分ごとにならない。 ・弱者救済や格差是正，減税など，ただ何となく共感をもっていたところがあったが，その認識の甘さに気づき，一つの立場に固執するのではなく，常に多様な立場で見なければならないと感じた。
【ジェンダー／セクシュアリティ】 ・自分にバイアスがかかりすぎているためか，どこが問題であるのか，なぜか，そのバイアスをとるにはどうしたらいいのかとこれまでの回での「無知」とは違うわからなさ，疑問が生じたように思う。 ・日本のジェンダーギャップ指数の状況の背景に性教育の遅れがあるという，よく考えたら当たり前すぎる話に「ハッ」とした自分に気付きました。これは，自分自身が受けてきた性教育がやはり全てで，恐ろしいくらい感覚的にしみついてしまっていることの表れです。そのことに気付かないまま生きてくる中で，色々な怒りや疑問が解消されないまま蓄積されてきたことに気付きました。

4．第7回「SDGs学習のつくりかた」のコンセプトと参加者の議論

　カレッジ全7回のうち，最終回にあたる第7回は総括および学習づくりに
つなげるまとめの回として位置づけた。個別のテーマ理解を深めた上で，多
様な意見から議論を生成するSDGs学習について参加者とともに議論した。
　最初に「2030アジェンダ」解題を行い，第1回から6回までの振り返りを
したうえで印象に残った回の感想共有をし，各テーマで見えてきた課題の分
析と議論生成のための論点分析を行い，最後にSDGs学習としてやってみた
いことの共有と全体振り返りを行なった。

⑴「2030アジェンダ」を読む

　SDGsを掲げる講座には，SDGsの各目標を焦点化しつつ，その目標と
ターゲットの背景や意義を正しく理解するというよりは，関連しそうな課題
の達成や解決に向けて「すぐにできるアクション」を設定し，推進する趣旨
のものが多くみられる。しかし，前提となる地球的課題の背景やSDGsの理
念が共有されることなく目標を焦点化すると，課題の包括性や構造性と
SDGs制定の意義が活用されず，SDGsが単なるシンボルとして利用される
にすぎない状況となる。また，設定されたアクションが唯一の解決方法でも
ない。よって，学習者が自らの関わり方を導き出すためにも目指されている
世界像や理念から学ぶことが重要となる。そこでSDGsの根拠である「2030
アジェンダ」を改めて読み，参加者個人個人が大事だと思ったポイントや考
えていきたい課題，テーマを確認するワークを行なった。

アジェンダの前文では，「より大きな自由における普遍的な平和の強化」と「極端な貧困を含む，あらゆる形態と側面の貧困を撲滅することが最大の地球規模の課題」など取り組みの大前提が記載されており，宣言では「3. 取り組むべき課題」に「人権とジェンダー」「地球と天然資源の保護」が，「4，誰一人取り残さない」では「最も遅れているところに第一に手を伸ばす」とされている。最後に「実施手段とグローバル・パートナーシップ」という実施手段が提示されていることも注目すべき点である。

　参加者は事前に宿題としてアジェンダを読み，「大事な言葉・部分」「一番響いた」「自分でもっと考えたい」「マイテーマ」などのキーワードに印をつけて持ち寄りグループで共有，議論を行なった。参加者から出された意見の一部が以下である。

・最初の部分にアジェンダの基本的な考え方がちゃんと網羅されていて一番大事なところなのかなと思いました。個別の目標というよりは，そういう全体的な方向性が非常に大事かなと思いました。

・15の「チャンス」というところを選んだ。社会科の教員をしているが，SDGsが好きというと語弊があるが，関心を持つ生徒も一定数いる。そのなかで，どうせ達成できないんじゃないのみたいなことを言う生徒はいる。国連憲章の前文を生徒に読ませて感想を言わせたときに，「これ1945年にできた文章なのに，世界って全然変わってないね」という話をした生徒がいて，それはSDGsの目標に結びつくことなのかなと思った。

・「人権とジェンダー」が最初に出てきており，このテーマに取り組むことで他の課題も解決されるというところが印象に残った。

・アジェンダには，合意されずに載らなかったものもあると聞き，"誰も取り残されない"を問い続ける必要があると思った。

　すでに取り組んでいる課題や関心事や深めていきたい学習の課題をアジェンダの理念とつなげて考えたり把握したりすることで，参加者がさらなるSDGs学習の実践と展開をしていく際の軸となることが期待された。

⑵ 多様な意見を出し合い議論をつくる学習

　研究会では，SDGs 達成を阻んでいるのは，これら目標に対する個別具体レベルでの結果的な不合意や目標相互のトレードオフ性であり，まずは SDGs の方向性とは異なる意見や SDGs で「是」とされている点の論理的吟味が学習の発展の契機となるという試論を立てた。そしてまずは「是」を前提とし過ぎない忌憚のない多様な意見を引き出すために，実践者が多様な意見を受け止められるよう準備をする目的で，SDGs の方向性とは異なる意見の背景分析を行なった。このワークを実施する上では，答えありきの予定調和や同調圧力による押し付けられた教育にならない，あるいは形式だけの参加型学習にならないために，議論を尽くすことの重要性の認識を意図した。その意味で，SDGs 学習を進めていくには学力観の転換や学校教育のあり方の問い直しが求められることも研究会内で改めて確認された。

　各回のテーマで講師から持続可能な社会の実現に向けて提示された論点の志向とは異なり，課題解決の方向性に対して消極的な考え方，あるいは反対方向の意見が実際にある。それらが「良いか，悪いか」「正しいか，正しくないか」ではなく，どのような考えに基づいて発せられるのかを分析し，「学習を深める対応」のアイディアを出し合うワークを実施した。深める問いやアサーティブな反論的提案を考える練習でもあった。前述した課題解決の方向性に対して消極的，あるいは反対方向の意見をテーマごとに想定し，その背景にある考え方を分析し学習を深めるために運営側が提示した意見，その分析例，さらに分析から学習を深める問いや応答を考えるワーク例を表4にまとめた。参加者の振り返りは次の通りである。

・なぜそう思うのか？というのが学校現場に足りているのか。
・多様な考え，意見，視点が大切なのは頭では理解しているが，それが人権侵害やヘイトにつながる意見だったときに自分が冷静客観的に（感情的にならずに）受け止め，そこから建設的な議論につなげることができるか自信がない。
・一教員としては，解を与える教育だけを志向しがちですが，本音が出て議

表4　提示した反対方向の意見とそれらの背景分析例

提示した反対方向の意見	分析例（抜粋）A 気候変動と B 貧困・格差	学習を深める問い・応答（抜粋）A 気候変動と B 貧困・格差
A 気候変動 ①地球温暖化を止めるために経済が停滞したらどうするのか ②今の生活を変えるなんて現実的でない （その他提示した反対方向の意見） ③気候が変わって生活が大変なら各地へ移住すれば良い ④今から再生可能エネルギーにシフトしても「2030年までに気温上昇1.5℃以内」は間に合わない B 貧困・格差 ①受験にはじまり資本主義の競争社会は変えられない ②いい暮らしや社会の発展は仕方ないのだから、格差は仕方がない （その他提示した反対方向の意見） ③貧困は自己責任だと思う ④経済が困れば貧しい人の生活に恩恵がいくので、経済政策を優先すべき	A 気候変動 ①の背景分析 ・石炭火力発電が止まると電気が回らないという事実があると考えている ・経済成長を止めると貧困に陥ってしまう ・コロナで停滞している経済にさらに停滞をかける ・経済主義上義からの発音・資本主義が前提にある ②の背景分析 ・今の経済、これまでの生活や社会を変えたくない B 貧困・格差 ①の背景分析 ・「勝ち組を作る」「エリートを作る」という合意がある ・世界で勝てる人を作る必要がある ・競争が発展を促すことを信じている ②の背景分析 ・できる人は勝ち組になって当たり前 ・ものごとが多様でない ・努力しなきゃいけない（昭和的な価値観） ・努力しない人はあかん（根性論） ・社会の価値観は変化しているが、教育がまだ昔の価値観のま ・格差は仕方がない ・努力の結果よくなったという実感がある ・自分が苦労して成功した ・日本のように頑張れば先進国のようになれる ・たまたま成功しやすい環境にいる	A 気候変動 ・地球温暖化を止めると本当に経済は停滞するのか？ ・経済の停滞にはどこまで耐えられるのだろうか？ ・人間の幸せにとってなんだろうか？ ・大部分の経済発展を持続するために、地方都市の経済を停滞させる可能性はないか ・エネルギー源の転換を行う場合に雇用問題（作業員の失職の問題）について、しっかり検討するべき ・グリーンエネルギーに求められる技術の開発 B 貧困・格差 ・メディアによる消費の促進に対して一般市民はどうすればいいのか ・競争・マーケットが決まるからといって何をやってもいいのか？ ・学習を深める対応 ・努力は発展ではない。いろいろな要素があっていい暮らし、社会の発展とは何だろう？ ・途上国の人たちが頑張って生活している事例を伝える ・構造的な問題を伝える ・格差によって分断されている人の現状を知る

（その他テーマの提示した反対方向の意見）
C 多文化共生　①ここは日本なんだから日本の文化やマナー・ルールに従うべきだ。②国籍がないなら仕方がない。③嫌なら帰ればいいのではないか
D ジェンダー　①社会は男女の役割分担で秩序が成り立っている。②伝統的な家族観が崩れると少子化が進む。③性に関心をもつと大変だから教育で扱わない方がいい
E 平和　①政府を批判することは〔反旦的〕なこと。②今、落ち着いているのだから、昔のこと（歴史）はもう知らなくていい。③政府を批判することは反旦的ではないか。④検や軍備は、他国が配備している以上はこちらも備えて自衛しなければはならない。⑤平和を唱えている人は、理想ばっかり言っている

論が活発になるような問いをいかに工夫するかが大切だと実感しました。

・SDGs に否定的な意見を持つ人に対して，対話をしながら，その人の考え方が変化していくプロセスには，根気がいるのかなと思った。誰一人取り残さない方法にはいろいろあるなと思った。

・多面的にものをみるための相当な知識や教養が試されると思った。教える側に相当の学びが必要だと思う。（中略）わからないことはわからない，いっしょに考えるという姿勢で取り組んでいくことが必要かと思った。

特に教員の参加者からは「時間が足りなくて議論を切り捨ててしまっている」など「時間が足りない」というコメントが多かった。一方で，「参加型学習として多様な意見を引き出す学習をやりたい」「知識から始めず問いから授業を始めたい」という「願い」も聞こえた。「SDGs そのものを批判的にみる視点があることに気づいた」という感想は，SDGs を無条件に「是」としていたことへの気づきである。最後の「SDGs 学習づくりとしてやってみたいこと」への参加者のコメントは以下である。

・きれいごとから一歩先をいく。答えをすぐに出さないできくこと。学びの視点から世の中を見直していくこと。

・本時でイメージしきれなかった「学習を深める対応」を自分なりに色々と作っていけたら良いなと思いました。

・とにかく「話し合う場作り」がしたい。純粋にいろんな意見が聞きたいし，日常的に出会う「自分とは違う考え」に対応するのが苦手だと感じているので，そこを克服したい。異なる意見も否定されない，安心して議論できる場が，まちや社会を変える力になりそうだと思うから。

・生身の人間や地球のいろんな生物の問題であることを実感しながら学ぶ。

・学校だけで取り組むのではなく，地域と繋がること。

・平和，公正な社会とはどんな社会？実現するにはどうすればいいか？を考えていきたい。

当たり前の概念を揺さぶられる経験，価値観を問い直される経験は，変革

に向かう SDGs 学習において重要な要素であり，視野の広がりや新たな価値の獲得という変容につながる大切な学びである。大人になると，さまざまな経験則から自分の思っていることが正しいと思う，あるいは思いたいということが多い。SDGs 学習で問われるのは思い込みや自分の価値観を問い直し，異なる他者との対話や議論を開くことであるため，その分，SDGs 学習を実践すること自体のしんどさを教育実践者自身が引き受けていかなければならないところがある。一方で，学習者に対する根本からの問いかけはそもそも教育の基本でもあり，SDGs 学習のあり方を考えることは，教育の根本を問うことになるのである。

５．まとめ―SDGs 学習づくりに求められる要素

　以上の「DEAR カレッジ」の実践と参加者の学習観点から得られる SDGs 学習実践として学習内容に必要不可欠となる要素をまとめる。

　まず一つ目に，「2030アジェンダ」の理念理解である。SDGs はアジェンダを実行するための目標に過ぎない。個別のゴールは達成評価指標の具体として非常に重要ではあるが，地球的課題の現状から包括的に何を目指した目標なのかの理解は学習前提として不可欠である。4⑴にて詳説した通り，アジェンダ本文を学習において活用することが重要である。

　二つ目に個別課題の具体性ある学びである。貧困，気候変動，ジェンダー平等には，様々な切り口や立場がある。概要的な課題理解ではなく，視点や立場を定めて丁寧に背景と現状を学ぶことは課題の相互の関連性含めた SDGs 全体の学びに繋がる。なぜなら一つ一つの目標にある課題は，単独で発生しているのではなく，相互に関連しているためである。現場で扱いたい個別課題をシンボルとしての目標に関連づけるだけではなく，その目標設定が必要となった現状と設定されたターゲットの意味を十分に結び付ける必要がある。

　三つ目に，個別課題における論点形成のための分析検証と議論生成である。開発教育が長く取り組んできたのは「結論ありきではない教育」である。教育における重要な役割は，SDGs が正しいと教えるのではなく，学習

者がSDGsの志向に対する自らの意見や自らの参加を構築して実施することである。自らの意見を持つため，現状が志向する社会に至らない理由や論点の分析検証はSDGs学習目的の主軸となり得る。そしてその分析検証には議論が伴う。他者との意見の共通と相違を明らかにする対話に留まらず，発展的な論点形成を相互に行う議論により，意見の正当性を問い問われ，変容させたり強化させたりすることが学習として成り立つ。SDGsを達成した方が良いことに異論はないのに，なぜ施策が進まないのか，人々に合意されないのか，という点の思考こそが，SDGs学習の意義である。それは教師や実践側の学びにも共通し，「SDGsへの反対的意見」を無意識に排除している可能性と向き合わなければならない。

　本稿では，参加者の学びの内容を十分に記載することができなかったが，各テーマに対する自らの認識度合いや当事者性を自覚しつつ，本講座での体験した学習づくりを自らも実施したいという感想が少なからず得られた。一方で，丁寧なテーマの追求や議論の重要性を実感するものの，学校教育や各種講座でその時間が十分に確保できない悩みが多々語られた。そもそも教育カリキュラムの設計や教育観そのものが変革しない限り，そうした学習実践の形成は困難であり，教育実践設計そのものの変革が問われる。

【注】
1）『わくわく開発教育―参加型学習へのヒント』（1999）及び『いきいき開発教育―総合学習に向けたカリキュラムと教材』（2000）の合本版として『参加型学習で世界を感じる　開発教育実践ハンドブック』が2003年に発行されておりその続編と位置付けた。2000年前後の当時は学習指導要領に「総合的な学習の時間」が設けられた時期であり，その文脈に乗せた実践推進の提起であった。
2）伊藤容子（DEAR事務局），上條直美（DEAR理事），近藤牧子（大学講師），田中治彦（上智大学），中村絵乃（DEAR事務局），松倉紗野香（中学校教員），本山明（法政大学非常勤講師）※肩書は当時

付記：本稿は「SDGsと開発教育研究会」を代表して1節，2節，3節(2)，5節を近藤牧子，3節(1)，4節を上條直美が執筆した。

SDGs についてのキャンペーンへの参加を通じた子ども・若者の学習の構造

三宅　隆史

１．キャンペーンとは何か

　本稿の目的は，ノンフォーマル教育としての NGO/NPO によるキャンペーンの学習効果と組織化の構造を明らかにすることである。もって，NGO/NPO によるキャンペーンは SDGs 達成に寄与するノンフォーマル教育活動であることを示す。本稿で扱うキャンペーンは，NGO/NPO による募金や広報活動，あるいは企業による販売促進のためのキャンペーンではなく，「特定の社会課題について関心を持たなかった人びと（子どもや若者を含む）が関心を持ち，行動するようになるための意識啓発および世論喚起のプロセス」と定義する。世界の NGO は1990年代以降，貧困，債務，地雷，気候変動，児童労働，識字などの地球規模課題の解決を目指して，キャンペーンを行なってきた。

　日本で最も有名になった国際協力関連のキャンペーンは，2005年の英国のグレンイーグルスで開かれた G8サミットの際に実施された Make Poverty History（貧困を過去のものにする）キャンペーンであろう。アフリカの飢餓を救うための寄付を募るために1985年に開かれた Live Aid とは異なり，2005年の Make Poverty History キャンペーンでは「慈善から公正へ」という理念の基に，ホワイトバンドの売上やコンサートの収益を通じた調達された資金が，飢餓救済事業ではなく，飢餓をもたらしている構造的要因，すな

わち途上国にとって不利な貿易ルール，途上国に課せられた膨大な債務，量が少なく質の悪い政府開発援助（ODA）を改善するための調査研究や政策提言，キャンペーンに使われた。日本でも「ほっとけない世界のまずしさ」[1]という名称で実施され，著名なスポーツ選手や歌手がホワイトバンドを身に着けることを市民に呼びかけたり，3秒に1人が飢餓のために亡くなっていることを訴える動画に参加したりした。

図1に示すように，市民に対する意識啓発であるキャンペーンと政策決定者に対する働きかけを意味するロビイングは車の両輪のようなものである。キャンペーンによって課題に関心を持ち，行動する人が増加するにつれて，ロビイングのターゲットである政策決定者（政府や国会）は，市民社会組織の要求を無視することはできなくなる。

筆者はNGO/NPOによるキャンペーンは「学校教育の枠組みの外で，特定の集団に対して一定の様式の学習を用意する，組織化され，体系化された教育活動」と定義されるノンフォーマル教育（非定型的教育）[2]としての機能と効果を有すると認識する。本稿では，事例として，「SDG4教育キャンペーン」というSDG4（教育目標）についてのキャンペーンを分析する。

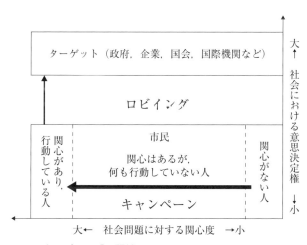

図1　キャンペーンとロビイングの関係

出所：A SEED JAPAN・POWER『NGO運営の基礎知識―市民活動のための実践ガイドブック』アルク，1998年，p.79を参考に筆者作成。

本稿は以下で構成される。2節で事例の概要を紹介し，3節でキャンペーンの学習効果を分析する。そして4節でまとめとしてキャンペーンを通じた学習の組織化の構造と今後の研究課題を述べる。

2．事例：SDG4教育キャンペーンの概要と学習支援

すべての人に教育の権利を保障することを目指す Education for All 運動のための政策提言およびキャンペーンを使命とする「教育協力NGOネットワーク」（JNNE）[3]は，途上国の教育課題と日本の教育援助の改善についての世論を喚起するためのキャンペーンを2003年から毎年4月から概ね7月頃まで実施し，2020年までの17年間で延べ58万人以上が参加した。2008年から2019年までは「世界一大きな授業」[4]を，2020年から2022年には「SDG4教育キャンペーン」を実施した[5]。キャンペーンの目的，スローガン，方法，学習・啓発プログラムは，キャンペーン毎に異なる。参加者数を増やすことが，政策決定者への影響を与える重要な要素であることから，独創的，革新的な参加方法を生み出すために，毎年，キャンペーン実行委員会で知恵を絞り，意見を出しあう努力を重ねている[6]。

「SDG4教育キャンペーン」の特徴は，スローガンである「SDGsのゴール4教育目標を達成するための声を国会議員と日本政府に届けよう」が示すように，直接的なターゲットを政党および国会議員としていることである。2022年のキャンペーンの流れを以下に示す。

① SDG4の国内および国際課題を解決するための政策について各政党にアンケートを送る。質問は表1に示す6問で，8政党から回答を得た[7]。回答は主にSDGsや教育，外交政策を担当する政務担当スタッフが記入している。SDGsの普遍主義に基づき，最初の三つが教育の国内課題，後半の三つが国際課題に関する質問となっている。

② アンケートへの回答を政党名を伏せてキャンペーンのホームページで公開し，市民・若者に支持する回答に個人でオンライン投票してもらう。加えて，学校であるいは青少年団体が授業を行い，子どもや若者に投票してもらう。2022年度は4,383件の投票があり，参加者の54％は10代であった。

表1　各政党への SDG4政策についての質問

	質問
1	あなたの政党では，教育を受ける権利主体である子ども・若者たちの意見表明権に関する文言が第 4 次教育振興基本計画に記載されるべきだと考えますか？
2	あなたの政党では，公立の夜間中学校を1県に1校設置するだけでなく，中核市への設置や通信制を導入し，ボランティアによる自主夜間中学へも支援することに賛成しますか？
3	あなたの政党では，今後 3 年の間に，子どもの国籍やルーツ，障害の有無などに関わらずすべての子どもを対象として，高等学校までの学習費の完全無償化（授業料および授業料以外の学習費すべてについて私費負担をなくすこと）に取り組む考えがありますか？
4	あなたの政党では，「学校保護宣言」で示されているように，紛争が起きた際に生徒や教員が通う開校中の学校を，軍事拠点や兵舎，武器・弾薬の倉庫，軍事訓練場などの軍事目的で使用しないようにすることが，安全な学習環境を保障することにつながると考えますか？
5	あなたの政党では，アフガニスタンや南スーダンなど危機状況下にある国の教育支援に特化した国際機関 ECW に，日本政府は初めての拠出を表明すべきだと考えますか？
6	あなたの政党では，低所得国の教育制度全体を支援するための GPE の取り組みに，日本の教育協力関係者がこれまで以上に貢献できるよう，日本政府として支援すべきだと考えますか？

出所：SDG4教育キャンペーンホームページ https://www.jnne.org/sdg2022/voice_result/，2023.4.19.

③投票結果および政党名をホームページで発表する。

④子ども・若者[8]代表が投票結果を基に提言書を作成し，議員会館にて「SDG4（教育目標）達成に向けた国会議員と子ども・若者との意見交換会」を開く。2022年度は11名の議員が参加した。また文部科学省，外務省の高官[9]と子ども・若者の意見交換会を開いた。

　以上の流れで進められる本キャンペーンは，3 種類の学習支援の機会を提供している。一つ目は，キャンペーンのホームページを通じた SDG4に関する 6 つの政策課題（表1）についての情報提供である。キャンペーン参加者は匿名の各党の回答の中から自分が支持する回答を選択するために，ホームページに掲載された SDGs の諸課題の背景と現状について学ぶ。2022年度は478名の個人がホームページを通じて学び，投票に参加した。

　二つ目は，学校での授業や青少年団体による講座や学習会への参加である。キャンペーン実行委員会は，SDG4に関する 6 つの課題について理解するための教材を開発している[10]。そして，教員，青少年団体指導者，NPO職員に対してこの教材を用いた授業・講座の実践を呼びかけている。教材を

効果的に活用するための実践者のためのワークショップを開き，これを録画した動画をホームページで公開している[11]。授業を受けた後，キャンペーン参加者は，各政党の回答の中から自分が支持する回答を選択し，投票する。2022年度は73の学校や青少年団体等が授業や学習会を実践し，2,901名が参加した。

　三つ目に，本キャンペーンは，国会議員および政府高官とのSDG4に関する政策についての意見交換会への参加プロセスを通じた学習機会を子ども・若者に提供している。2022年度は自発的に応募した19名が意見交換会に参加した。参加者は，準備のための学習活動，共同提言文の作成に従事した後，意見交換会にのぞんだ。

３．キャンペーンの学習効果

　上述した本キャンペーンに組み込まれている３種の学習機会の効果を分析する。分析枠組みとして，田中治彦による「開発教育における学習の４段階」を学習効果評価のためのルーブリックとして適用する（表２）。

表２　開発教育における学習の４段階

第１段階	問題に対して知識もなく，関心も薄い。
第２段階	問題に対して基礎的な知識を得る。問題に関心をもち，時には単純な行動を起こす。
第３段階	問題の複雑性を理解する。そのため具体的な行動はとりにくくなる。時にはモチベーションも下がる。しかし，それでも関心を持ち続ける。
第４段階	問題の複雑性を理解した上で，自分なりの解決策や行動方針を見いだす。問題のよりよい解決のために，関心や行動を持続させる。

出所：田中治彦「開発教育の歴史と課題」田中治彦他編『SDGsと開発教育―持続可能な開発目標のための学び』学文社，2016年，p.12.

⑴ ホームページを通じた情報提供と授業・講座の学習効果

　まず一つ目のキャンペーンのホームページに掲載された情報を通じた学習者および二つ目の学校での授業や青少年団体による講座や学習会に参加した学習者に対する学習効果を分析する。データとして引用するナラティブの情

報源は，①4,383件の投票フォームに記載された参加者の感想およびコメント，②授業や講座・学習会の実践者である教員や青少年指導者がキャンペーン事務局に提出した73名による「実践報告」の記載項目の一つである「授業・ワークショップをやってわたしたちが感じたこと，考えたことは」という授業・投票に参加した子ども・若者の感想，③上記「実践報告」の記載項目の一つである「実践者が授業・ワークショップをやって思ったこと，考えたこと，感じたこと」である。これらのデータから参加者および実践者の代表的な声を抽出した。

　分析によれば，開発教育における学習の4段階（表2）の第2段階の前半の「問題に対して基礎的な知識を得る。問題に関心をもつ」については，本キャンペーンの参加者は，SDG4達成のための政策課題について理解し，関心を持つようになったことに加えて，「取り残されている人びと」のことを自分事としてとらえ，矛盾に満ちた現実に対する怒りや悲しみといった感情を持つようになっていることがわかる。例えば，以下のような記述が見られた。

　「私たちはSDGsを達成するために，高等学校までの授業料，入学金の無償化，所得制限に応じた教材費，施設整備費等の無償化をすべきだと提案する。家庭の状況で教育を受けたいという意思があるのに受けられない子供たちに安心して勉学に励むことができるような社会にしていくべきだと考えたからだ。また，無償化の制度から外されている朝鮮学校に対しても差別をなくし，全ての子どもたちに教育を受けさせていくべきだ」（中学生）。

　「SDG4は，子供のことをしっかりと考えてくれていると思いました。自分たちが勉強できているのは，とてもすごいことだとわかりました。そして，大人でも読み書きができない人がいることを知って驚きました。また，国によっては学校を軍事利用していたり，働かなければならなかったりと，いろいろな理由があって通うことができない人がいるということを改めて知ることができました」（中学生）。

　第2段階の後半部分である「単純な行動を起こす」の典型的な例は募金である。本キャンペーンの場合は，各政党のSDG4政策を比較し，選択し，投票するという行動に参加する。これは自発的な行動ではないが「単純な行

動」を超えた行動である。投票という行動は，子ども・若者の主権者意識や政治参加意識を発現させている。

　「生徒達は懸命に各政党の意見を読み，議論をしたり，考えをまとめたり，発表をしたりしていました。このような取り組みを続けることにより，様々な社会問題を自分事として捉えることができるようになるのではないかと思いました」（高校教員）。

　「選挙の際しっかりと考えて選ばなければ，意見が反映されず，偏った意見の政策を進められてしまうことにつながりかねないと感じました。教育問題において多くのことが当事者ではなく大人や管理機関に決められていると感じ，人任せにするのではなく，自ら意見を表明できる機会を積極的に利用していくことが，現状を解決するために大事だと思いました」（高校生）。

　「今回このワークショップを行ってみて，それぞれの政党が日本の教育問題に対してさまざまな意見を持っているのだと改めて感じることができた。グループで（での話し合いで）は，『各党がそれぞれの質問に対して賛成しているその背景と，どのように達成していきたいのかについて不透明な部分が多く，各党それぞれの意見をうまく濁しているように思えた。』という意見が挙がった。そのような批判的思考を持つことも，選挙の際にうまく投票するために必要なスキルであると思った。自分自身の考えと似た考え方をしている政党を知ることが，選挙でどれだけ大切なことか身をもって体験することができた」（高校生）。

　次に第3段階の「問題の複雑性を理解する。そのため具体的な行動はとりにくくなる。時にはモチベーションも下がる。しかし，それでも関心を持ち続ける」については，「問題の複雑性の理解」は達成していることが以下の記述から確認できる。

　「世界で問題になっている貧困はなかなか改善できていないことがわかりました。どんなことがあっても学ぶ機会を奪ったり，男女差別等の人権侵害をしたりすることはあってはならないと思います。私たちもSDGsを達成するためにできることをやっていきたいとあらためて思いました」（中学生）。

　「世界ではマララさんやグレタさんなど，多くの子供の意見を尊重しているが，日本は子供をルールで縛り付けているように感じました。（中略）こ

の授業で変わったことがあります。もともとは，学校のルールは将来の自分に役に立つため強くなっていると考えていましたが，この授業で子供たちが自分で考えてルールを作っていくほうが将来において活躍できるようになるのではないかと思いました」(10代)。

　加えて第3段階の「具体的な行動はとりにくくなる。時にはモチベーションも下がる」も参加者に生起していることが以下の記述からうかがえる。

　「私たちがどう声に出しても政府や上の人は聞く耳も持ってくれず，どうせこのような活動をしても何も変わらない，届かないから。校則も学力に直接関わってこないと思うのに，縛られた生活で何も青春がないから。校則は納得する理由なく作られ，強制される。私にはなんのために校則があるのかわからない」(10代)。

　「(学生にとって)身近なこととして捉えづらい話だったのと，今の自分には何もできない無力さを痛感したのもあり，難しい話だと感じた。考えるにも世界規模の話なので，まずは身近なところから考えていく必要があると感じた」(大学教員)。

　一方，第3段階の「それでも関心を持ち続ける」については，キャンペーンという一過性の取り組みゆえの限界があり，関心の持続性は収集したデータからは確認できなかった。

　以上の分析から，SDG4に関する知識を得て，関心を持つとともに，「単純な行動」を超えた投票という行動を通じて主権者意識や政治参加意識が高まっていることから，第2段階の達成がみられる。第3段階については，問題の複雑性の理解は達成されており，具体的な行動へのモチベーションの低下も見られる一方，関心の持続性は確認できない。したがって，本キャンペーンのホームページを通じた学習と投票，ならびに授業や講座・学習会への参加を通じた学習と投票という2種の学習支援の効果は，第2段階と第3段階の中間レベルであったと結論づけることができる。

⑵ 国会議員・政府高官との意見交換会の学習効果

　次に，このキャンペーンが提供している3つ目の学習機会である国会議員

および政府高官とのSDG4政策に関する意見交換会のプロセスに参加した19名の子ども・若者に対する学習効果を検討する。データは議員や政府高官との意見交換会の後，毎回開かれた「ふりかえり会合」での参加者の発言記録と意見交換会参加者19名に対するアンケート結果である。

　意見交換会の参加者は，上述した2つ目の学習支援である「授業」と「投票」に参加しているので，第2段階と，第3段階のうちの「問題の複雑性を理解する」という段階を経ていると考えられる。さらに第3段階の「関心を持ち続ける」については，以下に示すアンケート結果と参加者の声では少なくとも「持ち続けたい」という意思表明がみられた。アンケート結果については，「声をあげることで自分の意見は聞いてもらえるという認識は高まったか？」という質問に5件法（最低の1点から最高の5点）で聞いたところ，回答者19名の平均値は4.3点と高かった。また「活動を通じて政治に対する働きかけについて肯定的にとらえられるようになったか？」に対する回答の平均値も4.5点と高かった。

　以下は意見交換会参加者の声からの抜粋である。

　「今回の経験を生かして今後どのような社会作りに貢献したいのかについて自分なりにもう少し考えを深めて，行動を取ることを続けていきたいです。社会はそう簡単には変わらないと思っているので，単発で終わりではなく，これからも長く問題解決に携わっていきたいと感じました」。

　「私は今回の活動を通し，自分が社会の一員であると自覚することができました。そして，政治家や省庁で社会の中枢にいる方々に，自分の意見を伝えられるという事に新鮮な驚きと喜びを感じました。また，他のメンバーの意見を聞き，問題意識の高さに感銘を受けました。個人の力や一度のロビイングでは難しいと思いますが，みんなで繰り返し声をあげ続ける事によって，何かが変わるかも知れないと思えました」。

　次に第4段階であるが，「自分なりの解決策や行動方針を見いだす」は，議員への働きかけについての反省から次回の改善策を見出し，今後も取り組み続ける意思が表明されていることから達成されていると言えよう。

　「多くの議員の方々がしっかりと耳を傾けてくださいましたが，議員さんからのコメントではECWやGPEに関する提言をしたのにも関わらず，こ

ども家庭庁の話にそれてしまい，子どもの権利条約に関する提言ではないのにと思いました。また，提言に国外の教育の状況，ECW の大切さ，私が思っていることしか含まなかったため，議員さんからのコメントが明確なものではなく，提言に対するコメントになってしまうことが多くありました。そのため，これからのロビイングの際には，『党内で話し合ったことはありますか？』，『達成に向けて党内でこういうことをするなどはありますか？』，『公約に掲げていただけませんか？』などの『はい』『いいえ』がある明確な質問（クローズド・クエスチョン）を含めるなどの手段も用いていこうと思います」。

「自分の考えや思いを言語化したり，どのようにすれば自分の意見や想いをより効果的に・正確に相手に伝えられるか試行錯誤したりすることができ，コミュニケーションスキルを向上させることができたと実感しています」。

以上の分析結果により，国会議員や政府高官との意見交換会という社会的実践に参加した子ども・若者の多くは，「開発教育における学習の4段階」の第3段階を達成しており，第4段階についても，関心や行動の持続性の確認が必要であるものの，達成する見込みが高いことが示されている。

4．キャンペーンを通じた学習の組織化の構造と今後の課題

本稿は NGO/NPO によるキャンペーンをノンフォーマル教育の一形態であると捉え，キャンペーンが生起する学習効果（自己変容）を明らかにした。

まとめとして NGO/NPO によるキャンペーンを通じた学習の組織化の構造を図2に示す。そもそも NGO/NPO がキャンペーンを行うのは，「①NGO/NPO による教育資源」に示した社会変容をめざす組織の理念や使命を達成するためである。また活動現場で収集されたリアリティのある情報や知識（例えば学校に行くことができない子どもの声）が，学習プログラムの素材として活用される。NGO/NPO のキャンペーンが扱う「②学習課題」は，必然的にその団体が解決を目指している社会課題（SDGs を含む）とな

①NGO の教育資源	②学習課題	③学習の方法・過程	④学習成果（自己変容）
・社会変容をめざす理念・使命 ・リアリティのある情報と知識	・SDGs ・社会課題 ・現代的課題	・ホームページを通じた情報・知識の取得 ・授業・講座への参加 ・呼びかけた行動への参加 ・社会的実践への参加	・SDGs／社会課題への関心 ・問題の複雑性の理解 ・政治への関心 ・意見表明権の確信 ・関心や行動を持続させる意思 ・自分なりの行動方針の発見

図2　NGO/NPO によるキャンペーンを通じた学習の組織化の構造

出所：筆者作成

る。これは1992年の生涯学習審議会答申「今後の社会の動向に対応した生涯学習の振興方策について」で，身近に学ぶ機会が少なく，学習者の必要性の認識も低いため，行政による学習機会の提供が重要とされた「現代的課題」の学習機会を NGO/NPO が提供してきたことを示唆している[12]。そして，SNS やホームページを通じて，特定の社会課題に関心の低い層に対して関心を持ってもらうように働きかけること，すなわちアウトリーチがキャンペーンの特徴である。

　「③学習の方法と過程」については，学習プログラムの開発・提供・普及に加えて，キャンペーン独自の行動（本事例の場合「投票」）を参加者に呼びかけている。そして参加者の一部は，社会的実践（本事例では議員や政府との意見交換会）に参加する。その結果，「④学習成果（自己変容）」がキャンペーンの参加者に生起している。

　田中は，従来のグローバル課題についての学習は，開発教育における学習の4段階（表2）の第2段階にとどまることが多かったため，第3段階の「複雑性の理解」と「関心の持続」にまでもっていくことが課題であると述べている[13]。本稿はキャンペーンが提供する学習支援は，課題についての情報提供や授業・講座の提供とセットで呼びかけられている行動（本事例では投票）によって，第2段階と第3段階の中間まで達成していることを明らかにした。また授業・講座や投票への参加に加えてより高次の主体的な関与が求められる政策決定者への働きかけという社会的実践への参加は，第4段階

までを達成できる可能性を示した。

　今後の研究課題として2点をあげる。第1に，社会的実践への参加を通じた学習効果についてのより頑健な方法に基づく実証研究が必要である。たとえば社会的実践の参加者の関心や行動の持続性を検証するための追跡調査があげられる。また本事例での社会的実践に参加した19名はもともと意見表明に対する意識が高かった可能性がある。もしそうであれば，社会的実践による学習効果は小さかったことになる。したがって，社会的実践への参加前と後でのデータ収集を行い，前後の差を比較することが必要である。

　第二に，根源的な問いとして，NGO/NPOがキャンペーンを教育・学習目的ではなく，課題解決のための手段としてのみ用いるという陥穽に陥らないためにはどうすれば良いのかを検討する必要がある。課題解決のために子ども・若者を「動員」するのではなく，子ども・若者が現状の課題や支配的な考え方に対して疑問を投げかけ，対抗し，多様な意見や考え方を大切にして，育むことがSDGs学習の目的であるとするならば，キャンペーンは，課題解決に対する効果だけではなく，教育・学習の効果によっても評価されるべきである。社会課題の解決と教育・学習効果のバランスと相乗効果の確保は，NGO/NPOセクターの発展のための戦略的な課題の一つである。

謝辞：本稿の執筆にあたって，2020年から2022年にSDG4教育キャンペーンのコーディネーターを務められた（特活）開発教育協会（DEAR）の八木亜紀子職員から貴重な情報・コメントをいただきました。謝意を表します。

【注】
1）「ほっとけない 世界のまずしさ」キャンペーンの詳細については，今田克司「「ほっとけない 世界のまずしさ」キャンペーンのめざすもの」『国際人権ひろば』No.66，2006年3月号，ヒューライツ大阪．https://www.hurights.or.jp/archives/newsletter/section2/2006/03/post-211.html, 2023.7.10. を参照。
2）渋谷英章「フォーマルエデュケーション，インフォーマルエデュケーション，ノンフォーマルエデュケーション」日本生涯教育学会『生涯学習研究e事典』による。http://ejiten.javea.or.jp/content49dc.html, 2023.4.26.

3）2002年に設立された教育分野で活動する国際協力 NGO の連合体である。詳細は，教育協力 NGO ネットワーク　https://jnne.org/, 2023.4.25. を参照。

4）「世界一大きな授業」の学習効果については，三宅隆史『国際協力 NGO による持続可能な開発のための教育―SDGs のための社会的実践を通じた学び』デザインエッグ社，2022年，pp.48-63を参照。

5）「世界一大きな授業」と「SDG4教育キャンペーン」の実績については，SDG4教育キャンペーン2022のホームページ https://www.jnne.org/sdg2022/about/, 2023.4.3. を参照。

6）2023年度のキャンペーンは，日本が G7サミットを広島で主催することから，「紛争下の教育×平和」をテーマに立案された。市民からメッセージ・作品を募集し，1,500名から寄せられたメッセージ・作品は一つの大きなデジタルアートとなって，5月の G7広島サミット直前に展示・公開された。完成したモザイクアートは https://www.jnne.org/sdg2023/mosaic/, 2023.7.1. を参照。

7）各質問の解説，各政党の回答，投票数，教材（学習プログラム，動画），参加者の感想・提言は以下を参照。SDG4教育キャンペーン　https://www.jnne.org/SDG2022/, 2023.4.3.

8）子ども・若者とは本事業では中学生から概ね24歳までを指している。

9）子ども・若者代表は，文部科学省では総合教育政策局長，外務省では地球規模課題審議官と意見交換を行った。

10）教材は SDG4教育キャンペーン　https://www.jnne.org/sdg2022/think/, 2023.4.25. からキャンペーン期間中のみダウンロードできる。

11）実践者のためのワークショップの動画は https://www.jnne.org/sdg2022/post1226/, 2023.4.25. で閲覧できる。

12）この点についての定量分析については以下を参照。三宅隆史「SDGs についての成人の学習機会―東京都東久留米市を事例として」『上智大学教育学論集』第51巻，2017年，95-113.

13）田中治彦他「講義型および参加型による ESD・市民教育の試み」『上智大学教育学論集』第52巻，2018年，107-124.

市民による学習活動を通じて地域から
SDGs に向き合う

―さっぽろ自由学校「遊」における実践から―

小泉　雅弘

1．さっぽろ自由学校「遊」と ESD

⑴ さっぽろ自由学校「遊」とは

　さっぽろ自由学校「遊」（以下，「遊」）は，北海道札幌市に拠点を置く「市民がつくる市民に開かれたオルタナティブな学びの場」である[1]。1990年に設立，2001年に NPO 法人となり現在に至っている。札幌市内の教室で行なう常設の講座のほか，地域の課題に取り組むプロジェクト活動も行なっており，札幌における市民活動の拠点のひとつとなっている。

　人権・環境・開発・平和などの社会課題を学ぶ講座をメインに，語学クラスや文化講習，読書会なども開催しており，2022年度の実績では年間54の連続講座（コース）などに，延べ4,500名程度が参加している。運営は，12名の理事で行なっているが，有給の事務局スタッフは2名（2023年現在）であり，企画提案や各講座のコーディネートには，有志の会員がボランティアベースで関わっている。

⑵ 地域に根ざした ESD の展開

　さっぽろ自由学校「遊」の運営に関わる中で，筆者自身は開発教育への関心を深めていった。「遊」の活動の中心は，講師を招いて話を聞くセミナー形式の連続講座であるが，ワークショップなどの参加型の学習スタイルへの関心が，開発教育への接近につながっていった。そして，2003年からは，国連が提唱する ESD を意識した学習活動をすすめていった。持続可能で公正な社会づくりを目的とし，環境・開発・人権・平和などの教育活動を包括した ESD のコンセプトは，「遊」で行なってきた市民学習活動とそもそも重なるものであったが，ここでは札幌の教室で行なう講座活動とは別に，地域に出向いていき，その地域が抱える課題に向き合うより実践的な学びを展開した。

　「遊」の ESD としての地域学習は，①北海道内の各地に出向き，地域の課題を出し合い，その解決に向けての取組みを話し合う活動，②北海道という地域にとって欠かせぬアイヌ民族に関わる学習のより多様な形での展開，という2つのアプローチを取った。この2つのアプローチが重なることになったのが，紋別アイヌ協会会長の畠山敏さんとの出会いからはじまったオホーツク・紋別における取組みであった[2]。

⑶ オホーツク・紋別における ESD とその後

　「遊」では，漁師であり，アイヌ民族の伝統捕鯨の復活に向けた取組みなどをされていた畠山敏さんのお話を聴いた上で，2009年に紋別のフィールドツアーを実施した。そこでアイヌの伝統儀式カムイチェプ・ノミが毎年行なわれていた藻別川でサケの伝統漁（マレク漁）を披露してもらった。しかし，その大切な藻別川の支流の水源近くの山中に産業廃棄物最終処分場を新たに建設する計画があるとのことだった。2010年には紋別市内にて地域ワークショップ「持続可能な紋別に向けて」（共催：ESD-J）を開催し，地元のアイヌ協会関係者のほか他地域からもアイヌの方が参加した。そして，藻別川流域の自然を保全・活用しながら，アイヌ民族の権利回復を進めていく

「モペッ・サンクチュアリ・ネットワーク」をつくることが確認された。その後，産廃処分場の建設計画が具体化したため，前述のネットワークで設置許可をしないよう権限をもつ北海道などに働きかけをしたが，当時の道知事に許可されてしまった。

　また，藻別川河口に近い紋別の港湾区域には，森林破壊の懸念がある大型の木質バイオマス発電所が建設されることとなった。そして，紋別アイヌ協会が特別採捕の許可申請をあえてせずに挑んだ藻別川でのサケ漁では，見張っていた道職員によって関係者が警察に告発された。これら一連の動きの中で，地元のアイヌ民族に断りもなく進められていく開発行為，アイヌの声をまともに聞こうとしない行政の姿勢などが露わになった。

　筆者自身，この紋別との関わりを通じて，多くのことを学んだ。北海道における森・川・海のつながり，その自然に寄りそって生活を営んできたアイヌの暮らし，明治以降の政策や産業的要請に応じて地域で進められる開発行為とその影響，そしてその中で生きてきた一人のアイヌがもつ様々な経験や複雑な思いなどである。何気ない地域の空間や日常の中に埋もれたこれらの簡単には整理できない状況を見つめていくことが，「持続可能な開発」を考え，進めていくうえで何よりも重要だと筆者は考えるようになった。

2．SDGsへの注目とアプローチ

(1)「ESDの10年」を振り返って

　「遊」にとってESDは，地域やそこで起きている具体的な課題に目を向け，実践的な学びを展開していくよい手がかりとなったが，ESDの日本での捉え方や展開のあり方については，いくつか疑問を感じる点があった。

　ひとつは，ESDがいわゆる環境教育の延長線上で捉えられがちであったことである。もちろん，地球規模で深刻化する環境問題がESDのベースにあることは間違いないのだが，「持続可能な開発」は，同時に公正という価値を前提としており，貧困の撲滅や格差の解消，マイノリティの人権保障なども中心的なテーマであるはずであるが，それらはESDの中では片隅に追

いやられていたように感じた。筆者は，ESD 関係の集まりで，先に述べた
オホーツク・紋別における事例を報告したことがあったが，その際に，
ESD を推進している研究者の方から，権利を強調したアプローチに疑問を
投げかけられた。ESD の集まりでこうした反応を受けたことで，果たして
ESD とは何であったのかと感じざるをえなかった。

　もうひとつは，「教育」についての捉え方である。「教育」という名前がつ
くと，学校教育にどうしても重点が置かれてしまう。実際に学校には ESD
が導入されるようになっていったが，現場の教員は，次から次へと導入され
てくる○○教育というものに翻弄されており，ESD もそのひとつとして捉
えられている印象があった。一方，成人市民の日常的な学びの場を運営して
いる立場からすると，ESD は私たちが生きる社会や生活のあり方，そして
価値観そのものを問い直していくプロセスであり，必要なことは「学び」の
社会化であると考えている。

(2) RCE 北海道道央圏協議会の設立と SDGs への注目

　「ESD の10年」のはじまりと同時期に，北海道には北海道環境パートナー
シップオフィス（EPO 北海道）が開設され[3]，EPO 北海道と「遊」では
2007年度より共同で「ESD 担い手ミーティング in 北海道」という集まりを
毎年実施するようになった。2013年度の担い手ミーティング（2014年1月実
施）では，2014年に最終年を迎える「ESD の10年」を振り返りつつ，今後
の連携や協働の可能性を探る内容とした。このミーティングの際にゲストよ
り，国連大学が認定している ESD の地域プラットフォームである RCE
（Regional Centers of Expertise on Education for Sustainable
Development）のことが紹介された。これを聞いた参加者から「北海道に
も RCE が必要では？」という声があがったことがきっかけとなり，RCE の
設立に向けた準備が進められていった。

　翌年度（2014年）の担い手ミーティングでは，2015年に目標年を迎えるミ
レニアム開発目標（MDGs）の次の目標やアジェンダをつくる国連の動きに
ついて，話を聞く機会を得た。まだ名前も決まっていなかった SDGs の成立

プロセスについてである。そして，2015年には国連で「持続可能な開発のための2030アジェンダ」が採択され，SDGs が世に出ることとなった。この間に設立の準備を進めていた RCE 北海道道央圏協議会は，2015年12月に国連大学の認定を受け，2016年3月に設立された[4]。RCE は ESD の地域プラットフォームであるが，RCE 北海道道央圏の設立は SDGs のスタートと軌を一にしていたこともあり，SDGs の達成に向けた貢献を意識したプラットフォームとして誕生したのである。

(3) 誰がビジョンを描くのか？ ─「北海道の地域目標をつくろう」

「ESD の10年」以降の ESD の展開を考えていた「遊」にとっても，2030アジェンダと SDGs の登場はよいきっかけとなった。SDGs は環境に特化されず，「誰一人取り残さない」という言葉に象徴されるように脆弱な立場に置かれた人々が焦点化されている。また，2030年の達成をめざす17目標というスタイルは具体的でわかりやすく，伝わりやすいように感じた。

2015年度の担い手ミーティング（2015年12月実施）では，採択されて間もない SDGs をテーマにしたセミナーを開催した。当初から，「遊」のスタンスは SDGs の目標に沿って自分たちの行動を考えるという形ではなく，SDGs を参考にしながら自分たちで自分たちの社会のビジョンを考えることに主眼を置いていた。自分たちでビジョンを描くところからはじめないと，SDGs を自分ごと化することはできないし，また，SDGs 自体も地域の日常において感じている課題や現実と重なり合わない限り，本来の意義を失ってしまうと考えていたからである。

そこで，「遊」では2016年1月から12月にかけて，月1回のペースで北海道の地域目標を考えるテーマ別のワークショップを開催した。取り上げたテーマは SDGs の17目標をベースとしつつ，北海道の地域性も加味し，貧困と格差（テーマ1），労働と雇用／消費と生産（テーマ2），ジェンダー／マイノリティ（テーマ3），北海道と先住民族（テーマ4），エネルギー（テーマ5），気候変動／海洋資源（テーマ6），生物多様性（テーマ7），質の高い教育／ESD（テーマ8），国際協力と平和（テーマ9）の9つのテーマと

した。

　丸一年間かけて行なったこの取組みの成果は，小冊子『SDGs 北海道の地域目標をつくろう』[5]にまとめ，ESD や SDGs に関わりのある関連団体などに配布した。このワークショップは，半ば実験的に始めてみたものであったが，SDGs の採択後，比較的早い時期に市民主体の取組みとして行なったため，他地域から参考にしたいという声も届き，実際に同様の取組みはいくつかの地域に広がった[6]。

(4) 北海道で SDGs を考えるベース―『SDGs ×先住民族』の作成

　筆者は，自由学校の講座や，ESD を意識した地域学習活動を通して，北海道で「持続可能な開発」に取り組むうえで，先住民族の権利回復というテーマを欠かすことのできないものと考えていた。

　しかし，一般的には日本において SDGs と先住民族を結びつけて取り上げられることはほとんどなかったため，先住民族の視点から SDGs を取り上げる必要性を強く感じるようになった。そこで，小冊子の第二弾として『SDGs 北海道の地域目標をつくろう 2―SDGs ×先住民族』[7]の編集に取りかかった。

　この小冊子は，SDGs の17目標それぞれに関して，アイヌ民族の歴史や現状，提案などを紹介したもので，この小冊子を作成することで先住民族の抱えている課題が SDGs のすべての目標に深く関わっていることが再確認できた。同様のアプローチとして，反差別国際運動（IMADR）が作成したダリット（南アジアにおける被差別民）についてのハンドブック『ダリッドを知る』[8]などがあるが，「誰ひとり取り残さない」というスローガンを掲げる SDGs において，こうした脆弱な立場に置かれている人びとの視点から SDGs を捉え直していくことの必要性を強く感じている。

3．北海道メジャーグループ・プロジェクトの取組み

⑴ 「北海道 SDGs 推進ビジョン」とメジャーグループ

　私たちが市民主体の SDGs へのアプローチを進めているのと並行して，札幌市や北海道などの自治体における SDGs への取組みも見られるようになってきた。札幌市の場合は，2018年に策定された市の第 2 次環境基本計画に SDGs との関連性を組み込むなど，環境施策を中心に SDGs への取組みを広げていた。一方，北海道については当初，あまり目立った動きはみられなかったが，2018年度から始まった内閣府が選定する「SDGs 未来都市」に下川町，ニセコ町，札幌市とともに北海道も採択されることとなった。北海道は，SDGs 未来都市の提案の中で SDGs 推進ビジョンの策定を掲げており，その策定に向けた意見交換のために北海道 SDGs 推進懇談会が開催されることとなり，SDGs に関わる市民の取組みを進めていた筆者もメンバーに加わった。

　この懇談会に参加するにあたり，筆者にはひとつの考えがあった。国連では，持続可能な開発をめぐる政策を議論する際に，メジャーグループが議論に参画する仕組みがあった。メジャーグループとは，1992年の環境と開発に関する国連会議（リオ地球サミット）において採択された行動計画「アジェンダ21」の中で，持続可能な開発を進めるうえで重要な役割をもつ社会集団として記述されている 9 つのグループのことであり，1．女性，2．子どもと若者，3．先住民族，4．NGO，5．地方自治体，6．労働者・労働組合，7．ビジネスと産業，8．科学技術コミュニティ，9．農民，というグループである。国連では，これらの社会集団に各々自治的なスペースを保障し，平等に発言の機会が与えられるように各々のグループが政策策定の議論に参画する仕組みをつくっており，現在の SDGs をめぐる議論においてはメジャーグループ及び他のステークホルダー（MGOS：Major Groups and Other Stakeholders）として，9 つのグループの他に高齢者，障害者，地域コミュニティ，ボランティアグループ，財団，移民といったグループも議論

に加わっている。

　日本においてSDGsが語られる際のステークホルダーとは，行政，企業，研究者，NPOなどで，国連のように女性や子ども・若者，障害者や高齢者，農民，移民，そして先住民族などの主体が重要なグループとして平等に参画できる仕組みは見当たらなかった。

　筆者は北海道のSDGsビジョンの策定にあたり，国連のメジャーグループを参考にした各主体のミーティングをもち，その意見をビジョンに反映させたいと考え，懇談会のメンバーにそれを提案すると共に，SDGs策定時のオープン・プロセスについての学習会なども行なった。

　懇談会は2018年7月に初回の会合がもたれたが，9月にはビジョンの原案をつくり，年内には最終案を確定するという極めて短いスケジュールでの策定が予定されていた。一方，初回に道から提出された骨子案の段階から，ビジョンは「多様なステークホルダーが共有する基本指針」と位置づけられていた。私を含む複数の懇談会メンバーからは多様な主体の意見を反映させるためには，スケジュールが拙速すぎるという意見が出されたが，聞き入れられることはなかった。

　懇談会の有志メンバーのイニシアティブで，9月下旬から10月上旬にかけて，女性，ユース，アイヌ民族，CSO（市民社会組織），経済（企業）という5つの主体別ミーティングを開催した。そして，10月下旬に行なわれた第3回懇談会で，各々のミーティングの成果を報告し，各ミーティングで出された北海道のあるべき姿（ビジョン）を提案した。

　こうしたプロセスを経てつくられた「北海道SDGs推進ビジョン」[9]であったが，残念ながら多様な主体の策定プロセスへの参画や意見反映を求める私たちの思いと，道行政側の考えとの間には超えがたい距離があり，実際に公開されたビジョン最終案にはミーティングの成果はほとんど反映されることはなかった。懇談会自体，いくら意見を伝えてもそれを受け止めようという姿勢が道側に感じられず，最終案公表後の12月に開かれた第4回懇談会は委員の半数が欠席，一人は辞任するという異例の事態となった[10]。懇談会を取材していた北海道新聞の記者は，「道 お仕着せのSDGs指針」というタイトルで，懇談会メンバーの意見がほとんど取り入れられなかった懇談会の

様子を批判的に紹介する記事を書いた[11]。

⑵ 北海道メジャーグループ・プロジェクトの活動

　北海道のSDGsビジョン策定のプロセスに多様な主体の意見を反映させよ
うとした取組みは，満足のいく成果をあげることはできなかったが，このプ
ロセスに関与していたEPO北海道と「遊」では，これまで取り組んできた
ESD担い手ミーティングの事業を活用し，地域版メジャーグループの形成
に向けた動きを進めていくことになった。

　2019年度のESD担い手ミーティングでは，9月には「SDGsの本質って
なんだっけ？SDGsそもそも論」と題し，持続可能な開発のそもそもの考え
方やメジャーグループの仕組み，そして「誰ひとり取り残さない」という視
点について紹介してもらった。そして，2020年2月には，SDGsに関心をも
つ多様な市民団体に声をかけ，「北海道版メジャーグループをつくろう！」
というテーマで集まりをもった。この際に手を挙げたメンバーが中心とな
り，2020年度より正式に「北海道メジャーグループ・プロジェクト」を立ち
上げることとなった[12]。

　プロジェクトは，基本的に各グループ担当者がそれぞれのイニシアティブ
でグループミーティングを行ない，それらの成果を持ち寄って全体ミーティ
ングを行なうという形を取った。当初は限られたグループの参加であった
が，プロジェクトの進行と共に加わるグループも増え，2020年度は女性，
ユース，障害，農民，地域コミュニティ，NPO・NGO，企業，研究者の8
グループとなり，2021年度には先住民族，協同組合のグループが新たに加
わった。

　グループミーティングの持ち方は，それぞれのグループに委ねたが，最初
の二年間は共通の問いとして，国連が創設75周年を機に打ち出していた「未
来に関する対話」での3つの問い（1．私たちはどのような未来をつくりた
いのか，2．それを実現できる目処は立っているか，3．そのギャップを埋
めるには，どのような行動が必要か）を採用し，グループ毎にアレンジを加
えながらもこれらの問いを元に対話を進めていった[13]。

各々のグループミーティングで話された内容を全体ミーティングで共有する中で浮かび上がったのは，同じ属性や立場の者同士で社会のあり方について話し合う場そのもののもつ意義であった。女性やユースのグループからは，同じ属性の者同士で安心して話し合える場自体の重要性が語られた。農民グループでも，同業者で社会のあり方を話し合う機会はなく，話が尽きなかったこと，同時に自らのマイノリティ性に気づいたことなどが紹介された。

　筆者自身は，長年 NPO のスタッフをしていることもあり，「市民」「市民社会」という表現を好んで使うのだが，以前に「市民がつくりだす社会」というテーマでのパネルディスカッションで障害をもつ方やアイヌの方をパネリストに招いた際に，いずれにとっても市民社会というものが単純に自らのアイデンティティと重なり合うものではないというような発言があった。実際に，市民社会から自分たちがはじかれていたり，あるいは差別を受けたりという経験や実感があってのことであろう。私たちの社会は，私たちが市民社会と呼ぶスペースも含めて想像以上にマイノリティにとって障壁が高く，その参画を拒んでいるのである。メジャーグループというつくりが，単に個々の当事者の参画を保障しているだけではなく，当事者集団の自治的なスペースを保障していることは，こうしたマジョリティとマイノリティの間にある簡単には超えられない非対称な力関係を考えた際に，改めて重要な意味をもつと感じた。

　このプロジェクトはもともと，政策提案（アドボカシー）を意識して呼びかけたプロジェクトであったが，国連のメジャーグループとは異なり，何について，あるいは誰に対しての提案をつくっていきたいのかということは曖昧なままであった。そこで，3 年目となる2022年度は，各々のグループが優先させたい提案をわかりやすく，受け入れられやすい形で発信していくために，指標化してみようと考えた。しかし，この「指標づくり」というテーマについてはあまりうまく進めることができなかった。私たちが考える「指標」のイメージをうまく共有することができず，何をしたらよいのかわかりにくかったことが大きな原因だと思うが，同時に，私たちが進めているプロジェクトが基本的に「関係性の変革」を求めるものであり，数値化や抽象化

には馴染みにくいものであることももうひとつの要因だったかと思う。言い方を変えれば、このプロジェクトのようなつくり（多様な主体が、それぞれ自由に安心して議論でき、対等に意見が反映される場）が、様々な意思決定の場で当たり前に採り入れられるようになるということが、このプロジェクトが社会に提起したい一番の「指標」なのではないかと思う。

4．SDGs との向き合い方—地域から，人びとから

(1) SDGs を改めて問い直す

　日本において SDGs の認知度は上がり，少なくとも言葉としては SDGs をほとんどの人が知っていると言えるほどになっている[14]。もっとも，言葉が認知されること自体は悪いことではないものの，日本での SDGs の受け止められ方をみると，言葉だけが表面的に採り入れられつつ消費され，本質的な問題解決に結びついていない印象が否めない。

　これには大まかに二つの要因が考えられる。ひとつは，SDGs の言葉としての認知は広がったものの，国連が提案した2030アジェンダの内容や，その強調点などが十分に理解されていないということである。これは ESD 政策についても感じていたことであるが，国連が提唱した概念や政策が，国内に入ってくるとその性質が変わってしまい，さらにそれが地域に下りてくるともはやあまり意味のないものになってしまうのである。先に述べた北海道のビジョン策定のプロセスでも痛感したことであるが，SDGs も同様の道筋を辿ってしまっているように感じる。

　もうひとつの要因は，SDGs そのものが孕んでいる矛盾にあるのではないかと思う。SDGs は国連が打ち出した世界共通目標であり，だからこそ意義も大きいのであるが，各国政府の利害，とりわけ影響力の大きい国の利害に抵触するような内容については取り上げにくいという性格がある。例えば，「持続可能な開発」を考える上で，核をめぐる問題（核兵器だけでなく，原子力発電も含めて）や戦争・軍事に関わる問題は重要なテーマだと思うが，SDGs では取り上げられていない。また，貧困や格差の問題を取り上げる一

方で，経済成長や科学技術イノベーションについては無造作に肯定している。これらの特徴は，政府や企業が取り上げるのには好都合かもしれないが，市民社会の立場から見るとこうしたスタンスが「持続可能な開発」を誤った方向に導いてしまっているように思える。

　市民社会の立場から見て，SDGs において強調すべきは，「誰ひとり取り残さない」という言葉に象徴されている脆弱な立場に置かれている人びとをみつめ，それらの人びとを中心に置いて社会のあり方を考え，再構築していくことである。私たちがメジャーグループという仕組みに着目し，それを地域の中で実現させていこうと考えたのは，まさにここに力点がある。私たちの試みは小さなものであり，それだけで社会のあり方が変わるとはとても思えないが，「関係性の変容」に目を向けない限り，持続可能で公正な社会をつくることはできないと考える。

(2) バックキャスティングと歴史認識

　もうひとつ，地域において SDGs に取り組もうとした際に気になる点は，過去を見つめる視点の欠落である。SDGs でその目標と共に注目されているのは，バックキャスティングという考え方である。現状の延長線上に未来を描くのではなく，未来のあるべき姿から現状の変革を考えていくというこの考え方は，前例を踏襲し変化を拒む凝り固まった思考や組織体質を変えていくために必要であり，有効である。しかし，一方で未来のある時点に具体的な数値目標を立て，それに向けて邁進していこうとするあり方は，トップダウンになりやすく，現実に起きている複雑な問題から目をそらす危険性を孕んでいる。

　北海道という地域で，先住民族の抱える問題に関わりながら感じるのは，むしろ埋もれた過去（歴史）に目を向けることの重要性である。そもそも，「持続可能な開発」という概念が必要とされ，主流化した背景には，これまでの経済成長や産業振興を何よりも優先し，自然やその自然に依拠した暮らしを営んできた人びと（people）を蹴散らしながら邁進してきたこれまでの「開発」のあり方が持続不可能な状態をつくりだしているという反省があっ

たはずである。であるならば，私たちがまず見つめるべきは，こうした「開発」によって誰が犠牲となってきたのか，何が破壊されてきたのか，であり，どのような力によってそれが生じてしまったのかということであろう。

【注】

1）さっぽろ自由学校「遊」ウェブサイト　http://www.sapporoyu.org/, 2023.7.15.

2）紋別における初期の取組みについては，以下を参照。さっぽろ自由学校「遊」編・発行『アイヌ民族の権利回復と持続可能な地域づくり―オホーツク・紋別における ESD の取組み　2009-2011』2012年。

3）EPO 北海道ウェブサイト　https://epohok.jp/, 2023.7.15.

4）RCE 北海道道央圏協議会ウェブサイト　http://rce-hc.org/, 2023.7.15.

5）さっぽろ自由学校「遊」編・発行『SDGs 北海道の地域目標をつくろう』2017年.

6）例えば，関西 NGO 協議会による SDGs 市民アジェンダづくりの取組みなど。http://kansaingo.net/kansai-SDGs/, 2023.7.15.

7）さっぽろ自由学校「遊」編・発行『SDGs 北海道の地域目標をつくろう2　SDGs × 先住民族』2018年.

8）反差別国際運動編・発行『ダリッドを知る』2018年.

9）北海道総合政策部計画局計画推進課『北海道 SDGs 推進ビジョン』2018年。

10）懇談会での議論については以下参照。さっぽろ自由学校「遊」編『SDGs アドボカシーと対話　北海道 SDGs 推進懇談会の記録』2019年.

11）北海道新聞・夕刊「道 お仕奉せの SDGs 指針」2019.1.19.

12）北海道メジャーグループ・プロジェクト　https://epohok.jp/act/info/esd/majorgroup, 2023.7.15.

13）2020年度のプロジェクトの活動については以下を参照。さっぽろ自由学校「遊」編・発行『北海道メジャーグループ・プロジェクト2020報告書「聴きあおう　未来を照らすあなたの言葉 わたしの言葉」』2021年。

14）電通による第6回「SDGs に関する生活者調査」（2023年2月実施）によれば，SDGs の認知率は91.6％である。
出典：https://www.dentsu.co.jp/news/release/2023/0512-010608.html, 2023.7.15.

第Ⅴ部

★

アジア諸国の
SDGs 学習と実践

「声」の社会参加と持続可能な
地域社会の創造

―ネパール農村におけるラジオ放送と成人教育の可能性をめぐって―

長岡　智寿子

はじめに

　2030年をゴールとするSDGs（持続可能な開発目標）をめぐり，国や地方自治体，企業，教育機関等，それぞれの立場から，現在，生じている社会の課題をどのように克服し，いかに「持続可能な社会」を築いていくことができるのか，その方法や可能性の探求など，多様な媒体による実践が展開されている。社会教育学において問われるべきは，その研究対象とする「地域づくり」や人々の生活の在り様を示す「地域性」にどのように向き合うべきであろうか，また，SDGsが目指す，脆弱な立場にある人たちのあらゆる権利保障と社会への参画の具現化にどのように応えることができるのだろうか。

　このような問題意識を背景に，本稿では，ネパールのカトマンズ盆地を襲ったゴルカ大地震（2015年）により甚大な被害が生じた首都カトマンズ（Kathmandu）近郊ブンガマティ（Bungamati）村コインチャ（Khoincha）地区において，社会文化的に周辺化された人々の健康権の侵害や生活保障をめぐる動向に着目する。同地区はラリプール（Lalitpur）郡において最も深刻な被害を受けた地域であり，震災から約8年を迎えようとする現在においても，なおも復興の途上にある。コインチャの住民は先祖代々に渡りカトマンズ盆地の春を呼ぶ「雨乞いの祭り」（マッチェンドラナート祭）の山車の

制作，運営を担うことを条件に，土地は付与されないが居住権は得ているネワール（Newar）[1]の人々である。しかし，そのことが復興を目指す人々の足枷となり，困難を極めていた。また，大地震後の国家開発事業として幹線道路の建設が進む中，農地が没収されたことの他，都市の復興に必要なレンガの製造のために同地区を囲むかのようにレンガ工場の窯が5つも設置されたため，環境汚染も人々の健康被害を生じさせる要因となっている。さらに，2020年3月以降，COVID-19の感染拡大も影響し，コロナ禍においては地区全体が都市封鎖のために隔離されたような状態となり，人々の生活はさらに困窮化する事態となっていた。

本稿では，コインチャ地区の人々の生活権の保障のために二度に渡るラジオ放送番組の制作と放送の実施を試みた事例研究[2]を手がかりに，人々がどのように学び合い，深刻な生活状況を乗り越えていく術を見出そうと闘い続けているのかを質的に考察する。そして，このささやかな「実践」がSDGsの達成に向けてどのように繋がっていくのか，成人教育は持続可能な地域社会の創造に向けてどのように応えることができるのか，成人教育の可能性を検討することとしたい。

1．ネパールにおけるSDGs政策――"*Prosperous Nepal, Happy Nepali*"

SDGsを念頭にした政策はネパール政府においても国家の開発政策として展開されている。国家開発計画委員会（NPC）では，MDGsからSDGsへ移行した経緯も提示しながら，公正で繁栄した国を建設することを念頭に2030年に向けた目標を提起している。しかし，国際社会が提示する17の目標と169のターゲットはグローバルな視点による開発目標に他ならず，ネパールのような資源に乏しい開発途上国にとってはあまりに壮大な目標でしかない。慢性的な貧困，不安定な政治体制，急激な都市化に伴う環境汚染や開発政策の名の下での環境破壊，教育へのアクセス，男女間格差，カーストに基づく差別など，近代化された先進国側からすれば，そのどれもが受け入れ難い問題であろう。そのため，何をもって開発と捉えるのか，発展した社会とはどのような社会であるのか，ネパール社会の文脈に置き換えて捉え直して

いくことが必要である。

　ネパール政府は経済，社会，環境の３点に基づいてどのように社会の繁栄を見出していくことができるのか，2030年までのロードマップを提示している。SDGs には法的拘束力はないが，政府は17の目標を達成するための主導権を握り，2015年にはナショナルレポートを作成し，その状況を詳述して評価し，政策の根拠としている。ネパールは SDGs ナショナルレポートを発行した世界で最初の国となり，国家として SDGs の実践へのコミットメントと準備を明らかにした。第14期国家計画（2016/17〜2018/19）から現在の第15次国家計画（2019/20-2023/24）では，"Prosperous Nepal, Happy Nepali" とする長期的ビジョンにより，2030年に向けて分野別の計画，政策，目標が設定されている。あらゆる側面において貧困を根絶すること，2030年までに中所得国のレベルに到達し，全面的な繁栄と幸福を達成するというものである。繁栄には４つの目標があり，アクセス可能な最新のインフラ整備，人的資本の可能性を最大限に活用すること，持続可能な生産と生産性の確保，公平な国民所得の向上である。同様に，幸福には６つの目標が提示されており，幸福と安定した生活，安全で公正な社会，バランスの取れた環境，グッド・ガバナンス，民主主義と国家の強化，そして，安全と尊厳である。何よりも貧困対策が最優先事項となっている[3]。

　しかし，ネパール社会が抱える課題をどのように改善していくことが望ましいのか，数値レベルの目標だけでは明らかにはならない要因にも着目していく必要がある。グローバルな指標や計画に合わせるのではなく，よりよい暮らしに向けた舵取りの主導権は，人々の側にあるものと考える。

２．大地震からの復興に向けて─二つの大災害の経験から

　冒頭でも示したとおり，本研究の調査地ブンガマティ村コインチャ地区は農業を生業とするネワールのマハラジャン（Maharjan）カーストを中心とする集落である。地区内には「ボシ」と呼ばれる人々の集落があり，彼らはマハラジャンに属するプトゥワル（Putwar）カーストである。彼らは毎年，約45日に渡りカトマンドゥ盆地周辺の森に出向き，ラト・マッチェン

ドラナート祭の山車の制作に必要な木材の選定，伐採に従事している。

この間，コインチャの人々は二つの大規模な災害を経験することとなった。一つはゴルカ大地震（2015年）であり，約8年が経過した現在においても仮設小屋で暮らす世帯があり，未だ復興の途上にある。ボシの人々は先祖代々に渡り，祭りの大役を担うことを条件に地区内のグティ[4]の土地に居住することを認められてきた。しかし，自らの土地ではないことから，大地震の罹災証明の発行や土地の登記がないことを理由に家屋の建て直しが認められずにいた。さらには，レンガ窯から吹き出る黒煙が地区周辺の大気汚染の要因となっていること，加えて，国家の開発政策による幹線道路の建設のために，農地を没収されてしまったことも経済的打撃となり，生活環境は悪化を辿るばかりであった。

もう一つは，COVID-19の感染拡大による影響である。2020年2月以降，都市部を中心に感染状況が深刻化し，その後，数回に渡る都市封鎖が行われた。都市部においても脆弱な医療体制が浮き彫りになり，災害級の課題としてPublic Disasterと指摘された[5]。

３．ラジオ放送を活用した学習機会―マイノリティの社会参加

ヒンドゥー文化圏であるネパール社会はカーストの社会であり，その構成も多様な民族，宗教等と複合的に関連し，複雑に体系化されている。ネパール語を母語とする人は国民の約半数であることの他，ネパール語以外の言語の大多数は書き文字がなく，口承を中心とする言語である。1990年以降，EFA（Education For All）運動の展開により初等教育の完全普及を目指す動きが高まり，近年の識字率（男性75.58％，女性55.11％）の向上は目覚ましいといえる[6]。しかし，就学経験の乏しい成人においては，特に女性を中心に口承中心のコミュニケーションの他，ラジオやテレビ等により情報を得る日常生活である。特に，遠隔地では女性たちの行動範囲も限定的であり，村落の「外」の情報を得る機会は限られている。そのような生活環境を観察する中で，筆者はラジオ放送の利便性に着目し，農村女性らを念頭にラジオ放送を活用した学習機会の創造に取り組んできた[7]。ラジオ放送は地理的，

文化的，社会的，経済的にあらゆる民族，階層の人々に開かれていること，また，読み書きができない人であっても聴くことにより情報にアクセスすることが可能である。とりわけ，民主主義体制に移行後（1990年），国民の自由な表現活動や集会，結社，報道の規制緩和も重なり，ラジオ放送が社会開発のツールとして注目されるようになった。ラジオ放送の有意性を最大限に活かし，農村での生活課題を反映させた学習の機会を創造することができれば，地域が抱える課題を地域社会において解決する可能性を探る手立てにもなるのではないかと考えた。そのねらいは，第一に，「情報弱者」の声を拾い，記録すること。第二に，人々の多様な経験から学ぶことの必要性である。地域社会の集合的記憶，個々人の個人的記憶の収集から生活課題の克服を目指すことである。第三に，情報へのアクセスを促進することからマイノリティの社会参加に繋げること，である[8]。

(1) "Bungamati Aawaj"（ブンガマティ村の人々の声）

　調査チームでは，地区の現状を伝えることを念頭に，12回に渡るラジオ放送番組 "Bungamati Aawaj"（ブンガマティ村の人々の声）を制作，実施した。予備調査で明らかになった事柄を集約し，放送番組として編集した（表1参照）。放送の主目的は以下4点である[9]。①ラジオ放送を活用し，農村社会に学習機会の提供と情報へのアクセスを促進すること。②ブンガマティ村コインチャのボシが直面している問題を探求し，その解決策の模索とともに他の地域の開発にも活路を見出すこと。③関係者との協議の場を設け，解決策を導き出すこと。④住民の住宅再建を支援し，土地の権利を得られるように促進すること。

　約6か月間の放送は，地域社会にどのような影響を及ぼしたのであろうか。大地震以降，ブンガマティ村を訪ねるたびにレンガ窯から吹き出る排煙によって肺を患う高齢者の話を頻繁に耳にすることになっていた。そのため，放送番組は都市部の復興政策により深刻化する村落の大気汚染の実態を広くカトマンズ盆地に伝えることに重要な役割を果たしたといえる。次に，コインチャの住民が抱えている問題を意見交換会にて話し合った記録を放送

表 1　"Bungamati Aawaj"の放送内容

番組	放送内容と放送日
Episode 1～3	「ポシ」と呼ばれる人々 21th November, 2019, 5th December, 2019, 19th December, 2019
Episode 4～8	復興という名の開発事業：大気汚染，環境破壊，幹線道路の建設をめぐって 2nd January, 2020, 16th January, 2020, 30th January 2020, 13th February, 2020, 27th February, 2020
Episode 9	ブンガマティの人々の声を受けて 19th March, 2020
Episode 10～11	関係者，地区の住民との意見交換会について 2nd April, 2020, 16th April, 2020
Episode 12	最終回：人々の団結が問題解決の力になること 30th April, 2020

注：Maharjan, Shakya & Nagaoka（2020）より筆者作成。

したことが関係者の対応に変化を迫ることに繋がったことである。当初，ブンガマティ村の地区委員長は家屋の再建については設計図を用意した後に着工することを求めていた。しかし，意見交換会に参加したラジオ局のスタッフが当日の動画をニュースとして編集し，ネット上でも配信したことにより，ラジオ放送に加え，より詳しく状況が知れ渡ることになった。その結果，地域行政局が着工を許可し，コインチャ地区の約75％の世帯が家屋を再建することにつながったことがその後の調査で明らかになった。第三に，グティ委員会，国家復興局，及び，政府の様々なレベルの国会議員の代表者は，コインチャの人々が先祖代々，受け継いできた農地を没収しないこと，また，人々の復興プロセスを支援することを約束するに至った[10]。

　また，ラジオ放送を聴いたという人たちがブンガマティ村の一番奥に位置するコインチャにまで訪ねてくることが増えたことも付け加えておきたい。しかしながら，2020年4月からCOVID-19の感染拡大による都市封鎖により，建設資材の調達や労働者が見つからず，再建工事は中断されてしまった。最終回の放送は，下記のようなメッセージで締めくくられた。

　　今，私たちはCOVID-19の感染拡大という世界的危機に直面しています。ど

この国でも深刻な状況ですが，私たちは一刻も早くより良い生活状況を取り戻すことを願っています。ラジオ番組 "Bungamati Aawaj" は人々の団結が強い力になることを教えてくれます。

　幹線道路建設のために農地は泥だらけになってしまいました。コインチャの住民が最高裁判所に訴訟を起こしたことは，彼らの自発的な動きによるものです。判決は出ていませんが，連邦議会と州議会の議員は議会で本件について問題提起を行いました。このこともラジオ放送の成果です。人々はグティ法案の修正後，土地登録証明書を取得することになるでしょう。ネパール全土で同様の問題に直面している人々やその他の人々を代表して法案を修正する他の選択肢はありません。政府は土地関連問題解決委員会を設立しました。この委員会は土地を持たない人々のデータを収集し，全国に土地を提供することを目的としています。（略）

　ブンガマティ村コインチャ地区のボシ・コミュニティの人々は，地域に受け継がれている古くからの知恵を活用し，人々が団結することを提案しています。それは社会開発の重要な概念であり，問題解決に向けて前進させていくことに繋がっていきます[11]。

2020年 4 月30日（最終回）の放送より抜粋，筆者訳

⑵ "Hamro Pahal"（私たちの権利）

　COVID-19の感染拡大により，都市部を中心に経済封鎖が繰り返し実施され，あらゆる経済活動が停滞することとなった。筆者ら調査チームはオンラインで連携をとり，予備調査を実施した。村落からカトマンズに働きに出ていた男性らは稼ぐ手立てを失い，残された土地や隣人の農作業，家畜の世話を手伝いながら過ごすしかない状態に置かれており，村落の外の情報が遮断された状態にあった[12]。調査チームではCOVID-19が村落の人々に与えている影響と彼らの生活状態が困窮化する中で情報へのアクセスを求めていることを最優先課題と捉え，ラジオ放送の利点を最大限に活かし，半ば緊急対応として新たにブンガマティ村コインチャ地区に焦点を当てた放送番組を制作，実施することとなった。主な目的は次のとおりである[13]。

・マスクの重要性や交通に関する情報を提供することや農村部の女性のために健康に関する情報提供を促すこと。
・COVID-19の流行下において，情報へのアクセスと学習の機会を提供すること。
・女性や子ども，高齢者に関する問題を優先的に解決すること。
・農村部の女性の潜在的な知識と能力を探求することや彼女らを勇気づける内容とすること。
・健康の権利，マタニティヘルスケア，その他の健康に関連する問題について意識啓発番組を制作し，放送すること。
・専門家が分かりやすく問題を解決するように編集すること。
・COVID-19から安全で迅速な回復を促すために成功事例を通じて人々を勇気付けること。
・感染症の収束後の彼らの生活保障を探求する内容に編集すること。

　これらの課題を網羅し，全12話のラジオ番組“Hamro Pahal”（私たちの権利）を制作・放送実施した（表2参照）。番組では，地区の状況を伝えつつ，関係者のインタビュー記録も放送した。取材の際，ラリプール市からはコインチャの高齢者に医療と薬を無償提供してもらった。そのようなことから，地域行政局へは高齢者に楽しんでもらえるように音楽を配信するための費用を提供してもらえないかと働きかけた。また，女性からは子どもの教育に関する情報や出産，婦人病に関する医療情報，支援について関心を寄せる意見が多かった。とりわけ，自治体，女性団体から失業者に対する経済的支援や，生活困窮者に必要な支援の情報配信を求める声が多く聞かれた。

　同番組は1回約30分で編集し，コインチャの人々の他，保健省，地区保健局，地方自治体，医療従事者，専門家などのインタビューも含んでいる。特に，女性や子ども，高齢者を中心に，コロナ禍における人びとの日常生活や健康，人権について伝え，人々の心の内を表現する機会にもなったことの他，封鎖された農村での極めて貴重な情報ツールと位置づけられた。

　しかし，放送開始後の取材の過程で最も驚いたことは，ラリプール市の保健局とは異なる部局がレンガ工場の労働者らを被験者として無認可のワクチ

ンテストを公表せずに実施していたことであった。レンガ工場で働く人々は西ネパール出身のタルー族の人々が多く，家族でカトマンズまで出稼ぎに来ている。コインチャの人々に行政からワクチン接種を呼び掛ける前の段階であり，かつ，地域の住民ではない工場の労働者らに一人1,000ルピー（＝約1,050円）を払い被験者として扱っていたことは違法であり，人権侵害でもある。"Hamro Pahal"ではこの事実を明らかにしたことから，関係機関，公衆衛生局，ラリプール，カトマンズ都市公社の注意を引く上で重要な役割

表2 "Hamro Pahal"の放送内容

番組	放送内容と放送日
Episode 1	COVID-19による精神的苦痛を和らげるための手ほどき 24th December, 2021
Episode 2	COVID-19 の農業への影響，問題解決策に対する関係者の提案 31th December, 2021
Episode 3	COVID-19が働く女性に与える影響と対応策 7th January, 2022
Episode 4	ワクチン接種をめぐるブンガマティ村コインチャ地区の利害関係者の役割 14th January, 2022
Episode 5	COVID-19が子どもたちの教育に与える影響と利害関係者への示唆 21th January, 2022
Episode 6	COVID-19が高齢者に与える影響について 28th January, 2022
Episode 7	ブンガマティ村のレンガ窯の労働者へのワクチン検査について 4th February, 2022
Episode 8	ブンガマティ村のレンガ窯で働く人々を対象にしたワクチン検査 11th February, 2022
Episode 9	ブンガマティ村の女性のための検診の必要性と情報提供 18th February, 2022
Episode 10	ブンガマティ村の人々がアクセス可能な医療体制の欠如に関する解決策 25th February, 2022
Episode 11	COVID-19 感染拡大後のブンガマティ村の女性の自立とリハビリテーション 4th March, 2022
Episode 12	様々な影響を受けているボシと呼ばれる人々 11th March, 2022

注：Maharjan, Shakya & Nagaoka（2022）より，筆者作成。

を果たした。その他，放送後の変化は次のとおりである[14]。

・放送による指摘を受けて，保健局は直ちに5つのレンガ工場にワクチン接種センターを開設することとなった。
・ラリプールの社会福祉局は，ブンガマティ村の地理的要因を考慮し，約1時間の移動で医療サービスが利用可能になると伝えた後，移動サービスを提供することを表明した。
・地区の女性たちは就労のための職業訓練の機会を得ていないことをラリプール市の女性局に伝えたところ，花の栽培プログラムに参加できるようになった。
・放送を聴いて人々を支援したいというメッセージが届いたことや地域行政局がコインチャに地区の集会場の建設を支援する動きとなった[15]。
・放送期間中にコインチャ地区向けにワクチンを手配し，女性たちのエンパワメントのための啓発プログラムを実施した。

おわりに―「声」の社会参加と持続可能な地域社会の創造に向けて

　成人教育はどのように持続可能な地域社会の創造に応え，その実現に向けて可能性を見出していくことができるだろうか。本研究で紹介したラジオ放送を活用した二つの実践事例（"Bungamati Aawaj"，"Hamro Pahal"）は疎外された人々の健康の権利や生活保障の擁護を求める活動であったが，農村に暮らす人々の潜在的な知識と能力の探求を促す学習の機会でもあった。ボシの人々が自他ともにカトマンズ盆地の「文化の担い手」であることの「発見」を導いたこともその一例であり，自らのルーツを呼び覚ます契機になったといえる。メディアの力を活用したことから，インタビュー記録の配信はこれまで土地を付与されてこなかった"The Voiceless"にとって，放送番組は自らの言葉で語ることができるある種のプラットフォーム（意見発表の場）であり，社会参加の場になったと捉えることができよう。自ら生活課題を語り，共有することから解決策を見出していくこと，そのことが持続可能な社会を築いていく手立てに他ならないのではないか。放送終了後，ボシの

歴史的背景についてさらなる調査研究を深めることやコインチャ地区周辺に設置されたレンガ工場の労働者に関するドキュメンタリー映像を制作することを提案する人もいた。とりわけ，コロナ禍においては，「封鎖」から学び合いへと視点を広げていくことの重要性を提起することとなり，レジリエンス（災害を経験した社会における復元・回復力）を育むプロセスそのものであったのではなかろうか。

　最後に，災害時における「情報弱者」の存在について述べておきたい。緊急事態が長期化すればするほど，社会の不均衡な関係性がより弱者に不利益を被らせる事態が繰り返されてしまう。コロナ禍においては，女性たちを中心に不安定な精神的状況を語り合い，想いを共有することが困難な状況を乗り超えていく術となっていた。本稿では十分に扱うことはできなかったが，そのようなインタビュー記録も人々の貴重な知見であることを提起しておきたい。"Prosperous Nepal, Happy Nepali" の具現化に向けて共に学び合う機会の創造が強く求められている。成人教育はその有効な手立てとして多様な可能性に満ちているものと考える。

【注】

1）ネワールは13世紀〜15世紀に王朝を築いたカトマンズ盆地の先住民族のこと。チベット・ビルマ語族に属すネワール語を母語とし，ヒンドゥー教と仏教が融合した独自のカースト形態を保持している。

2）ネパール国内の NGO である Nepal Foster Mate，Radio Sagarmatha のジャーナリストらと調査チームを編成し，予備調査を経てラジオ放送の番組制作，放送実施を行った。Bungamati Aawaj（2020）は Radio Sagarmatha に，Hamro Pahal（2021〜2022）は Uiyaalo Radio Network に協力を得た。

3）Government of Nepal National Planning Commission, Nepal's Sustainable Development Goals Progress Assessment Report 2016-2019, 2021.

4）グティとは直接的には集会を意味するが，ネワールの宗教・文化活動，公益，慈善事業等を行う基礎的な社会単位である。組織によっては貯蓄，頼母子講的活動，金融・投資活動を行うものもある。詳しくは，下記を参照されたい。マハラジャン，K. L. 第51章「半世紀で変わったこと―グティと私とネワール社会」日本ネパール協会編『現代ネパールを知るための60章』明石書店，2020，pp.306-310.

5 ）WHO Nepal, *Focused COVID-19 Media Monitoring Nepal*, 2021.

6 ）UNESCO Office in Kathmandu, Nepal, 2020.

7 ）Nagaoka, C. & Karki, M. Using Community Radio in a Rural Women's Post-literacy Programme in Nepal, *Journal for Learning of Development, 1*(2), 2014.

8 ）Dahal, S. Power, Empowerment, and Community Radio: Media by and for Women in Nepal, Women's Studies International Forum, 40, 2013, 44-55. Dahal, S. & Aram, I. A. Empowering Indigenous Community through Community Radio: A Case Study from Nepal, *Qualitative Report, 18*(41), 2013, 1-26.

9 ）長岡智寿子「地域づくりとメディアの役割をめぐって─社会教育活動としてのラジオ放送番組『Bungamati Aawaj』の事例」『田園調布学園大学紀要』第15号，2020年，59-71.

10）放送を聴いたというバグタプルの議員は，地域行政がもっと彼らを支援する必要があると強く主張し，罹災証明がなくても住居の改築工事を進められるように働きかけたこともコインチャの人々の大きな力となった。

11）Maharjan, S. & Nagaoka, C. *Research report, Bungamati Aawaj*, 2020.

12）長岡智寿子「コロナ禍におけるネパール農村女性らの生活課題─「災害」をめぐる予備的考察」『田園調布学園大学紀要』第16号，2021年，85-102.

13）Maharjan, S. & Nagaoka, C. *Hamro Pahal Joint Project: Research Report*, 2022.

14）Nagaoka, C. Our Rights and Initiative Suggested by "Hamro Pahal": A Case Study of Giving the Voiceless a Platform in Rural Nepal, *Bulletin of Den-en Chofu University, 17*, 2022, 57-68.

15）この他，放送期間中にコインチャ地区と家族が侮辱されてしまわないようにと懸念も届くことになった。また，ラリプール市の第22区の区長は，高齢者に無償の医療提供と医薬品を配布した。さらに，地区の女性グループが集会場にて歌や踊りの活動の際に必要な楽器（ハーモニウムや鈴など）の購入費として10万ルピー（＝約105,000円，2023年8月現在）が提供された。

＊本稿は JSPS 科研費18K11790，および，21H00548の助成による成果の一部である。

グローカル時代における学びと
オルタナティブスクール

―韓国の「堤川ガンジー学校」のESD実践から―

宋　美蘭

はじめに

　本稿の目的は，従来型の学校とは一線を画す韓国の堤川ガンジー学校の教育実践に注目し，学校の理念と響き合いながら内発的に立ちあがってくる独自の学びとその内実を浮き彫りにすることである。事例分析を通して堤川ガンジー学校固有の学びの論理が持続可能な社会構築にいかに寄与し得るのかを実証的に明らかにしようとするものである。

　SDGs に委ねられている最大の課題は，社会的・生態的な持続可能性を脅かしている世界規模のさまざまな課題を克服することにあり，やや結論を先取りすれば，その実現のためには，あらゆる領域において持続可能な社会の構築に取り組む共に協力して創る「共・協創教育」への転換が強く求められるといえよう。ここでいう，「共・協創教育」とは新自由主義的な競争の原理とは相対する理念に基づき，また，フォーマル・ノンフォーマルな教育を問わず，「多様性を資源とする社会的関係性の豊かさ」を他者と共有し学びながら創り上げる原理をもった教育のことである[1]。本稿は，いわば，堤川ガンジー学校の事例から，「共・協創教育」の実相を探求するヒントをつかむことをねらいとするものである。

1．SDGs を捉える問題意識

　SDG4（教育）は「すべての人々に包摂的かつ公平で高い教育を提供し，生涯学習の機会を促進する」ことを目標としている。特にSDG4（教育）のターゲット4.7には人権，平和＝非暴力文化，持続可能な開発のための教育（ESD）に関わるグローバルなレベルで取り組むべき諸課題が示されており，この問題に取り組むには，グローバル市民教育（GCED）の価値を基礎に据えた教育の在り方をしっかりと考えることが求められているといえる。

　新グローバル時代＝SDGs時代における民主主義のあり方を地域のSD・ESD計画づくりとの関連で検討する鈴木敏正によれば[2]，SDGsの取り組みとは，「現代社会における民主主義の実践であり，《本来的な意味での民主主義》が実現される将来社会を導きだす手段・方法ないしは回路である」であるという。さらに，この手段・方法を実践するためには，「民主主義の質」が問われ，例えば，現在，世界的なレベルで民主主義の危機にさらされている状況の中で，単なる危機対応にとどまる「市民」ではなく，「ローカル・ナショナル・リージョナル・グローバルな諸レベルを有機的に結びつけ」ながら，自ら当事者意識をもって問題解決にあたる，あるいはこの事象を支える取り組みの担い手こそが，新グローバル時代の『市民性教育』に必要であると，指摘している。

　鈴木の議論をふまえれば，市民＝当事者が国際的な諸問題にきちんと向き合い，その解決に向けて地域レベル及び，国際的レベルで積極的な役割を担うようにすることで平和的で，寛容で安全な持続可能な世界の構築に寄与し得るものであり，SDG4.7に示されている諸価値を，教育を通して，実現することが可能となる。グローバルな市民を育成する教育（GCED）の価値はここにあるとする。これらの鈴木の指摘にあるグローバルな市民教育の価値の論理は，SDGsの基本的な視点であろう。

　また，近藤牧子もSDG4.7にある人権尊重，ジェンダー平等，平和と非暴力の文化の尊重，グローバル市民及び文化的多様性の尊重に価値を置く「教育の実現には，『公正』・『共生』・『参加』の諸理念がいかに現場に実践され

ていくかが鍵となる」[3]と述べている。これらの近藤の指摘も，SDGs の実現を目指す教育を実践する上で，重要な視点となろう。

　鈴木（2023），近藤（2020）の指摘を参考にすれば，求められる ESD は，限定された視点ではなく，SDGs の17すべての目標の実現に寄与する多面的な視点をもち，同時に，グローバル市民育成の実態を伴ったものであることが期待されるのであろう。

　具体的には，応答可能な手掛かりとして以下の2点が課題となる。第1に，共生的で持続可能な将来社会づくりを見据えた教育実践やその実践を支えている学びとその内実を浮き彫りにすること，第2に，包摂的で持続可能な恵み豊かな社会を創るための担い手の育成の過程または方法を明らかにすること，である。これらを教育主体の側からの問いとして整理すると，共生的で持続可能な社会づくりを実現する教育実践が可能となる組織を形成し，構成員を援助すること，さらに，教育的・社会的協働活動として特色のある教育実践に参加し，新たな活動を創造し，改善を加えながらより良いものへと展開・発展させる主体となるグローカル市民を育成すること，そして，その担い手をエンパワーメントすることが，ESD の実践の課題になるということである。

2．堤川 ガンジー学校を捉える視点と調査方法
（チェチョン）

⑴ 偶発的で内発的に立ち上がってくる学びへの注目

　以上の問題意識を踏まえて，本稿では堤川ガンジー学校の教育実践に注目し，そこにおいて展開・生成される学びの内実を明らかにする。

　筆者はこの数年間，堤川ガンジー学校を訪問調査する中で，堤川ガンジー学校において展開している教育実践には，「ローカルな場」の中で，独自の学びの実践を軸にした新自由主義に対抗する学び・教育・社会づくりへと展開される固有の論理が内在しているという考えに至った。堤川ガンジー学校の教育実践は系統的な学習ができるよう既存の枠組み（体系化されたテキストや教授法など）を持って実践されるフォーマルな伝統的な教育とは異なっ

ている。しかしながら，インフォーマルあるいはノンフォーマルな場におい
て偶発的で内発的に立ち上がってくる学びにこそ，SDG4とりわけ，ター
ゲットSDG4.7に求められている「持続可能な教育開発を促進するための必
要な知識及び技能」につながる教育的価値があるのではないかと筆者は考え
ている。このような視点から，本研究課題に応答するために，以下のような
調査方法を用いた。

(2) 調査の方法

　基礎的な資料としてイ・ビョンゴン（이병곤）著『教えられないことを教
える─堤川ガンジー学校イ・ビョンゴン校長エッセイ─[4]』を援用した。聞
き取り調査に関しては，2017年9月から2023年3月にかけて調査を実施し
た。主な調査対象は，①堤川ガンジー学校校長であるイ・ビョンゴン氏，②
堤川ガンジー学校保護者（代表），③堤川ガンジー学校卒業生であるハン・
ビョル氏（現在，トクサン面に所在している『青年マウル』の働き人），④
農村共同体研究所所長であるハン・ソクジュ氏，である。加えて堤川ガン
ジー学校のスタッフおよび保護者との実践事例交流会（2017年9月4日
20:00〜22:00）や，堤川ガンジー学校の授業に参加し，参与観察を行った。
　本稿では紙幅の関係で次の2点に焦点を当てて取り上げる。聞き取り調査
①の堤川ガンジー学校校長のイ・ビョンゴン氏へのインタビュー調査記録を
用いる（2017年9月，2018年9月，2023年3月2日から3日，それぞれ2時
間程度それぞれ4回実施）。主な質問項目は，「堤川ガンジー学校が目指す具
体的な教育目標やカリキュラム」，「どのような「人間づくり」を目指してい
るのか」等である。聞き取り調査②の堤川ガンジー学校卒業生であるハン・
ビョル氏へのインタビュー調査記録を用いる（2018年4月，2019年9月の2
時間程度それぞれ2回実施）。主な質問項目は「代案学校で学んだ当事者と
して本校での学びをどのように評価しているのか」，「それらの学びがどのよ
うに意味づけられ，それが生き方にどのように影響しているのか」について
である。いずれの対象においても半構造化インタビューを行った。

3．オルタナティブスクールとしての堤川ガンジー学校の実相

⑴ 堤川ガンジー学校が所在している地域特徴及び学校概要

　堤川ガンジー学校が所在しているトクサン面は，面積111.51km²，人口約2200人（2022年2月）で，そのうち，65歳以上の人口が23％を占めている。人口10～15％が移住者であり，近年は帰農者や結婚移民者が増加しているものの，地域人口の減少や高齢化率の上昇に伴い，コミュニティの維持の困難なことから，人々との連帯や結びつきが希薄になっていることによって，社会資本の形成やインフラの問題，人々の労働の場の減少から所得の不安定など，さまざまな課題を抱えている。生徒・学年構成は1学年から6学年（13才～18才）までの6年制教育課程で，2023年3月現在，生徒108名，教職員35名で構成されている。小規模の寄宿舎型（全寮制）学校である。

⑵ 教育理念―愛と自発性の共同体教育の意味

　堤川ガンジー学校は「愛と自発性の教育を通して幸せな人育て」と「共同体教育」という2つの教育理念を志向している。第1の教育理念「愛と自発性の教育を通して幸せな人育て」は，①さまざまな人格的な出会いと親密な疎通（対話）を通して人間を学び，成長すること，②教師と生徒間，生徒と生徒間の真の人格的な交流が交わる愛の関係を通して自分が癒され，自分を肯定し，自ら学びを発見する「自発性」を育てることを中心理念とする。そして，第2の理念「共同体教育」は，①個人の自由だけでなく，他人の自由を尊重し，コミュニティの価値をともに共有しながら「社会」とつながること，②現実を妥協するのではなく，社会・世界の矛盾と向き合い，自分が生きたい「世界」を自ら切り拓きながらその世界を「変革していく主体」になること，そして，③そのような価値を共有し実験すること，を中心とする理念である。

　イ・ビョンゴン氏は本物の学びは生徒自身による自発的な動機と行動に

よって生まれるものであり，その前提は学びに対する「抑圧」と「規制」が伴わない自発性が前提となるという。抑圧と規制を制御しつつ自発性が生まれる学びにこそ「大きな教育的価値」があると述べている。

(3) 教育目標─全人的・共同体的・生態的な人間づくり

　教育目標は，大きく4つある。第1は，体・心・魂がまんべんなく成熟しこれらが調和した「全人的な人間づくり」，第2に，自分と隣人（仲間・教師を含めて自分以外のすべての他者）がともにある人格者として，隣人を愛する「共同体的な人間づくり」，そして第3に，自然を親しみ，人間も自然の一部になっていく自然と人間が共存する「生態的な人間づくり」を目指している。この3つの人間づくりを教育目標として掲げながら，第4に，地域社会とともにある学校として，地域を学びの空間としながら学びと生き方を一体的に捉える実践を展開している。地域を学びの空間の場として拡張する理由は足元にある地域の課題を自分たちの課題として捉える意義を感じ取らせ，そこに「配慮」と「ケア」，「平和」と「生命」の諸価値を地域の中で実践しながら地域の自治を創造するとともに，ローカルな課題をグローバルな課題として展開することを目指している。これらの教育的目標は後述する堤川ガンジー学校の教育課程を含めてあらゆる実践の中で展開されている。

　以上の目標のもとに6年間の生活してきた卒業生のハン・ビョル氏は，そのような教育を次のように評価している。

　　毎年学年別に進められるプロジェクト授業では差別と人権問題はいつもテーマとして取り上げられ，実際に社会にそのような問題が発したときには学校のすべての授業と行事を後にし，教師も生徒も現場に出かける。例えば，ミリャン（原発問題），済州島（生態問題），ソウル市・光化門（クァファムン）（差別問題）に参加し，訴える。現場に出かけて自分の言葉で学校が志向する価値などをきちんとした言葉として話すには言葉足らずだけれども，自分の声で発信するそのような価値は良いなあと漠然として感じていた。

以上にみるように，堤川ガンジー学校での教育目標は教室の中で教科中心的な知識を教えることではなく，情緒的・身体的な成長・発達を考慮した全人的な教育を重視している。それとともに，学校全体で持続可能な未来につながる共同性（＝隣人を愛する心＝尊重）の育みや平和を重んじ，自然と共にある実践の重要性を掲げている。

⑷ 教育方針―水平的な文化と民主主義文化の創造

　具体的な教育方針として，以下のように特徴を整理できる。①自由なカリキュラ構成と生徒による自由選択，②教師と生徒間の親密な関係形成の実現，③（生徒が）学びたい思いが芽生えるまでに「待ってあげる」ことと，「子どもたちを信じる」こと，④ガンジーの非暴力平和主義と不服従精神思想であるスワラジ運動をモットーとした学びと労働の両立，⑤意思決定における民主主義の実現（具体的にはすべての構成員が参加する「家族会議」を通して意思決定する民主主義の実現），⑥学校運営に関わる生徒自治の実現（例えば，生徒自治活動に「労働」の時間があるが，労働時間の配分は生徒自身が決めることや，生徒自治が生活の中で最も顕在化される，子どもたちが24時間学校生活と共に過ごす空間，「寄宿舎（寮）」の生活中で実現する。寄宿舎生活は自分と他者との疎通＝対話が基本原則であり，対話を通してすべてのものごとが進められ，そこから関係性が構築される。それは，生徒の発達段階において重要な意味を持つという）。堤川ガンジー学校では，こうした臨床的な工夫・環境整備によって教育理念・目的の実現が図られている。

　これらの実践に学ぶべきは，第1に，共同体づくりや人間づくりの基本原理である「他者を愛する」人権の尊重の原理，第2に，寄宿舎生活を共にしながら創造される「新しい民主性と自治」の創造である。

　イ・ビョンゴン氏は生徒が仲間とともに過ごす寄宿舎生活は教育的営みの中でも最も重要な意味をもつという。それは，生徒の寮生活は単純な生活の場ではなく，そこでは互いに人格者としての配慮，責任意識に基づいたコミュニティであるがゆえに，人格と人格が交わる時空間であると指摘してい

る。さらに，寄宿舎生活は仲間，先輩と後輩の間に生成されるさまざまな物語り，例えば喧嘩を含めての本音と素を出せる生身の人間としての豊かな交わりが生まれ，そうした生活環境の中で生まれてくるものは一般の教育を通して身につけるものとは異なる「人格」が形成されるという。この実践からは「ケアする共同体」，「新しい民主性」と「自治」が創造される。

(5) 教育課程─学びの空間の中で生成される融合的で総合的な知の創造

堤川ガンジー学校の教育課程（2023年3月現在）は学びと生き方が分断されることなく，総合的に思考できる力を養うために融合的で総合的なカリキュラムとなっている。生徒の興味や内面的欲求，発達段階を考慮し，生活に必要な知識や経験を中心に学びの内容を構成されており，このことを通して子どもの「個人の発達」と「社会の発展」が統合される教育を目指している。具体的には「共生課程」と，「自立課程」という，大きく2本柱の教育課程を軸にして教育実践が展開されている。さらにこの2つの教育課程には，中分類として「教科」群があり，「教科」群にはさらに細分化された「科目」群が設けられている。

① 「共生課程」─日常の活動から生成される学びと新しい文化

まず，「共生課程」は，学校での活動文化では新しい価値が生成されるような構成になっており，「自治教科」と「体験教科」に区分され，それぞれに「必須」と「選択」が設けられている。まず，「自治教科＋必須」には「週を開く時間」，「家族会議」，「学級活動」，「サークル活動」，「ガンジー文化」，「ボランティア活動」の6つの科目がある。そして，「自治教科＋選択」に，「自治活動」科目が設けられている。「体験教科＋必須」科目としては，「移動学校（Moving School）」や「テーマ型旅行」が設けられている。ここで簡単に「移動学校」について紹介する。

移動学校は毎年6月に3週間から4週間程度，学年別に，学校以外の場所に移動して行われる本校の最も重要な教育プログラムの一つである。生徒たちが非常に楽しみにしている授業の一つでもある。移動学校には発達段階に

応じて学年別にテーマが決まっており志向する教育目標は学年別に定められている。例えば，1学年は「ガンジー巣作り」というテーマで学校周辺の風景や景色やその土地にある特有なものや特徴づける伝統文化などを観察・発掘する風物伝授の時間を持つ。学校が所在している地域を一つの学びの場として捉えている。1学年にとっては，自分たちの地域の中に埋め込まれている「ローカル知」を掘り起こし，これらの経験をすることで地域とつながる大切さを学んでいく。2学年は「あなたと私を理解する」というテーマを設けている。社会教育の視点からいうならば，いわゆる「他者理解」と「自己理解」＝「相互承認」の時間を移動学校の中で学び，経験することになる。これらのプロセスを経て，アウトプットとしては演劇や公演を通して表現し，成果を発表することになる。

　3学年では，「世界を眺める」というテーマを設定し，済州島の歴史紀行や他の地域にある代案学校に訪問することを通して他校との交流を深めている。4学年は，「平和の旅」というテーマで海外移動学習をする。主に，フィリピンやベトナムを訪問し，約6週間にわたって，海外移動学習の体験をすることになる。彼・彼女らは1学年の時に，地域における風物伝授時間を通して「ローカル知」を獲得するとすれば，これらの経験を踏まえて，3学年および4学年では，「ローカル」な課題を「グローバル」なレベルで解決する「知」の経験と知を拡張することを味わうことになる。5学年6学年は主に会社，団体，企業，機関などに出向いて行き，インターンシップの時間を持つ。ハン・ビョル氏はこれらの学びを以下のように評価している。

　　代案学校で学んだ価値を守るためには自分なりの理由と言葉がなければ，学校の外の日常では力を失ってしまう…（中略）卒業した後，わたしが考えてきた平和は代案学校で習った価値でいうと，最上位に匹敵するものだと思っていた。一見，良さそうに見えているけれども現実とは程遠いものがあった。到達点に向かって何をすべきかを知らない，不完全な姿だったと思っていた。しかし，平和のワークショップで出会ったある人から，「平和とは完成されるものではなく，絶えず平和的であり続けるものを守ろうとする努力，そのプロセス」が平和であると言われ

たときに，人とひとのつながりを大切にし，一人ひとりが尊重されなが
ら平和の輪をこれまで以上につくっていきたいと，平和の中にある価値
を再発見する事ができたと思う。

　以上にみるように，さまざまな社会的・地域的課題に対しては生徒自らの
問題として捉え，身近なところから取り組み問題解決につながる新たな価値
観や行動などの変革をもたらし，持続可能な社会の実現を学校全体の取り組
みの中から実践できていることが見て取れる。

②　自立課程─自分の幸せを自ら切り拓き実践する学び

　次に「自立課程」は自分の幸せを探求し，守ることができる精神的・肉体
的な健康づくりと生徒自らが自分の人生を切り拓くことができるような科目
によって構成されている。具体的には，①「生活自立（選択必須）」，②「思
考の自立（必須＋選択必須）」，③「教養（選択）」，④「個人のプロジェクト
（選択）」，⑤「生徒による開設授業（選択）」の５つである。

　まず，①の「生活自立（選択＋必須）」科目群には，「生活自立基礎」があ
る。主に２学年と３学年が対象で，衣服，木工，料理，ベーカリー，陶芸，
生活技術などがある。「生活自立（必須）」には，「農事」，「生活自立深化」
や「インターンシップ」の課程がある。「農事」は主に１学年を対象に前
期・後期を通して１年間履修することになる。「生活自立深化」課程は４学
年を対象に，１学年の時に履修した「生活自立基礎」をさらに深化クラスと
して技術を学ぶ１年間を通して学ぶことになる。②の「思考の自立＋必須」
科目については，「人文学キャンプ」，「卒業ポートフォリオ」，「論文」，「ガ
ンジー哲学」，「性教育」の５つの科目に分類されており，さらに「思考の自
立＋選択必須」科目には，「読み書きと言葉」があり，それぞれに「基礎課
程」と「深化課程」が設けられている。そして③の「教養＋選択」には，学
期制とクォーター制の２種類が設けられている。具体的な科目には哲学，討
論，英語，代案エネルギー，環境，古典科学，社会，歴史，生命，平和，人
権，進路，健康，体育，音楽，美術，ベーカリー，陶芸，リサイクル，感性
など，古典教養を含めて教養にかかわる多くの科目が設けられている。教養

では生徒自身が自分の興味のあるものを自由に選択し，履修している。ハン・ビョル氏はこのカリキュラムを以下のように評価している。

　代案学校は生態，人権，連帯，自給，共同体などの教育的価値が溶け込んでいる科目を多く学ぶことができる。これらの学びが生活の中で溶け込んでいる生き方を提案してくれて，代案的価値をめぐる日常を経験させてくれた。例えば，学校で食べる食べ物のほとんどは地域で育てた作物や有機農産物を食材として使っている。生態と自立の価値は自然に学校に深く根を下ろしている。

　自分はオルタナティブな教育を受けてきたが，多くの教科では個々人の競争よりは共同体の文化を重視した。そして，自発性を強調されてきたので，例えば，ある授業を受けて然るべき規則を作るときには生徒に求められて，その規約を作る役割も生徒の役割であった。オルタナティブな学校生活は伸びしろのあるスケッチブックのようなものであった。そこでは自分が望めば何でもすることができ，とことんまででき，逆に意味もなく時間を過ごすことも許された。

　以上にみるように，学びや活動では「自分の問題意識を中心に，自分の人生を生きる」ことを重視している。生徒たちは，みずから世の中を見通し，変革させていくことを，共通の文化，あるいは，一種のハビトゥス（日常経験において蓄積される，自覚されない知覚・行為・思考の性向）として身に付けていることが見て取れる。

おわりに

　本稿は，従来型の学校とは一線を画す堤川ガンジー学校の教育実践に着目し，学校の理念と響き合いながら内発的に立ち上がってくる独自の学びとその内実にある固有論理を明らかにすることを通して，持続可能な社会の構築（＝SDGsの推進）に寄与するヒントを得ることを目的とした。本事例から示唆された点は，次のように集約することができる。

まず，第1に，伝統的な学校の教科教育のような「分解された知識」や「断片的な知」とは異なり，①「共生（例えば，差別や人権問題が社会に発生した時には，生徒と教師が一丸となって現場に出かけ自ら声を上げる）」，②「生態（例えば，地域で育てた食材・農産物を給食の食材にするなど）」，③「自立・自治（例えば，寄宿舎生活や家族会議などによる学校運営参加や生徒自治活動など）」の価値が学校の文化として深く根を下ろしていることが分かった。特にカリキュラム全体にその特徴が強く現れていた。

　そして，第2に，堤川ガンジー学校は教育理念と響き合いながら生徒たちが中核となって学び・教育・学校づくりに挑んでいる点にある。学びや活動で「自分の問題意識を中心に，自分の人生を生きる」ことを重視している生徒たちは，みずから世の中を見通し，変革させていくことを，共通の文化，あるいは，一種のハビトゥス（日常経験において蓄積される，自覚されない知覚・行為・思考の性向）として身に付けている。それらの価値は生徒の生活の文化として溶け込んでおり生き方にも強く影響を及ぼしていることが明らかにされた。

　第3に，堤川ガンジー学校の実践は，近現代社会の支配的な価値観（新自由主義，市場原理に基づく競争主義など）に対して批判的な立場にたち，むしろそれとは対極的な視点に立っている。こうした価値観の上に，平和教育運動（マハトマ・ガンディーの「非暴力の抵抗思想」）に内在している重要かつ普遍的な価値がカリキュラムの中に深く根を下ろし，そこから「社会的・生態的な持続可能性を脅かしている諸課題に対して」，現実的・革新的な「変革教育志向性」を持ちえる学びや教育づくりに挑んでいる。いわば，学校全体で持続可能な未来につながる実践が展開されており，実践そのものが持続可能な学校であることが本事例から示唆された。

　SDGsはグローバルなレベルでの大きな動きであり，SDGsで取り扱う持続可能な開発にかかわる諸問題は多岐にわたる。そうであるからこそ，伝統的な学校教育やフォーマルな教育を超えて議論することや，ノンフォーマル教育の場の中で検討することが重要になってくるであろう。オルタナティブスクールとしての堤川ガンジー学校の事例は，そうした議論・検討のツールとして大きな意味をもつのではないだろうか。

【注】

1）佐藤一子・大安喜一・丸山英樹編著『共生への学びを拓く―SDGsとグローカルな学び』エイデル研究所，2022年.

2）鈴木敏正「新グローカル時代の民主主義とSDGs―地域SD／ESD計画づくりに向けて―」，北海学園大学開発研究所，『開発論集』第111号，2023年5月.

3）長岡智寿子・近藤牧子編著『生涯学習のグローバルな展開―ユネスコ国際成人会議がつなぐSDG4の達成』東洋館出版社，2020年，pp.23-24.

4）イ・ビョンゴン（이병곤）『教えられないことを教える―堤川ガンジー学校イ・ビョンゴン校長エッセイ（가르칠수 없는 것을 가르치기―제천천간디학교 이병곤교장에세)』ソヘ文集，2022年10月.

付記：本稿はJSPS科研費19K02520の助成による成果の一部である。

タイのノンフォーマル教育における
持続可能な開発に向けた学習

大安 喜一

はじめに

　本稿の目的は，持続可能な開発が，タイのノンフォーマル教育（Non-formal Education，以下 NFE）における政策と実践にどのような形で取り入れられているか，副郡（タンボン）に設置されている学習センターでの実践を中心に検証し，日本のこの分野における議論と実践に示唆を得ることである。

　タイの教育制度は，学校教育と学校外教育に分かれ，学校外教育はノンフォーマル・インフォーマル教育事務局（Office of Non-formal and Informal Education，以下 ONIE）が所掌しており，ONIE には中央から地域，県，郡，副郡までの教育行政組織が存在する。2008年のノンフォーマル・インフォーマル教育法制化により，それまで副郡レベルにおいて住民主体で運営されてきたコミュニティ学習センター（Community Learning Centre，以下 CLC）は，タンボン ONIE として行政の最末端組織と位置付けられ，公的予算と教員が配置されるようになった。なお，タンボン ONIE は，対外的に CLC の用語が使用されるため，本稿でも CLC と称する[1]。

　タイの NFE は，1940年以降，識字の普及を目指す識字教育を中心に発展し，70年代からは地域課題解決への取り組みも行われるようになった。また2023年5月に，学習奨励法（Act on Learning Encouragement）が制定さ

れ，1）生涯学習，2）学校内外での資格を得るための学習，3）キャリア
や職業技術など自己開発の学び，の三分野により，柔軟で多様な学びが推進
されるようになった[2]。本稿では，タイの NFE における中心的な概念を踏
まえ，筆者が2023年4月にタイ・ナコンラチャシマー県で行った調査結果を
もとに，同国で SDGs がどのように捉えられているか，CLC の実践から考
察する。

1．タイのノンフォーマル教育と主な理論

　タイの NFE は，識字教育，基礎教育，継続教育の3分野に分かれてい
る。NFE における基礎教育とは，学校教育と同等の資格を得られる教育の
ことであり，初等教育，前期中等教育，後期中等教育の三段階で計12年間と
なっている。ユネスコでは，学校教育と同等性のある教育プログラムをイク
イバレンシー教育としており[3]，本稿でも以下，この用語を使用する。タイ
では，この制度により学校教育での6-3-3の修了年限を，学習者は自身の
知識や技能に応じて，最短で2-2-2で修了出来る[4]。

⑴ ノンフォーマル教育を支える「考える力」と「足るを知る」

　タイの NFE を支える理念であるキット・ペン（Khit Pen，考える力）
は，1970年代に教育省のコビット・ボラピパタナ（Kovit Vorapipatana）氏
により提唱され，読み書き能力だけでなく，生活上直面する問題について，
情報を収集・分析し，行動により解決して，満足な状態を目指すプロセスの
ことである[5]。キット・ペンでは，自己の持つ知識，社会・環境に関する情
報，文献など学術的情報の三つを基に問題への対処を考え，満足な状況に至
るまで繰り返し思考し行動する。キット・ペンについて，高坂千夏子は仏教
哲学やパウロ・フレイレ（P. Freire）の批判的教育学の影響を受けたもの[6]
とし，永田佳之は東洋・西洋を問わず人間中心で多元主義である[7]と分析し
ている。筆者はキット・ペンは持続可能な開発のための教育[8]（Education
for Sustainable Development，以下 ESD）の知識・技術，社会情動，行動

コンペテンシーに通じると考える。

　一方，「足るを知る経済哲学（Sufficiency Economy Philosophy）」は，農業が主産業のタイにおいて，前国王ラマ9世が主唱した，教育を含む地域振興の重要な概念として根付いている。この概念は，仏教の「少欲知足」に由来し，約40年前，ラマ9世が北部少数民族によるケシ栽培から商品作物への転作を促す事業から始まり各地に広がった。開発を経済面だけでなく，環境や貧困など社会課題も考慮した上で，地元の知恵や道徳，倫理に基づく調和のとれた持続可能な社会の実現を目指す。特に1997年アジア経済危機の際には「足るを知る経済哲学」の観点が国家経済開発計画の基本的な柱に据えられ，また，2007年憲法や国家教育計画（2017-2036）にも明記された[9]。

(2)　「足るを知る経済哲学」の東南アジアへの展開

　東南アジア教育大臣機構（Southeast Asian Ministers of Education Organization，以下 SEAMEO）には東南アジア11か国が加盟し，現在26の地域センターがある。2019年にはバンコクに「足るを知る経済哲学を通した持続可能性センター（SEAMEO Regional Centre for Sufficiency Economy Philosophy for Sustainability，以下 SEAMEO SEPS）」が設置された。主な機能は，加盟国の持続可能な開発を推進し，研究，人材養成，ネットワークを通して SDGs に貢献することである[10]。筆者は2023年4月3日に同センターを訪問し，センター長のデュリア・アマタビバット（Duria Amatavivat）氏に SDGs について尋ねたところ，図1に基づいて以下のように説明された。

　　SEAMEO は，加盟国間の連携を進める機関であり，このセンターを含め，国連やユネスコの枠組みと連動するように事業を実施しています。私たちが推進する「足るを知る経済哲学」では，節度，妥当性，回復力を大切にしています。そのためには，知識と技術に加えて倫理と資質が必要です。SDGs の17領域を理解し，地元の課題と関連付け，ESD やキット・ペンを応用し実践することで持続可能な社会に近づけると考えます。キット・ペンは考えるプロセスであり結果でもあります。地元の活動が国内や海外とつながるために，ユネスコが

図1 「足るを知る経済哲学」と持続可能な開発目標の関係性
出所：Duria Amatavivat 氏からの資料を筆者が翻訳・作成

提唱する地球市民教育（Global Citizenship for Education Development, 以下GCED）を取り入れることも必要です。

SEAMEO SEPS では，「足るを知る経済哲学」を中心にSDGs との親和性をESD とGCED を加えて高め，各国の文脈での実践を支援している。デュリア氏はタイの経験を絶対視せずに，各加盟国で概念化し実践する必要があるとした。SEAMEO SEPS は，SDGs の2030年までの目標達成だけでなく，各国に根付いた形での持続可能な社会に向けた取り組みを推進している。

2．コミュニティ学習センターにおける実践

筆者は，2023年4月5日と6日にナコンラチャシマー県パクチョン郡ONIE 事務所と研究機関および3つの副郡のCLC を訪問して，教員と学習者にインタビューをおこなった。同県はバンコク北東約260キロに位置し，

人口約260万人，32郡289副郡からなり，住民の多くが仏教徒である。パクチョン郡を選んだのは，国のNFE研究機関であるシリンドン継続教育開発センターが設置され，国際連携が進んでいる地域であり，SDGsに関する情報を得られると考えたからである。パクチョン郡には12の各副郡にCLCが設置されている。主な教育活動であるイクイバレンシー教育の学習者数は1,788名で，その内訳は初等教育69名，前期中等教育623名，後期中等教育1,096名である。

(1) パクチョン郡ノンフォーマル教育行政

パクチョン郡ONIE事務所（以下，郡事務所）にはモノック・ロプジル（Monoch Lopjil）所長ほか，7名の教育担当者と6名の事務職員が勤務する。郡事務所の主な役割は，郡内のCLC管轄，中央および県の政策普及，国のイクイバレンシー教育カリキュラムを地域の事情に合わせて調整することである。さらに，学習希望者がイクイバレンシー教育に登録する際の資格認定と学習者の修了認定も同事務所の役割である。タイでは地方分権が進み，CLCの活動は地元の事情により，ある程度柔軟に計画・実施できる。郡事務所は新学期の前に郡内ONIE全教員が参加する会合を開催し，授業計画を議論する。また同事務所は約40本のビデオ教材を作成し，SNSで国と県のNFE政策，ニュース，来訪者情報発信など，人々が情報を入手できる仕組みを作っている。

(2) 郡事務所による持続可能な開発のための教育

モノック所長は，持続可能な社会のためには，この地域の特性を踏まえ，農業を基盤として地域のニーズに対応し，実践を通して行動しながら学ぶことの重要性を強調した。彼はオンラインを活用して情報をアップデートし，知識を深めることの大切さについて，次のように説明した。

持続可能な社会づくりの基盤となる「足るを知る経済哲学」の考え方は教育

だけでなく，生活を通して実践すべき哲学です。私たちのビジョンは，人々が生涯を通して，またライフステージに応じて，この哲学と21世紀型知識と技術を身につけることです。キット・ペンは講義や教科書の知識だけでなく，自分自身の知恵と周囲の環境も踏まえて考えることを重視しており，全ての教育活動に取り入れられています。SDGs の用語は聞いたことはありますが，私たちの日常活動では使っていません。

　同所長によると，SDGs はイクイバレンシー教育において明記されていないが，「足るを知る経済哲学」はカリキュラムの科目の一つであり，すべての教科学習にも取り入れられている（図 2）。

　郡事務所の敷地には農地があり，郡内 CLC の教員ごとに地元の作物を育てる約 2 ㎡の区画がある。教員が各自の区画で作物を栽培しながら，持続可能性についての理論と実践を結び付けた学習活動に利用している。ただ，この農地は狭く，実際の収入向上よりは，各教員と学習者の意識付けを高めるシンボル的な意味合いが強い。こうした共通の場は，教員と学習者による経験と情報の共有をとおして，議論を活性化できる学習教材のひとつと言え

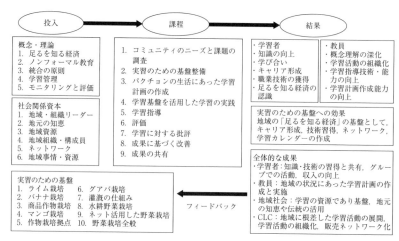

図 2　「足るを知る経済哲学」に基づく学習の進め方
出所：Monoch Lopjil 氏作成資料を筆者が翻訳・作成

　第Ⅴ部　アジア諸国の SDGs 学習と実践

る。

(3) シリンドン継続教育開発研究所

　パクチョン郡には，シリンドン継続教育開発研究所（Sirindorn Institute for Continuing Education and Development，以下 SICED）がタイ教育省の NFE 研究機関として1993年に設立され，ユネスコや JICA の国際協力事業に参画してきた[11]。筆者は2023年4月6日に SICED を訪問し，SDGs とタイの NFE との関連性について，地元での実践も含めて関係者から意見を伺った。

　近年 SICED は全国向けに印刷物とオンライン用デジタル学習教材を作成している。また，地元の人たちが利用できる図書室があり，展示室にはコンピューターを利用した参加型の英語や科学の学習設備がある。さらに全国の ONIE 職員対象にオンラインと対面を組み合わせて，研修プログラムを作っている。タイでは，教員資格とは別に，教育行政官の管理職登用資格試験がある。行政官研修では「足るを知る経済哲学」と農林水産業，手工芸，食品加工などの体験を通して人々の生活に則した教育行政を担う能力開発に主眼を置き，SDGs の用語は使わずに社会の持続可能性を取り上げている。

　筆者は今回のパクチョン郡訪問を調整いただいたビチャイ・アナアナン（Anaanarn Wichai）氏に，タイにおける持続可能な開発と SDGs について意見を伺い，以下の説明があった。彼は SICED でユネスコや JICA との国際交流事業に携わり，4年前に退職後，時折 SICED へ助言を行っている。

　　今回，SDGs について初めて知りました。タイで持続可能な開発といった場合，「足るを知る経済哲学」がよく知られています。また，知識だけでなく，思考力や判断力，行動の大切さは，キット・ペンにおいて，昔から強調されていたことです。郡や CLC の教員や学習者は既存の知識や理念を基に日常生活の課題解決や教育・学習で精いっぱいです。グローバル化が進む中，自分たちの伝統的な実践や考え方に固執せずに，国際的な枠組みを理解し，他国の取り組みから学ぶことも大切です。世界の動向と地域の実践を結びつけることは，国レ

ベルの行政の役割です。

３．CLC における持続可能な地域づくりの実践

　タイの CLC で実施されるイクイバレンシー教育では，一般に基礎的内容は教科書とビデオ教材による自習を中心に，教員の指導は週に１回とし，各CLC が対面学習日を設定している。教員資格は大学の課程を修了するか，実務経験を経て研修を受けるかして取得でき，学校教員と同等の資格である。教員の主な役割は教科指導，個別学習支援，地域連携の調整である。CLC では複数の教員が授業を担当し，英語や数学など専門性の高い科目は郡事務所が講師を派遣している。また，農業や手工芸の技術は，地元専門家を招聘し開講している。各 CLC には10名程度の運営委員会が設置され，各村代表者と地方行政事務所，学校，他セクターからの委員により構成され，人選は CLC 教員が行なう。委員会は行事や施設の管理運営に関して月１回程度，行われる。

　筆者は，2023年４月５日と６日にパクチョン郡の３つの CLC（表１）を訪問し，教員，運営委員，学習者にインタビューをおこなった。以下に各CLC について，聞き取りの内容から得た特徴を中心にまとめる。

表1　訪問先コミュニティ学習センター（CLC）の概要

名前	村落数	教員数	学習者数	対面授業日と対象
ノンサライ （Nongsarai）CLC	25	4	初等教育：11 前期中等教育：122 後期中等教育：198	日曜：全て
チャントック （ChanThuk）CLC	22	3	初等教育：69 前期中等教育：112 後期中等教育：188	水曜：初等教育と前期中等教育 木曜：後期中等教育
ポンタロン （Phongtalong）CLC	13	2	初等教育：42 前期中等教育：70 後期中等教育：116	水曜：後期中等教育 木曜：初等教育と前期中等教育

出所：2023年４月６日に郡 ONIE 事務所より入手した資料から筆者作成

(1) ノンサライ（Nongsarai）CLC

　このCLCは郡事務所に隣接しているため，同事務所のリソースを活用し，教員間でも頻繁に相談しながら教育活動を行なっている。学習者はイクイバレンシー教育を受講しながら，地元の原料と知恵を活用して石鹸，バーム，バスケットやお菓子作りを行い，地元市場で販売している。例えば，お菓子作りは1回5時間で3回行われ，作り方や包装，販売方法も学ぶ。教本による生産実習を行い，販路は全国的に推進されている一村一品運動（OTOP: One Tambon One Product）とも連携している。学習者は教科別の知識と共に，地元生産者の指導を受け，「足るを知る経済哲学」やキット・ペンの思考を実践しているとされ，主任教員（50代，女性）に尋ねたところ，以下の説明をいただいた。

　　私は2004年12月のスマトラ沖地震まで南部ピーピー島で観光ガイドの仕事をしていました。津波で多くを失い，知り合いを頼って，ここに移住しました。CLCで働き始めたのは，すべての世代が環境との調和を学ぶことが必要だと感じたからです。5年前に研修を受けて正式教員となりました。SDGsの用語は使いませんが，持続可能性は常に意識しています。CLCでの学習過程で，地元の資源を使う理由，自然を損なわない生産の方法，社会課題とのつながりなどの問題意識を学習者の経験と外部の知恵や技術を参考に，みんなで考えています。

(2) チャントック（ChanThuk）CLC

　このCLCは住民の自治組織として発足し，2009年よりONIEの組織となった。学習者はさまざまで，16歳男子は親が建設業のため転校が多く，中学1年修了後は学校への登校が難しいためCLCに通い，21歳と19歳の兄妹は家業の養鶏を手伝うためCLCで学習を継続している。運営委員会には各村の代表と僧侶学校教員が参加する。ここでは観光業に力を入れており，CLCと副郡行政事務所が協力して「魚食まつり」を定期的に開催し，川の清掃も実施している。村の代表者は主に農業従事者で，イクイバレンシー学

習者も含まれる。CLC教員（30代，女性）から就業経験に基づく就学認定の事例を以下に紹介いただいた。

　昨年，小学校卒業の方で，長年，自営業で会社経営をしていた人が，これまでの仕事の経験をポートフォリオにまとめて中学卒業の認定と高校レベルへの就学許可の申請をしました。郡ONIEは，所長と2名の有識者による審査会を設置し，書類審査と会社での聞き取りから中学卒業資格の認定をしました。この人は高校レベルの卒業資格を得る際の必須条件として，修了後に「足るを知る経済哲学」関連のセミナーに4日間参加し，将来の地域のあり方と教育の役割を学ぶ必要がありました。

(3) ポンタロン（Phongtalong）CLC

　このCLCは，行政の予算とコミュニティの寄付により5年前に建設された。CLCの隣にはホステルがあり，郡の研修での実習や宿泊にも利用されている。運営委員のひとりが，ホステル経営と共に，委員会の厚生・健康の担当でもある。運営委員は郡行政事務所や職業訓練所からも選出されている。委員選出の手続は，副郡内13村に周知し，CLC教員が声を掛けている。運営委員の方々から地域との連携，ネットワーク化詳細を以下のように教えて頂いた。

　ここでは「足るを知る経済哲学」をもとに，住民が自主的に参加し，地域を良くするために郡行政事務所と連携して活動しています。王室の記念日には，植樹祭や町の美化活動を関係団体と共同で行います。座学と共に地元行事に合わせ，環境，社会，経済の調和を学ぶことが大事です。コロナ禍でCLCは，感染者隔離施設でもありました。また，寺院と協力し，CLCの行事に僧侶が参加し，僧侶の会合もCLCで行います。生活の中で課題を考え，解決に向けて実践することが「足るを知る経済哲学」です。

4. 持続可能な開発に向けた学び

(1) SDGs をどう捉えるか

　タイの中央政府関係者における SDGs への認識は高い一方，今回訪問した
パクチョン郡の CLC 教員や学習者にとって，持続可能な開発とは「足るを
知る経済哲学」を実践することであった。農村の文脈では地域の環境と経済
活動の調和を考え，日々の食に困らない生活基盤を整えることが重視されて
いる。日本では「国連のお墨付き」により SDGs 達成の進捗が議論される
が，タイでは国民の敬愛を集める王室主導による「足るを知る経済哲学」と
キット・ペンを中心に持続可能な社会についての学びと行動に主眼が置かれ
ている。さらにタイのイクイバレンシー教育により SDG 教育目標がすべて
の人を対象にしている点にも注目したい。学校を中途退学しても同等資格を
得られる仕組みが整うタイの制度は，基礎教育保障の観点から日本への示唆
は大きい。

(2) 地域文脈からの展開

　タイの CLC では王室主導の理念をもとに，地域特性を生かした実践を通
して持続可能な社会を考える学びが中心である。同時に，元 SICED 職員の
ビチャイ氏は，自分たちの文脈に閉じこもらず，他国との交流から多様な視
点を持つべきであると指摘している。タイに設置された SEAMEO SEP
が，東南アジア諸国や国際機関との連携により SDGs と関連して事業を進め
ているのも，同様の問題意識からであろう。日本の場合，タイのように皇室
主導で政策を進めるのは難しい。一方で，日本にも「もったいない」「三方
よし」といった価値観や江戸時代の循環経済など，持続可能性に関連した事
例や経験が取り上げられることがある。SDGs ありきでなく，日本社会の文
脈と地域実践から，持続可能な地域に向けた学びの検証が有効であると考え
る。ポスト SDGs においては，国際的な枠組みを見据えながら，地域や組織

それぞれのテーマを意識して，持続可能な社会を考える学びの展開が必要であろう。

⑶ グローバルな展開に向けて

　パクチョン郡 ONIE 事務所では，コロナ禍を契機に，インターネットを活用した学習支援がさかんになった。各 CLC 教員が授業を計画する中で，難易度に分けてビデオによる自習と対面での学習支援を行っている。例えば「足るを知る経済哲学」に関連する視聴覚教材を使って，地域の持続可能性について「考える力」を醸成する学びが展開されている。パソコンを使える学習者は少ないが，多くがスマートフォンを利用している。インターネットを危機対応の代替的な学習方法ではなく，平時から対面学習と組み合わせた形で展開する必要性は，日本を含めた各国共通の課題と言える。また，インターネットを活用した交流は，対面と組み合わせることで，国を越えた学び合いの可能性がある。日本の一村一品運動からヒントを得た OTOP は，タイで地域振興の主要政策として全国展開され，CLC での学習と連動している。日本発の事例が海外で展開し，その経験から日本の関係者も知見を得ることが出来る。今後，国内外の事例の往還がグローバルに展開することを期待したい。

おわりに

　本稿では，タイにおいて SDGs がいかに捉えられているか，CLC の実践から得た知見をまとめて考察した。SDGs に対する理解と実践には地域差があり，個人の関心と能力に左右される面もあるため，本稿での議論がタイ全体の取り組みを示せたわけではない。しかしながら，本稿の対象としたパクチョン郡は，国際的な枠組みや国の政策が，先進的にコミュニティの実践に反映されやすい地域であり，そこでの実情を検証できた。タイの CLC では，SDGs という用語を使わずに，国内の文脈で展開してきた「足るを知る経済哲学」から持続可能な地域に向けての学びが行なわれている。2023年 5

月の学習奨励法成立にともない，柔軟な基礎教育保障の仕組みがさらに整備され，地域資源を活用し持続可能性を考える学びがコミュニティでどのように展開していくのか，今後もタイから得られる示唆は大きいと考える。

【注】

1 ）Ministry of Education, Thailand. *Office of the Non-formal and Informal Education*, 2018.

2 ）Act on Learning Encouragement B.E. 2566（2023）https://ratchakitcha.soc.go.th/documents/140A020N0000000006000.pdf, 2023.5.1.

3 ）UNESCO. *Equivalency Programmes for promoting lifelong learning*. 2006.

4 ）Sommanonont, Y. *Lower-Secondary Equivalency Program in 9,000 CLCs*. Ministry of Education, Thailand, 2016.

5 ）Madhu Singh. *Adult Education in Selected Countries in the Asian Region: Reference for Policies, Programmes and Delivery Modes*. UIE, 2002, pp.33-34.

6 ）高坂千夏子「タイの識字教育における「キット・ペン」概念の検討—国家政策的視点から—」『教育科学研究』36号，2022年，pp.1-11.

7 ）永田佳之「タイにおける「キット・ペン」学習概念の理論と実際—多元的特性に着目して—」『国際教育協力論集』5 - 1，2002年，pp.47-59.

8 ）UNESCO. *Education for Sustainable Development Goals: learning objectives*. UNESCO, 2017.

9 ）高坂，前掲，p.8.

10）SEAMEO ホームページ https://www.seameo.org/Main_centres/117, 2023.5.1.

11）SICED ホームページ https://sites.google.com/nfe.go.th/siced/home?authuser=1, 2023.5.1.

ABSTRACT

Sdgs and Social Education/Lifelong Learning

Studies in Adult and Community Education
No.67 (2023)
Edited by
The Japan Society for the Study of Adult and Community Education

Issues and Prospects of the SDGs and Social Education/Lifelong Learning

TANAKA, Haruhiko
(Professor Emeritus, Sophia University)

This study examines various issues related to sustainable development goals (SDGs) and social education/lifelong learning. In Section 1, the relationship between the SDGs and social education/lifelong learning is discussed. Education is the fourth goal of the SDGs, and SDG 4.7 requires the promotion of education for sustainable development (ESD) in each country by 2030. Section 2 discusses the content theory, learning methodology, and learning support theory of the SDGs. In the case of the SDGs, knowledge is required to transform regions and the world by understanding global issues and learning with a sense of ownership. Learning methodologies such as "designing learning that connects to the world by delving into the local area" will be examined. The learning content of the SDGs is broad in scope and requires cooperation between learning groups, private organizations, and the government. Section 3 examines case studies from Itabashi, Kobe, Sapporo, and Okayama and extracts issues related to learning coordination. A new category of "social educators (*shakai kyouikushi*)" has been established as learning supporters in social education. Social educators in the SDGs era are expected to simultaneously play the roles of facilitators and coordinators. Section 4 discusses various development theories concerning SDGs and describes future prospects.

Social Education for the SDGs
―From the Perspective of Active Citizenship Education

KONDO, Makiko
(Part-time lecturer at Waseda University)

Global issues such as poverty and climate change have increasingly worsened in the 21st century, leading to the establishment of the sustainable development goals (Sdgs), which require radical policy change but also rely heavily on education. SDG 4.7 is a target for acquiring knowledge and skills related to the values that lead to sustainable development; education for sustainable development (ESD) and global citizenship education act as the core elements in achieving the 169 targets of the SDGs. The word "transform" in the title of the "2030 Agenda" is also an important keyword in this worldview of education. In adult education, the promotion of transformative education is emphasized as Transformative Adult Learning and Education (TALE). TALE is an inseparable philosophy from active citizenship skills and was identified as one of the main areas of adult learning and education in UNESCO's 2015 Recommendation on Adult Learning and Education. It integrates personal and social transformation and is emphasized from the perspective of SDG 4.7, which is considered the key to achieving the SDGs. In this paper, I summarize the issues related to active citizenship education, such as transformative education, and show how social education should respond to SDGs from the perspective of fostering active citizenship.

"Democracy as Practice" Approach to SDGs and
"Adult and Community Education"

SUZUKI, Toshimasa
(Professor Emeritus, Hokkaido University)

Although we cannot find "Democracy" in the 17 goals of SDGs, they are democratic practices. SDGs hoist the main slogan of "No one left behind" and promote to transform the people and their world under the idea of "Fairness between and within the generations."
The paper aims to approach SDGs/ESD (Education for Sustainable Development) from the standpoint of "Democracy as Practice" and discuss the contemporary practical agenda of Adult and Community Education by proposing "Transformative Democracy."

First, it examines the recent theories to tackle the crises of liberal democracy and takes notice of the "active citizen with multiply-situated selves" by Michel Sandel who has provided examples of practices for self-governing communities and citizenship. Based on the critique of recent theories on discursive to radical or absolute democracy, it defines "democracy" as a social movement toward integrating human rights with the fundamental contradiction of freedom and equity.

Second, it investigates the movements from self-governing to transformative democracy in international adult education after the "Declaration of the Right to Learn" (CONFINTEA IV, 1985). It also critically examines the concept of "Responsible and Active Global Citizenship" in Berlin Declaration (UNESCO World Conference, 2021) as the latest agenda of ESD and shows the direction of "transformative democracy and education."

Third, based on the experiences of organizing communities by S.D. Alinsky in the USA and my participatory research in Northern Ireland, the paper mentions "Education for Sustainable and Inclusive Communities" as adult education for "Democracy as Practice."

Lastly, it develops the theory of "Assembly" (A. Negri/M. Hardt) and proposes five agendas of Adult and Community Education toward "Transformative Democracy."

Possibilities of Environmental Education in the Era of SDGs: Transition to Degrowth Paradigm

HATA, Noriko
(Part-time lecturer at Tsuru University)

Sustainable Development (SD) were considered an "alternative development" that would simultaneously solve environmental and poverty problems. Post-development theorists have harshly criticized SD for its reliance on economic growth. Arturo Escobar, who argues that no country can "develop sustainably" within a globally oriented economic system, bitterly criticizes today's SDGs for "keeping the dream of development alive." Global capitalism poses a serious threat not only to the ecological balance of the planet but also to the equitable conditions of human existence. Today, post-development theorists focus on the degrowth theory as the basis to break free from the pathologies of such a society of economic growth and colonialism.

After presenting evidence that conventional economic "development" has created pollution, loss of biodiversity, and global environmental problems and brought division and inequality into society (Section 1), this paper explores how to shift to a degrowth paradigm by discussing the discourse of representative post-development theorists on why degrowth is necessary (Section 2). The key to the transition to the degrowth paradigm is "re-localization." This paper focuses on social movements against neoliberalism and globalization among the many practices that embody degrowth and discusses municipalism, agroecology, and transition towns (Section 3). Finally, we discuss Environmental Education (EE) in the era of SDGs (Section 4) and consider its possibilities in transformative learning (Conclusion).

Re-localization practices are learning for social transformation (i.e., transformative learning) and can be seen as a new EE that links learning and practice. EE, as a form of transformative learning, should be adult education and lifelong learning that aims at "a subjectification conception" rather than "a socialization conception"; it is also expected to play a role in participatory democracy and citizenship education.

Learning and Organization Theory in Response to the SDGs Movement
—A Paradigm Shift Toward the *Toujisha-sei* Learning Theory:
A New Type of Transformative Learning Theory

MATSUOKA, Koji
(Kobe University)

The advent of sustainable development goals (SDGs) challenges the raison d' être of learning and organization theory in social education and lifelong learning. This paper attempts to summarize the learning and organizational issues required in the SDGs movement and clarify their significance by focusing on the *Toujisha-sei* (a Japanese concept about the quality of the relationship regarding a particular problem, theme, or paradox) Learning Theory. First, this paper perceives the present day as a promising period for the SDGs movement. Second, it discusses the characteristics and challenges of SDGs from the perspective of education for sustainable development (ESD)/social education. Third, after organizing the preceding learning theories that use "transformation" as a keyword (Mezirow et al.), the significance and challenges of the "*Toujisha-sei* Learning theory" were discussed as a new type of transformative learning theory. This underscores that all types of ESD/social education practices should be checked and transformed from the viewpoint of the *Toujisha-sei* intersection. It discusses the need for a paradigm shift toward the "*Toujisha-sei* Learning Theory," which overlaps the learning theory of transformation, extension, and participation with the empowerment theory of Freire and others.

Comparative Case Analysis on Structuring SDGs Practices in the Process of Organizing Local Platforms

OGINO, Ryogo
(Japan Women's University)

This study focuses on the process of organizing local platforms to realize sustainable development goals (SDGs) and identifies the factors that facilitate the structuring of practices in this process. Such structuring can be divided into the following three stages. First, each stakeholder proceeds from the discovery of local issues to a solution. Second, collective learning occurs on the platform. Third, organizational practices occur, structuring each other's practices by relating each practice to the principles of education for sustainable dvelopment (ESD) and the goals of the SDGs, and creating new practices.

Case analyses of two districts were conducted based on a hypothetical framework. The first one was a case analysis of Itabashi Ward, Tokyo, where the platform's organizational process at the municipal level was examined. The second case study of the organizational process at the district level involved Kyoyama District in Okayama City.

Through a comparative case analysis of these two districts, three factors promoting the structuring of SDG-related practices were identified. First, a long-term accumulation of practices was used to organize the platform. Second, citizen activists translate international principles into local realities and languages. Third, the role of social education institutions and their staff is important in the process of platform organization. In particular, the efforts of the staff of social education institutions are important factors in spreading social education methods and promoting collective learning on platforms.

A more detailed theoretical model needs to be developed for future research. This model should include a detailed analysis of the learning process at each stage, the driving forces moving from one stage to the next, and the competing and complementary relationships with the administration. In addition, a series of comparative case analyses should be conducted to increase the generalizability of the findings.

Holistic Learning Experiences Necessary for Educational Practitioners: Focusing on the Learning Experiences of Schoolteachers Inside and Outside Schools

SOHN, Mihaeng
(Bunkyo University)

Focusing on the holistic learning patterns of schoolteachers both inside and outside school, I considered the kind of learning that educational practitioners need to experience.

Former Principal B experienced holistic learning at Junior High School C to heal the inner world and nurture strength through contemplative learning experiences while working with the outside world through practicing art. In the process, he was able to lead his life with a balance between the inside and outside. Later, he actively worked within the community to coexist with diverse minority children and became the driving force behind building relationships.

In other words, Former Principal B's transformational actions required the learning experience garnered at Junior High School C, that is, learning accompanied by "deep self-transformation."

Through learning that emphasizes sensation and physicality, he was convinced that his existence and life were fundamentally supported by the great connection of life and that he could take action to make changes by valuing himself and others. These are learning that involves "self-reflection and constant activity" and "deep self-transformation" and are indispensable for achieving the sustainable development goals (SDGs) and forming a just and sustainable society. In the future, it will be important to place "holistic learning" in which learners transform themselves at the center of the SDGs movement.

Creating Spaces for Dialog for Conflict Resolution
—Community Education for a Society "Leaving No One Behind"

NINOMIYA-LIM, Sachi
(Tokai University)

This paper identifies key factors for creating spaces for dialogue to enable public participation in building a sustainable society. This study defines "dialogue" as a process of communication in which participants are on an equal footing free from societal power structures to transform themselves and weave their diverse values and opinions into a common new path. Community education plays a crucial role in facilitating such dialogue and achieving a sustainable future "leaving no one behind," as stated in the sustainable development goals. By interviewing various individuals who promote dialogue on sustainability issues, the study identified six key factors in creating such spaces. First, we should establish trusting relationships with people with different perspectives and opinions and invite them to a space for dialogue. Second, we present a unifying theme that transcends conflicts between those with opposing viewpoints. Third, diversity and equity should be valued to ensure the participation of individuals from diverse backgrounds. Fourth, we should encourage human-to-human communication and empathy during the dialogue process. Fifth, when necessary, external support, information, and expertise can facilitate dialogue. Sixth, we must foster community trust in dialogue by ensuring the fairness of the process, establishing relationships based on equity, and accumulating experiences of dialogue while recognizing their limitations.

Characteristics and Challenges of Practices that Promote the Transformation of *Toujisha-sei*: Focus on the Creation of Youth-led Platforms

GOTO, Satomi
(Kobe University, JSPS Research Fellow-RPD)

The emergence of the sustainable development goals (SDGs) has led to an increased awareness of the issues surrounding sustainable development and the various stakeholders involved. Learning has been developed to empower learners to take the initiative in resolving these issues. However, when considering practices targeting youth whose identities tend to fluctuate, some learners feel distanced from the SDGs owing to the scale and clarity of the issues. Such issues may have been caused by differences in the degree of *Toujisha-sei* (subjectivity and relationship to issues/topics) in practice. If such issues are ignored and learning programs are limited to those with high self-awareness, the oppressive structures and divisions among learners will neither transform nor lead to social transformation. Therefore, this paper aims to explore the characteristics of the practice of approaching SDGs by youths, drawing on the theories of *Toujishja-sei* learning developed in the context of welfare education and volunteer learning.

In particular, this paper focuses on a youth-driven education for sustainable development platform-creation project that the author engaged in as action research. It concludes that back-and-forth between programs that do not require solid purposive rationality and those that are purpose-driven is essential. As they became more self-aware and encountered other members, the initial process of the learners gradually transforming their own *Toujisha-sei* became evident. In an era in which grand narratives such as the SDGs are emerging, there is a need for practices and methodological principles that enable learners to look at the big picture while simultaneously transforming minor conflicts into learning. Henceforth, while examining how the interaction between learning leads to social action, it will be an attempt to construct a theory of *Toujisha-sei* learning.

Social Education to Enable Community Development to Achieve the SDGs: in relation to Okayama City as the sole UNESCO Learning City in Japan

AKAO, Katsumi
(Kansai University)

In this paper, first, I argue for the importance of consciousness regarding power relationships among sustainable development goals (SDGs). SDGs conflict with each other, and some of them are prioritized.

UNESCO held the International Conference on Learning Cities five times in 2013, 2015, 2017, 2019, and 2021. I would like to focus on the conferences held in 2015 and 2021 in Mexico City, and Incheon, South Korea, respectively. The achievement document of the former is a Mexico city statement that declares SDG4 (education) and SDG11 (sustainable inhabitants) as required items. The achievement document of the latter is the Yeonsu Declaration, which added SDG3 (health), SDG5 (gender equality), SDG8 (employment and decent work), and SDG13 (climate change) as required items. Okayama City was registered as a UNESCO Learning City in 2016, awarded UNESCO Learning City AWARD in 2017, and authorized as an SDG Future City in Japan in 2018. In this process, we recognized the transformation of municipal administration concerning the SDGs. Until 2017, Okayama City focused on environmental sustainability; however, after that, the city has focused on social sustainability, especially health, to become an SDG Future City. Consequently, Okayama City prioritized social sustainability as a whole in the SDGs. I visited Okayama City and conducted fieldwork on the SDGs, education for sustainable development (ESD) Promotion Division, and Saidaiji Kohminkan. The latter provided several events and courses concerning SDG-ESD independently based on community characteristics. Most events and courses focus on social and environmental sustainabilities. In conclusion, I present three points of view. The UNESCO International Conference on Learning Cities, which was last held in 2021, prioritized social sustainability. Since 2017, Okayama City has prioritized social sustainability focused on health. In my fieldwork on the

SDGs and the ESD Promotion Division and Saidaiji Kohminkan, I recognized that both divisions value social sustainability in the SDGs.

Principles of Education Practices for Sustainability in the Amami Islands —A Structural Analysis of the Amami "Environmental Culture" Education Programs of Higher Education Institutions

OGURI, Yuko
(Kagoshima University)

Since 2021, Kagoshima University, led by the author, has been developing and implementing the Amami "Environmental Culture" Educational Program for working people who live in or plan to move to the Amami Islands, as well as designing an institutional framework for the program. The program aims to help the participants gain a deeper understanding of the history of the islanders and their relationship with nature that is unique to the island and to enhance the value of nature and its application to their work and daily lives.

This paper analyzes and organizes the theory underlying this educational practice, focusing on the principles driving the program and the logic behind curriculum organization. Subsequently, based on the attainment of the education for sustainable development (ESD) theory in social education research, the author presents her ideas on the principles that should be followed in developing social education and lifelong learning practices with the sustainable development goals in mind.

In conclusion, the author clarifies that both academic and indigenous knowledge are needed to understand the "complexity" of sustainable development and that productive activities are required to discover and enhance the value of the connection not only with people but also with nature and the local history.

Collaboration in Community Development to Address the SDGs

MORI, Yuka
(Nonprofit Organization Toyonaka ESD Network)

The Toyonaka ESD Network (TEN) is a specified nonprofit organization that is primarily developing activities in Toyonaka City. This paper will focus on the TEN and organize how the concept of "ESD" can be related to the realization of a society in which "no one is left behind," that is, the SDG philosophy, and examine whether nonprofit organizations (NPOs) can contribute as intermediate supporters to cooperation and collaboration between schools, communities, and citizens.

Findings from TEN practice include the following. First, in many cases, there is a gap between cooperation from the perspective of civic groups, such as NPOs, and that of the government. Through fostering a "culture of collaboration," the TEN allows to smoothly build consensus by clarifying individual roles instead of eliminating gaps. Second, while NPOs are public service entities that are equal partners with the government, they are not bound by frameworks and do not involve people and expand their philosophies and activities. Third, it is an intermediate support organization that has experience collaborating with the government or has gained a certain level of trust through collaboration; thus, it can play a role in connecting schools, communities, and governments.

However, Toyonaka City's SDG policy is not being promoted by the track record of collaboration fostered in the course of ESD efforts. We believe that the realization of ESD itself requires that the "culture of collaboration" not end as a mere three-year project but take root and be fostered further by both the government and citizens. We would also like to pursue the possibility that not only the TEN but also various organizations and individuals can work together with the government as agents of social change in projects related to children, who bear the future, and in other efforts to achieve the SDGs.

Examination of Content Elements of SDG Learning Practices —Through the Analysis of the Course "DEAR College: How to Create SDGs Learning"

"SDGs and Development Education Study Group" in DEAR

With the adoption of the 2030 Agenda by the United Nations, there is a growing momentum to promote practices related to sustainable development goals (SDGs) in the field of education. However, it is not a new field of education. Development education, environmental education, and education for sustainable development have accumulated content and practices related to sustainable development. Each of these themes has been encompassed under the SDGs, and a movement to promote their practice is being generated while gaining wider recognition of terms that are not limited to the field of education. The Development Education Association and Research Center (DEAR), a certified nonprofit organization, is a national network of practitioners that has conducted research and practice on educational content and methods to address development issues since its establishment in 1982. This paper analyzes a course held by the DEAR for educators on SDGs education to present the essential elements of such education practices. Regarding the courses, the details of each session are omitted due to limited space, and the report will focus on the seventh session, "How to Create SDGs Learning" and report on the preparation process, concept generation, and participants' impressions and responses based on the materials recorded in the practical sessions.

Structure of Learning of Children and Youth through Participation in the SDGs Campaign

MIYAKE, Takafumi
(Rikkyo University)

The campaign we will discuss in this paper is not a fundraising or public relations campaign by an NGO/NPO but a process of raising awareness and stimulating public opinion so that people, including children and youth who have not been interested in a particular social issue, will become interested and take action. This paper considers NGO campaigns as a form of non-formal education; through a case study of the SDG4 education campaign organized by Japan NGO Network for Education, it clarifies the learning effects or self-transformation generated by the campaign with the data collected from reports by the participants and teachers and youth workers who provided lessons on both domestic and international policy issues on SDG4 and records of reflection meetings of children and youth who joined the policy dialog with members of parliament and senior government officials. It was verified that learning effects or self-transformation occurred among the children and youths who participated in the campaign, which included deep learning on sustainable development goals (SDGs)/social issues, fostering political literacy, and being aware of the right to express opinions. In addition, children and youth who participated in lobbying parliamentary and senior government officials expressed their commitment to sustain interest and action to achieve SDGs. The paper concludes that NGO/NPO campaigns provide action-oriented, unique, and informal educational opportunities that lead to participants' commitment to the SDGs.

Addressing the SDGs Through Learning Activities in the Community by Citizens—From the Practice of the Sapporo Freedom School "Yu"

KOIZUMI, Masahiro
(Sapporo Freedom School "Yu")

This paper introduces the activities and stance of the NPO Sapporo Freedom School "Yu" (Sapporo City, Hokkaido), which the author is involved in managing, in relation to education for sustainable development (ESD)/sustainable development goals (SDGs). Section 1 provides an overview of the Sapporo Freedom School "Yu" and its approach to ESD, particularly its practical efforts to restore the rights of the Ainu people in Okhotsk-Monbetsu. Section 2 outlines the focus on the SDGs and citizen-led initiatives in "Yu" and their characteristics, focusing on the Hokkaido Major Group Project, which began as a result of participation in the Hokkaido SDGs Promotion Roundtable, and attempts to cross-link the SDGs and issues of indigenous people. In Section 3, I present my personal views on the current status of the SDGs and their challenges from the perspective of local communities and people based on the SDG initiatives in which I have been involved.

Social Participation and Community Development through "Voice" —A Case Study Using Radio Broadcasting on the Possibility of Adult Education in Rural Nepal

NAGAOKA, Chizuko
(Den-en Chofu University)

This paper focuses on the movement toward rebuilding the lives of people affected by the Gorkha earthquake (2015) in the Khoincha community of Bungamati village, near Kathmandu, the capital of Nepal.

Bungamati village is the most severely damaged area in Lalitpur district and is still under reconstruction, even though approximately eight years have passed since the earthquake. The residents of Khoincha were not allotted land; however, they have residence permits on the condition that they will be responsible for producing and operating the chariot for Matchendranath Jatra (= festival), which has brought spring to the Kathmandu Valley for generations. However, this became a shackle for those aiming for reconstruction, and it was extremely difficult to move toward rebuilding their lives.

This paper attempts to produce and broadcast two radio programs—

"Bungamati Aawaj" and "Hamro Pahal"—to restore the rights of people in the Khoincha community and discuss how people can learn. It will qualitatively consider whether a person has found a way to overcome a seriously-bleak living situation. It will qualitatively examine the possibilities of social education in terms of how adult education can contribute to the creation of a sustainable society.

Learning and Alternative Schools in the Glocal Era: Focusing on the ESD Practice of the "Jecheon Gandhi School" in Korea

SONG, Miran
(Hirosaki University)

The sustainable development goals (SDGs) are a major movement at the global level. They address a wide range of issues related to sustainable development. Therefore, it is necessary to approach them from multifaceted perspectives.

This paper focuses on the efforts of the Gandhi School in South Korea, which is developing educational practices with a focus on "creating a symbiotic and sustainable future society." In particular, this study clarifies the nature of learning that emerges intrinsically and resonates with the school's philosophy.

Consequently, the Gandhi School's practices emphasize, first, the formation of "integrated knowledge" in which educational values such as ecology, human rights, solidarity, self-sufficiency, and community are blended, unlike the "deconstructed knowledge" or "fragmented knowledge" of subject education. This characteristic strongly manifests in the structure of the curriculum in which these educational values are blended. Second, the case studies also revealed that these values were integrated, presenting a way of life that transformed both everyday life and society. For example, in everyday life, virtually all the food that comes up in the school cafeteria is made from locally grown crops and organic produce, indicating that the values of ecology and self-reliance are deeply rooted in school culture. In addition, when discrimination and human rights issues emerge in society, all classes and events at the school are put on hold, and both teachers and students go out to the field to communicate with their own voices and participate in the movement. This indicates that the school is putting into practice the realization of a sustainable society from the perspective of its overall efforts by viewing social issues as its own problems and working from familiar places to bring about changes, such as new values and actions that will lead to solutions to these problems.

Sustainable Development in Non-formal Education in Thailand

OYASU, Kiichi
(Asia-Pacific Cultural Centre for UNESCO)

This paper examines how sustainable development has been incorporated into policy and practice in non-formal education in Thailand, with a focus on practice in community learning centers (CLCs) established in sub-districts, to draw implications for similar discussions and practices in Japan. The findings are primarily derived from the author's interviews with District Non-formal and Informal Education Office personnel and CLC staff, as well as learners, during field visits to the Pakchong District of Thailand in April 2023. The CLCs in Thailand have developed sustainable local learning primarily in equivalency programs with key concepts of *Khit Pen* (ability to think) and the "Sufficiency Economy Philosophy (SEP)," which has been developed in the domestic context. In Thailand, while national-level experts are familiar with the international terminology of sustainable development goals, grassroots practitioners use *Khit Pen* and SEP instead. Sustainability issues have been incorporated into CLC programs through contact sessions, online learning, and community activities, including income generation programs. With the new Learning Encouragement Act (2003) in Thailand, a flexible basic education guarantee system has been developed, and there are significant insights into how learning can be organized using local resources for sustainable community development.

あとがき

　本書は，日本社会教育学会プロジェクト研究「SDGs と社会教育・生涯学習」（2020〜2022年度）での共同研究成果をもとに，SDGs という国際的な合意枠組みの社会教育・生涯学習に対する影響や，社会教育・生涯学習における SDGs の位相について論じた。SDGs が記載されている「2030アジェンダ」の理念のもとに，その実現を阻む社会的・教育的な障壁と，それらを乗り越えるための包括的な教育体制やその実現プロセスを示すことに試みた。

　このプロジェクト研究は，研究大会・6月集会での報告と計6回の公開研究会を実施した。以下に研究体制と研究活動を示す。

【研究体制】プロジェクト研究メンバー

井上恵子（白梅学園大学），井上大樹（札幌学院大学），岩本泰（東海大学），内田光俊（岡山市立西大寺公民館），大島順子（琉球大学），近藤牧子（早稲田大学・非），佐藤秀樹（江戸川大学），孫美幸（文教大学），宋美蘭（弘前大学），田中治彦（上智大学），長岡智寿子（田園調布学園大学），二ノ宮リムさち（東海大学），秦範子（都留文科大学・非），降旗信一（東京農工大学），松岡広路（神戸大学），三宅隆史（立教大学），宮前耕史（北海道教育大学），湯本浩之（宇都宮大学），若原幸範（聖学院大学）
（50音順，所属はプロジェクト研究終了時点）

　なお，当初の研究メンバーは以上のとおりであるが，その後本プロジェクトに積極的に関わる会員が複数あり，プロジェクト研究の運営および研究活動に貢献していただいた。

【研究大会・6月集会報告】

第67回研究大会　2020年9月11日　オンライン
テーマ：「SDGs と社会教育・生涯学習」研究の課題と展望
報告1：田中治彦（上智大学）「SDGs と社会教育・生涯学習研究の展望」
報告2：近藤牧子（早稲田大学・非）「SDG4をめぐる国際的動向と参加・包摂（共生）・シティズンシップ」
司会：岩本泰（東海大学）

2021年度6月集会　オンライン
テーマ：SDGs-No one left behind―実質化に向けた学習支援の方法と課題
報告1：小泉雅弘（NPO 法人さっぽろ自由学校「遊」）
「市民・ピープルが進めようとする SDGs の取組み―『北海道メジャーグループ・プロジェクト2020』を通して」
報告2：三宅隆史（シャンティ国際ボランティア会）
「関心や行動の持続性を促す社会的実践への参加を通じた学び」
報告3：松岡広路（神戸大学）
「当事者性の交差を生む ESD プラットフォーム創成実践における SDGs の意味」
司会：孫美幸（文教大学），降旗信一（東京農工大学）

第68回研究大会　2021年9月12日　オンライン
テーマ：自立的な地域づくりにみる SDGs の理念
報告1：南 信之介（那覇市繁多川公民館／NPO 法人1万人井戸端会議）
「『ゆんたく』からはじめる，はじまる，地域／社会づくりと社会教育」
報告2：大島 順子（琉球大学）
「やんばるの地域課題と向き合う大人の学び―学び続ける組織体と学習のあり方の追求」
コメンテーター：末本誠（湊川短期大学）・荻野亮吾（佐賀大学）

司会：岩本泰（東海大学），近藤牧子（早稲田大学・非）

2022年度6月集会　2022年6月5日　オンライン
テーマ：SDGsと社会教育・生涯学習の双方向の関係を構築する
報告1：内田光俊（岡山市立西大寺公民館）
「地方自治体におけるSDGsと公民館施策の双方向的な関係—岡山市の事例を中心に」
報告2：神田優（NPO法人黒潮実感センター）
「多様な主体が協働する持続可能な里海づくり」
報告3：荻野亮吾（佐賀大学）
「SDG4の視点と社会教育実践の新たな方向性」
司会：近藤牧子（早稲田大学・非），孫美幸（文教大学）

第69回研究大会　2022年9月16日　オンライン
テーマ：SDGsのインパクトに応える社会教育・生涯学習の未来
報告1：田中治彦（上智大学）
「プロジェクト研究の到達点と今後の課題」
報告2：近藤牧子（早稲田大学・非）
「SDGsに応える社会教育—アクティブ・シティズンシップ涵養の観点から」
報告3：松岡広路（神戸大学）
「SDGs運動に対応する学習論・組織論」
司会：荻野亮吾（佐賀大学），孫美幸（文教大学）

【公開研究会】

第1回公開研究会　2020年7月4日　オンライン
報告者：田中治彦（上智大学），近藤牧子（早稲田大学・非）

第2回公開研究会　2020年12月6日　オンライン
報告者：降旗信一（東京農工大学）・菊池稔（福生市公民館），孫美幸（文教

大学），松岡広路（神戸大学）

第3回公開研究会　2021年3月16日　オンライン
報告者：小泉雅弘（NPO法人さっぽろ自由学校「遊」），三宅隆史（シャンティ国際ボランティア会）

第4回公開研究会　2021年12月12日　オンライン
報告者：佐藤秀樹（江戸川大学），若原幸範（聖学院大学）・宋美蘭（弘前大学），井上大樹（札幌学院大学），清野未恵子（神戸大学）

第5回公開研究会　2022年3月20日　オンライン
報告者：内田光俊（岡山市立西大寺公民館），荻野亮吾（佐賀大学），後藤聡美（神戸大学大学院），宮前耕史（北海道教育大学）

第6回公開研究会　2022年7月3日　オンライン
報告者：長岡智寿子（田園調布学園大学），二ノ宮リムさち（東海大学），秦範子（都留文科大学・非）

　「持続可能な開発」に関わる先行プロジェクト研究成果には『社会教育としてのESD』（2015年）がある。その成果では，ESDを担う多様なアクターやステークホルダーとその協力関係が示され，ESD実践の学習内容における価値の力点について，そして担い手に求められる資質や能力が明らかにされた。それらをふまえ，SDGsと社会教育・生涯学習の観点によって本プロジェクトで示された論の中から，大きく以下の4点を特筆したい。
　第一に，SDGsを含む「2030アジェンダ」が求める社会変革と教育・学習のあり方である。現在の延長線上にある改革ではなく，社会のあり方を変革していかなければ，地球社会は持続可能ではないことがSDGsの前提である。よって，最も変革すべきは近代化論に則った開発観である。1960年代からすでに現在の状況は予測されており，オルタナティブな開発論が提起されてきたわけだが，今まさにその実現が求められている。しかし，それでも植

民地主義に支えられる近代化論に基づく価値観は，私たち大人にこそ根強くあり，社会全体に蔓延している。その転換をはかる教育・学習内容のあり方についてである。

第二に，SDGs教育・学習の，ゴール徳目主義への批判と市民による教育活動展開である。本年報において何人もの執筆者がSDGsを無批判に「知る・覚える」教育を批判している。SDGsは国際合意であるがゆえに万能ではない点に加え，政府や自治体が推進するSDGs施策のあり方には，本質的な持続可能な開発の理念から離れ，スローガン的，そしてトップダウン的な展開がされている問題がある。SDGsの理念を，市民が自分たちの言葉や理念として獲得する，地域づくりと連動した教育・学習が重要である点である。

第三に，SDGs採択に先駆けて展開されてきたESDとの関係である。本プロジェクトでは，ESD実践がSDGs採択によってどのように発展したのか，していないのか，という点にも着目された。SDGs教育・学習が地域づくりと連動する重要性とも重なるが，蓄積されたESD実践と政府・自治体のSDGs施策がどのように関係性を持って推進されているかの事例がいくつか示された。また，ESDの経験蓄積を持つ市民が協働する地域づくりやまちづくりに向けて，SDGsに係る教育・学習のプラットフォームやネットワークのあり方が示された。

第四に，SDG4に示される教育保障についてである。SDG4の基本目標は「すべての人に教育を（Education For All）」である。EFAは，1990年の世界教育フォーラムで具体的な行動枠組みが掲げられて以来，国際的合意の場で達成期限が更新され続けてSDG4に至っている。各ターゲットにおいて成人教育・学習の観点が希釈されている問題点はあるが，識字，職業技術教育へのアクセスがジェンダー平等の観点と共に掲げられている。各国の教育予算配分に対する政治的意思の問題ではあるが，保障が至らないために活動を担っているのは草の根の市民社会組織（CSO）である。それらの事例からみられる，学習を通した人々のエンパワーメントからは，CSOがSDG4（EFA）達成を大きく担っているといえる。

プロジェクト発足直後に新型コロナウィルスの感染拡大が起こり，予定されていた第1回公開研究会，及び6月集会が立て続けに中止となった。その後も全ての研究会や会議はオンラインにて開催せざるを得なかった。また，プロジェクト期間と移動制限の期間はほぼ重なっており，実践的な研究活動が思うように進行しなかった苦労をメンバー全員が抱えてきた。そして，国際的な視点をもって研究活動に臨みたい中，パンデミックは地域生活にある課題を悪化させ，足元の課題の深刻さが浮き彫りになり，メンバーの研究課題もまた大きく揺さぶられたといえる。当然ながら，パンデミックによって貧困をはじめとする，SDGsの達成は世界全体で大きく後退した。改めて私たちは地球社会に生きており，今後このような地球規模での未曾有な事象と向き合っていかなければならない未来が続くことを体感させられたといえる。

　本年報が，SDGs，そして「2030アジェンダ」の理念の実現を教育と学習の力によって推進する意義を示す一助となることを願っている。

2023年8月

近藤　牧子

『日本の社会教育』（日本社会教育学会年報）の刊行終了について

　『日本の社会教育』は、日本社会教育学会が創設（1954年10月）された翌年の1955年7月に学会の紀要という形で産声をあげました（当時は国土社から刊行、第7集まで）。

　1964年には日本社会教育学会紀要が別途刊行されることに伴い、日本社会教育学会年報（第8集から、刊行は、東洋館出版社に変更。）という形に位置付けを変更することとなりました。新たに誕生する年報への期待を「日本社会教育学会・学会通信」第22号（1964年5月発行）には、「この年報は、"日本の社会教育"という成果をひきつぎ、主として宿題研究の成果を中心に広く研究成果・情報を盛り込み、一部は会員外にも執筆を求め、独自の味を出していこうとするものである。」と記されていいます。

　その後、2000年度に「宿題研究」から「プロジェクト研究」への変更を受け、本年報も学会員の主体的なアプローチによる「プロジェクト研究」の成果報告の場へと位置付けを変え、現在に至っています。

　本学会では、2022年10月1日に開催された2022年度の総会において、年報を2023年秋に発行される第67集をもって廃止し、リニューアルされる『社会教育学研究』において、プロジェクト研究の成果発表の場を引き継ぐことが決定いたしました。

　よって、本第67集をもって、『日本の社会教育』は刊行終了となります。

　本学会が『日本の社会教育』の刊行を通じて目指してきた「社会教育の価値の創造と発信」という使命は新しく生まれ変わる『社会教育学研究』に今後も引き継いでまいります。1964年から60年にもわたり、学会年報の刊行を支え続けてくださった東洋館出版社のみなさまに、心より感謝申し上げます。

日本社会教育学会年報担当理事

梶野　光信

長岡　智寿子

執筆者一覧 (執筆順)

田中　治彦 (上智大学 (名))

鈴木　敏正 (北海道大学 (名))

松岡　広路 (神戸大学)

孫　美幸 (文教大学)

後藤　聡美

(神戸大学・日本学術振興会特別研究員 RPD)

小栗　有子 (鹿児島大学)

上條　直美 (フェリス女学院大学)

小泉　雅弘 (さっぽろ自由学校「遊」)

宋　美蘭 (弘前大学)

近藤　牧子 (早稲田大学 (非))

秦　範子 (都留文科大学 (非))

荻野　亮吾 (日本女子大学)

二ノ宮リム　さち (東海大学)

赤尾　勝己 (関西大学)

森　由香 (とよなか ESD ネットワーク)

三宅　隆史 (立教大学)

長岡　智寿子 (田園調布学園大学)

大安　喜一 (ユネスコ・アジア文化センター)

──── 日本社会教育学会年報編集規程 (抄) ────

1. 日本社会教育学会年報 (日本の社会教育) は日本社会教育学会の研究成果を集約する目的を持って，毎年 1 回刊行される。

2. 年報のテーマは総会で決定される。

3. 年報編集委員会は理事会のもとにおかれる。編集委員は常任理事会で決定され，その任期は当該年報の刊行をもって終了する。

4. 応募原稿の採否は，編集委員会で決定した査読者による審査を経て編集委員会が決定し，常任理事会に報告する。

5. 掲載原稿の著作権は原則として本学会に帰属する。掲載論文の複製・翻訳等の形で転載を希望する場合には，本学会の了承を得なければならない。

6. 投稿原稿に使用する言語は原則的に日本語とする。ただし本学会・編集委員会で特に他の言語の使用を認める場合には，この限りではない。

7. 本学会『社会教育学研究』，他の学会誌，その他研究紀要等への投稿と著しく重複する内容の原稿を，本誌に投稿することを認めない。ただし学会等における口頭発表およびその配付資料はこの限りではない。

〈日本の社会教育第67集〉

SDGsと社会教育・生涯学習

2023（令和５）年10月30日　初版第１刷発行

［検印廃止］

編　集　日本社会教育学会年報編集委員会
　　　　委員長　田中　治彦
　　　　〒189-0012　東京都東村山市萩山町 2-6-10- 1 F
発行者　錦織圭之介
発行所　㈱東洋館出版社
　　　　〒101-0054　東京都千代田区神田錦町2-9-1
　　　　コンフォール安田ビル２階
　　　　☎ 03-6778-4343　　fax.　03-5281-8091
　　　　https://www.toyokan.co.jp　振替　00180-7-96823

印刷・製本　藤原印刷株式会社

©2023　The Japan Society for the Study of Adult and
　　　　Community Education
ISBN978-4-491-05321-9　　Printed in Japan